गांधी और अंबेडकर

अमलेश राजू

डायमंड बुक्स
www.diamondbook.in

प्रकाशक : डायमंड पॉकेट बुक्स (प्रा.) लि.
X-30, ओखला इंडस्ट्रियल एरिया, फेज-II
नई दिल्ली-110020
फोन : 011-40712200
ई-मेल : sales@dpb.in
वेबसाइट : www.diamondbook.in
संस्करण : 2022

Gandhi Aur Ambedkar

by Amlesh Raju

यह पुस्तक राष्ट्रपिता महात्मा गांधी और बाबा साहेब डॉ. भीमराव अम्बेडकर के पदचिन्हों पर चलते हुए, संघर्ष की मिशाल बनकर देश के सर्वोच्च पदों पर पहुंचने का गौरव हासिल करने वाले महानुभावों को समर्पित, जिनसे नई पीढ़ी कुछ सीख सके

विषय सूची

पुरोकथन

सामाजिक क्रान्ति के दो मसीहा: गांधी - अंबेडकर

- रामबहादुर राय

सामाजिक परिवर्तन के जो दो मसीहा हमेशा याद किये जायेंगे। वे महात्मा गांधी और डॉ. अंबेडकर हैं। दुनिया गांधी को महात्मा मानती है और उसी रूप में उन्हें जानती भी है। जिस ब्रिटिश साम्राज्य को उन्होने अहिंसा और सत्याग्रह के नैतिक बल पर ध्वस्त कर दिया था उसकी राजधानी लन्दन के पार्लियामेंट स्क्वेयर में उनकी एक प्रतिमा लगायी गयी। महात्मा गांधी की वैश्विक मान्यता को ब्रिटिश साम्राज्य के उत्तराधिकारियों ने भी स्वीकार किया। क्या उनके महात्मापन की यह वैश्विक मान्यता का हाल-फिलहाल का नया प्रमाण नहीं है! यह क्या एक असाधारण घटना नहीं है! इसी तरह भारत का कोई ऐसा कोना नहीं होगा जहाँ हर जगह नीले कोट-पैन्ट में चश्मा लगाये हुए डॉ. अंबेडकर की प्रतिमा न लगी हो, जिनके एक हाथ में संविधान होता है तो दूसरे हाथ की एक अंगुली भविष्य की तरफ इशारा करती है। उस इशारे में एक आह्वान है। जिसे देश-समाज और हर भारतीय को समझने की आवश्यकता है। वह सामाजिक एकता का आह्वान है। इस प्रश्न पर गांधी और अंबेडकर प्रासंगिक हैं, ये महापुरूष दिखते दो हैं, पर वास्तव में गहरे रूप में एक हैं। इन दोनों महापुरूषों का जीवन सामाजिक परिवर्तन के भगीरथ प्रयत्नों की कहानी है। इनके सामाजिक परिवर्तन के प्रयासों पर जो बहस उनके जीवनकाल में छिड़ी थी वह आज भी चल रही है। जैसे कोई बहती हुई नदी अपने रास्ते खोजती है और हर बाधा को पार कर वहाँ पहुँची है जहाँ सागर का किनारा होता है, उसी भाँति गांधी-अंबेडकर ने सामाजिक परिवर्तन की जो धारा प्रवाहित की वह अपने लक्ष्य की ओर निरन्तर बढ़ रही है।

जो बहस थी, है और रहेगी उसे राष्ट्रीय विमर्श कहना चाहिए, जिसके अनेक आयाम हैं। हर आयाम पर इस छोटे से एक आलेख में प्रकाश डॉलना कठिन है। इसलिए यहाँ सामाजिक परिवर्तन के आयाम पर गांधी-अंबेडकर के दृष्टिकोण और मिशन पर ही

मुख्यतः तथ्य और उसका विश्लेषण प्रस्तुत किया गया है। कोई ऐसा साल नहीं गुजरता जब इन पर कोई नई किताब न आ जाती हो। इसका एक अर्थ यह है कि गांधी और अंबेडकर को समझने-समझाने का सिलसिला अन्तहीन है। यह प्रश्न बना रहेगा कि इन दो महापुरूषों को किस रूप में देखें, समझें और समझायें। इसका कारण स्पष्ट है। जो लोग इनमें द्वंद देखते हैं और खोजते हैं, उनके लिए तो गांधी और अंबेडकर आमने-सामने हैं। उनकी राह समानान्तर है। जो मिलती नहीं है, लेकिन चलती साथ-साथ है। ऐसा समझने वाले इन्हें बाहर से देखते हैं। वे इनके आन्तरिक संसार से अपरिचित हैं। कुछ लोगों का यह मिशन भी है कि वे गांधी-अंबेडकर के टकराव को उभारते रहें। इसमें उनकी राजनीति तो है ही, स्वार्थ और परमार्थ भी है। इस आलेख में उदाहरण सहित यह बताने का प्रयास है कि गांधी-अंबेडकर दिखते दो हैं लेकिन सामाजिक एकता के प्रश्न पर वे एक ही बात कह रहे हैं। उनके वक्तव्य विरोधी भले ही दिखते हों, अनभूति में विरोध जरा भी नहीं है।

गांधी जी और बाबा साहब अंबेडकर में पहली समानता पारिवारिक परिवेश में धर्म की प्रधानता से शुरू होती है। 'गांधी परिवार वैष्णव था पर घर में जैन मुनियों तथा पारसी और मुस्लिम सन्तों से धर्म के तत्व पर प्रायः चर्चाएँ होती ही रहती थीं। लेकिन महात्मा गांधी की माँ का जीवन व्रत और उपवासों का एक अन्तहीन सिलसिला ही था। अपनी इस आस्था के बल पर ही उन्होंने अपने दुर्बल शरीर को टिका रखा था। वह धर्म ग्रन्थों मे पारंगत नहीं थीं। पढ़ी-लिखी भी विशेष नहीं थी। अटक-अटक कर कुछ गुजराती पढ़ लेती थीं। धर्म सम्बन्धी सारा ज्ञान उन्होंने घर पर, कथा वार्ता या सत्संगों से प्राप्त किया था। महात्मा गांधी की माँ पुतलीबाई का यह तपस्यामय जीवन हिन्दू परिवारों की धर्मपरायण महिलाओं का सामान्य जीवन था। महात्मा गांधी ने स्वीकार किया था, जो भी धार्मिकता आप मुझमें देखते हैं, वह मैंने माँ से पायी।' इसी तरह 'बाबासाहब का बचपन परिवार के अत्यन्त संस्कारी व धार्मिक वातावरण में बीता। उनके घर में चलने वाले रामायण, पाण्डव प्रताप, ज्ञानेश्वरी व अन्य सन्त वाङ्मय के नित्य पठन में से निर्माण होने वाले, भजन के दैनन्दिन प्रभाव से निर्माण होने वाले धार्मिक पवित्र वातावरण का सविस्तार वर्णन दोनों जीवन लेखकों चा.भ. खैरमोडे व धनंज्जय कीर ने किया है। बाबासाहब के पिताजी इस नियम के प्रति बड़े कठोर थे। 'रात के आठ बजते ही बाबासाहब की दोनों बहनों, बड़े भाई व बाबासाहब को देवघर में पहुँचना अनिवार्य था। बाबासाहब कहते थे- 'जब मेरी बहनें मीठे स्वर में पद गातीं, तब मुझे लगता था कि धर्म व धार्मिक शिक्षा मनुष्य के जीवन के लिये अत्यन्त आवश्यक हैं। बहुत लोग कहते हैं कि मैं 'धर्महीन' हूँ; परन्तु यह बात सही नहीं है... जो मेरे सान्निध्य में आये हैं, उन्हें मेरी धर्म विषयक श्रद्धा व प्रेम के बारे में मालूम है।'

'भजन-कीर्तन के प्रति प्रेम, रात को सोने के पूर्व व अन्य समय कबीर के दोहे गुनगुनाने की आदत उन्हें अपने पिताजी रामजी सूबेदार से प्राप्त संस्कारों के कारण थी। पिताजी

के समान उनका भी सन्त वाङ्मय का अभ्यास गाढ़ा था। उन्होंने अपने समाचार-पत्र 'मूकनायक' के पहले अंक का प्रारम्भ ही तुकाराम का एक अत्यन्त अन्वयार्थात्मक ऽभंग (अब मानू क्यों भय, खोला मुँह होकर निःशंक। जग में गूँगे का कोई नहीं होता, शर्म करने से हित नहीं होता) से किया था। वे बहिष्कृत भारत के अग्रभाग पर व अन्य प्रकाशनों के प्रारम्भ में, परिस्थिति से मेल खानेवाले व विषयानुरूप सन्तों के अभंग दिया करते थे। अपने भाषणों में भी सन्त वचनों का उपयोग करते थे। ऐसा सन्त ढूँढ़े से नहीं मिलेगा जिसके वचनों को उन्होंने उद्धृत न किया हो। ऐसे वातावरण और पिताजी के प्रेरक व्यक्तित्व के कारण धार्मिक समता का सन्देश देने वाले सन्तवचनों का गहरा संस्कार डॉ. बाबासाहब अंबेडकर के मन पर हुआ। घर पर अच्छे ऐसे संस्कार मिल रहे थे, परन्तु बाहर निकलते ही अस्पृश्यता का तीव्र अहसास कराने वाले, उत्तरोत्तर अधिक विदारक अनुभव उन्हें बचपन से ही मिलने लगे। अस्पृश्यता का यह क्लेशकारी आत्मानुभव उनके जीवन को एक निश्चित दिशा व उस तरफ ले जानेवाली बौद्धिक व मानसिक ऊर्जा देने में कारणीभूत हुआ।'

गांधी-अंबेडकर के अनुभव का आकाश अनन्त था। इनके आकाश में अनेक सूरज थे। वे आज भी देखे जा सकते हैं तभी तो इनको मानने वालों की संख्या रोज ब रोज बढ़ रही है। उनके जीवन का एक रोचक प्रसंग है। तारीख थी, 1931 की 14 अगस्त। जो एक मायने में ऐतिहासिक है क्योंकि उस दिन गांधी-अंबेडकर की पहली मुलाकात हुई। तव महात्मा गांधी 62 साल के थे। स्वतन्त्रता आन्दोलन के महानायक वे बन चुके थे, जबकि डॉ. अंबेडकर 40 साल के थे। उच्च शिक्षा प्राप्त अस्पृश्यों के अधिकार के लिए लड़ने वाला दृढ़ सत्याग्रही की छवि वे अर्जित कर रहे थे। पहल गांधी ने की थी। मुम्बई के मणिभवन में गांधी के निमंत्रण पर अंबेडकर अपने कुछ साथियों को लेकर आये। इस भेंट का एक प्रयोजन था। वह बातचीत में प्रकट हुआ। गांधी जी ने अंबेडकर को एकटक देखते हुए कहा कि 'मैं समझता हूँ कि आपको मेरे और कांग्रेस के विरूद्ध कुछ शिकायतें हैं। मैं आपसे कहूँ कि मैं अस्पृष्यों की समस्या के बारे में अपने स्कूल के दिनों से सोचता रहा हूँ। तब तो आपका जन्म भी नहीं हुआ था। शायद आपको मालूम होगा कि इसे कांग्रेस के कार्यक्रम में शामिल कराने और कांग्रेस के घोषणापत्र का मुद्दा बनाने के लिए मुझे कितनी कोशिश करनी पड़ी। कांग्रेस के नेता इसका यह कहकर विरोध कर रहे थे कि यह धार्मिक और सामाजिक सवाल है और इसलिए इसे राजनीतिक सवालों के साथ नहीं मिलाना चाहिए। इतना ही नहीं, कांग्रेस ने अस्पृश्यों के उत्थान पर बीस लाख से ज्यादा रूपए खर्च किए हैं। और यह सचमुच आश्चर्य की बात है कि आप जैसे लोग मेरा और कांग्रेस का विरोध करते हैं। यदि आपको अपने रूख का औचित्य साबित करने के लिए कुछ कहना है तो खुलकर कहिए।'

इस पर डॉ. अंबेडकर बोले - 'महात्माजी, आपने अछूतों की समस्या के बारे में सोचना शुरू किया, तब तक मेरा जन्म भी नहीं हुआ था। सभी बूढ़े और बुजुर्ग लोग हमेशा

उम्र की बात पर जोर देते हैं। यह भी सत्य है कि आपके कारण ही कांग्रेस ने इस समस्या को मान्यता दी। लेकिन मैं आपसे साफ कहूँ कि कांग्रेस ने इस समस्या को औपचारिक मान्यता देने के अलावा कुछ भी नहीं किया। आप कहते हैं कि कांग्रेस ने अछूतों के उत्थान पर बीस लाख रूपए खर्च किए हैं। मैं कहता हूँ कि ये सब बेकार गए। इतने सबसे तो मैं अपने लोगों के दृष्टिकोण में आश्चर्यकारी परिवर्तन ला सकता था। किन्तु इसके लिए आपको मुझसे बहुत पहले मिलना चाहिए था। मगर मैं आपसे कहूँ कि कांग्रेस अपनी कथनी के बारे में ईमानदार नहीं है। अगर वह ईमानदार होती तो वह कांग्रेस की मेंबरी के लिए खादी पहनने की अनिवार्यता की तरह अस्पृश्यता मिटाने की भी शर्त रख देती। कोई भी ऐसा आदमी, जो किसी-न-किसी अस्पृश्य स्त्री अथवा पुरूष को अपने घर में काम पर नहीं रखेगा या किसी अस्पृश्य विद्यार्थी का घर में पालन नहीं करेगा या किसी अस्पृश्य विद्यार्थी के साथ सप्ताह में कम-से-कम एक बार घर में भोजन नहीं करेगा वह कांग्रेस का मेंबर नहीं बन सकेगा ... आप कहते हैं कि ब्रिटिश सरकार का हृदय-परिवर्तन होता प्रतीत नहीं हो रहा है। मैं भी कहता हूँ कि हमारी समस्या पर हिंदुओं का हृदय-परिवर्तन होता नहीं दिख रहा है। जब तक वे अपनी बात पर अड़े हुए हैं तब तक हम न कांग्रेस पर विश्वास करेंगे और न हिंदुओं पर। हम अपनी मदद आप करने और आत्मसम्मान में विश्वास करते हैं। हम महान् नेताओं और महात्माओं में विश्वास करने के लिए तैयार नहीं हैं। मैं इस सम्बंध में आपसे बिल्कुल साफ कह दूँ। इतिहास हमें बताता है कि महात्मा लोग तुरंत गायब हो जाने वाले प्रेतों की तरह होते हैं। वे धूल के गुबार तो उठाते हैं, पर लोगों का स्तर नहीं उठाते...”

महात्मा और अंबेडकर की बात यहीं समाप्त नहीं हुई। अंबेडकर ने गांधी से सीधा सवाल किया - “कांग्रेसजन हमारे आंदोलन का विरोध क्यों करते हैं और मुझे देशद्रोही क्यों कहते हैं? गांधी, सच में मेरी अपनी कोई मातृभूमि नहीं है।” गांधी ने उनको दिलासा देते हुए कहा, “आपकी मातृभूमि है। गोलमेज परिषद में आपके कार्य की रिपोर्ट मिली है। उससे मैं जानता हूँ कि आप बेहतरीन देशभक्त हैं।” किन्तु अंबेडकर ने अपनी बात दोहराते हुए कहा, “मैं उस देश और धर्म को किस तरह अपना कहूँ, जिसमें हमारे साथ कुत्ते-बिल्लियों से भी बुरा बरताव होता है; जिसमें हम पीने का पानी तक नहीं ले सकते? कोई भी आत्मसम्मान वाला अछूत ऐसे देश पर कैसे गर्व कर सकता है?”

वातावरण भारी हो चला था। चेहरों का रंग बदलने लगा। गांधी बेचैनी महसूस कर रहे थे। वे अंबेडकर के साथ बातचीत को अलग मोड़ देना चाह रहे थे। तभी अंबेडकर ने गांधी के समक्ष कुछ अत्यन्त प्रासंगिक प्रश्न रखे। उन्होंने कहा, “सभी जानते हैं कि मुसलमान और सिख सामाजिक, राजनीतिक और आर्थिक रूप से अछूतों से काफी आगे हैं। पहली गोलमेज परिषद ने मुसलमानों की राजनीतिक माँगों को मान्यता दे दी है और उनके लिए राजनीतिक सुरक्षा के उपायों की सिफारिश की है। कांग्रेस भी उनकी माँगों से सहमत है। पहली गोलमेज परिषद ने दलित वर्गों के राजनीतिक हकों को भी मान्यता दी है और उनको

राजनीतिक सुरक्षा तथा प्रतिनिधित्व देने की सिफारिश की है। हमारी राय में यह दलित वर्गों के लिए लाभप्रद होगा। आपकी क्या राय है?" "मैं हिन्दुओं से अछूतों के राजनीतिक अलगाव के खिलाफ हूँ। वह पूरी तरह से आत्मघाती होगा।" गांधी ने तत्काल कहा। इसके बाद अंबेडकर ने गांधी को उनकी साफगोई के लिए धन्यवाद दिया और कहा, "हमें पता तो लग गया कि हम कहाँ खड़े हैं।"

इस बातचीत का एक इतिहास है। वह दौर संवैधानिक सुधारों की खींचतान का था। साइमन कमीशन की रिपोर्ट आ गयी थी। वह संवैधानिक सुधारों की टेढ़ी-मेढ़ी सिफारिशों का पुलिन्दा थी। उस पर एक गोलमेज परिषद लन्दन में हो चुकी थी। दूसरी होने जा रही थी। जिसमें कांग्रेस के अकेले प्रतिनिधि के रूप में महात्मा गांधी को हिस्सा लेना था। वे वहाँ के लिए तैयारियाँ कर रहे थे। जरूरी था कि वे पहली गोलमेज परिषद में जो-जो गये थे उनका दृष्टिकोण और उनके तर्क से अवगत रहें इसलिए उन्होंने मुकुन्द राव जयकर, तेज बहादुर सप्रू तथा अन्य लोगों से मुलाकात की और बातचीत की। उनसे जानकारी प्राप्त की थी। अपने सहयोगी बी.जी. खेर और ठक्कर बापा की सलाह पर गांधी जी ने डॉ. अंबेडकर को बातचीत के लिए बुलाया था। जो बातचीत हुई उसका विवरण ऊपर आ चुका है। जिससे समझा जा सकता है कि वास्तव में मुद्दा क्या था। विवाद का एक मुद्दा यह था कि अस्पृश्य हिन्दू हैं या हिन्दूओं से अलग अल्पसंख्यक हैं। इस बारे में गांधी जी के विचार में निरन्तरता है जबकि अंबेडकर के विचार पर परिस्थितियों का प्रभाव दिखता है। 'अस्पृश्यों की सामाजिक और धार्मिक पहचान के बारे में अंबेडकर का मत स्थिर नहीं था। एक समय था जब वे अस्पृश्यों को हिन्दू समाज का अंग मानते थे। वे अछूतों को यज्ञोपवीत पहनाने के कार्यक्रम का आयोजन तो करते ही थे, साथ ही सवर्णों तथा अछूतों में सहभोज के आयोजनों को भी बढ़ावा देते थे। उनकी अध्यक्षता में गठित 'समाज समता संघ' ने इस प्रकार के अनेक आयोजन किए थे। यद्यपि बाद मे उनके विचार बदल गए, किन्तु कुछ समय तक वे हिन्दू मन्दिरों में अछूतों के प्रवेश के अधिकार के लिए सत्याग्रह के भी समर्थक थे। गोलमेज परिषद के दौरान भी 'बहिस' के कार्यकर्ता नाशिक के कालाराम मन्दिर में प्रवेश करने के लिए आन्दोलन कर रहे थे। उन्होंने स्वयं इस मन्दिर-प्रवेश सत्याग्रह में हिस्सा लेकर कार्यकर्ताओं का हौसला बढ़ाया था। परन्तु अब अंबेडकर धार्मिक-सांस्कृतिक प्रश्नों के बजाय राजनीतिक शक्ति को प्रधानता देने लगे थे।'

उस दौर में गांधी और अंबेडकर में मतभेद खासतौर पर अस्पृश्यों के प्रतिनिधित्व के प्रश्न पर था। अंबेडकर ने दूसरी गोलमेज परिषद में अस्पृश्यों के लिए भी पृथक निर्वाचन प्रणाली की जोरदार वकालत की, जबकि गांधी इससे असहमत थे। इसे वे हिन्दू समाज के विघटन का विषवृक्ष मानते थे। 14 सितम्बर, 1931 को प्रधानमंत्री रैम्जे मैकडॉनल्ड की अध्यक्षता में दूसरी गोलमेज परिषद शुरू हुई। गांधी जी अपनी परिचित वेशभूषा में ही वहाँ पहुँचे थे। जो चर्चा का भी विषय बन गया था। उसी वेशभूषा में वे सम्राट से मिले तो

चिढ़कर चर्चिल ने उन्हें 'नंगा फकीर' कहा। एक ओर गोलमेज परिषद में भाषण हो रहे थे तो दूसरी तरफ वहाँ बैठे महात्मा गांधी अपना चर्खा चला रहे थे। अगले दिन वे बोले। बिना किसी नोट के वे बोले। लम्बा बोले। वह भाषण खूब चर्चित हुआ। उनका एक-एक शब्द ब्रिटिश साम्राज्य पर मारक चोट जैसा था। पत्रकार विलियम एल. शाइरर का कथन है कि वह भाषण गांधी के श्रेष्ठतम भाषणों में से एक है। उस भाषण को सुनने के बाद शाइरर ने अपनी नोट बुक में लिखा, 'गांधी धार्मिक व्यक्ति नहीं है। न ही वह महात्मा है। वह तो राजनीतिक संघर्ष की आग में तप कर निखरा एक गजब का राजनीतिक मसीहा है।' उस भाषण में गांधी ने ब्रिटिश साम्राज्य के कुचालों को उघाड़ कर रख दिया था।

दूसरी गोलमेज परिषद में भारत में संघात्मक शासन-व्यवस्था, वयस्क मताधिकार तथा अल्पसंख्यकों के राजनीतिक अधिकारों के सम्बन्ध मे विभिन्न उपसमितियों तथा परिषद के पूर्ण अधिवेशनों में भी विचार-विमर्श हुआ। किन्तु जिस मुद्दे पर सबसे अधिक असहमति सामने आई, वह था अल्पसंख्यकों के हितों की रक्षा के लिए पृथक निर्वाचक मण्डल का। गांधी और कांग्रेस अपने पिछले नेतृत्व की देनदारी के तौर पर मुसलमानों को कतिपय सहूलियतें देने के लिए बाध्य थे। किन्तु वे अछूतों को हिन्दू समाज का ही अंग मानते थे। गांधी और कांग्रेस की निगाह में अस्पृश्यों के लिए पृथक निर्वाचक मण्डल स्वीकार करने का अर्थ होता जाति, धर्म, संप्रदाय और भाषा के आधार पर सीमित हितों को, देश की आजादी जैसे महत्त्वपूर्ण मामलों में दखल देने और वीटो करने का अधिकार दे देना; और भारतीय राष्ट्र की प्रतिनिधि एवं प्रवक्ता होने के अपने दावे को स्वयं ही नकार देना।

यह स्वाभाविक ही था कि गांधी इसके लिए तैयार नहीं हो सकते थे। उन्होंने दूसरी गोलमेज परिषद में आरम्भ में ही यह घोषणा कर दी थी कि "कांग्रेस ने हिन्दू-मुस्लिम-सिख समस्या के बारे में विशेष व्यवहार की बात स्वीकार की है। किन्तु मैं अब किसी को विशेष प्रतिनिधित्व देने का पूरी शक्ति से विरोध करूँगा।" अस्पृश्यों की माँग को ध्यान में रखकर उन्होंने यह सुझाव जरूर दिया था कि अगर किसी चुनाव में अस्पृश्यों के लिए निश्चित न्यूनतम संख्या से भी कम प्रतिनिधि चुनकर आएँ तो उस कमी को पूरा करने के लिए संविधान में एक प्रावधान रखा जा सकता है और उसके तहत निर्वाचित विधान परिषद को यह अधिकार दिया जा सकता है कि वह अस्पृश्यों के प्रतिनिधियों का चुनाव कर ले अथवा उनको नामजद कर दे। ऐसा प्रतीत होता है कि अस्पृश्यों के प्रतिनिधित्व के प्रश्न पर विचार करते समय गांधी बालिग मताधिकार के सामर्थ्य पर कुछ ज्यादा ही भरोसा कर रहे थे। उनको लगा होगा कि इतनी बड़ी संख्या में अस्पृश्य मतदाताओं के रहते हुए अस्पृश्यों के प्रतिनिधि तो पर्याप्त संख्या में चुनकर आ ही जाएँगें। इसी आशा में गांधी ने अछूतों के विशेष प्रतिनिधित्व के लिए आरक्षण आदि की कोई व्यवस्था नहीं सुझाई।

उधर अछूतों के लिए पृथक निर्वाचक मण्डल के सम्बन्ध में डॉ. अंबेडकर भी अपनी माँग को छोड़ने की स्थिति में नहीं थे। भारतीय राजनीति में सक्रिय होने के समय से लेकर नागपुर के अखिल भारतीय दलित वर्ग सम्मेलन (अगस्त 1930) तक अंबेडकर संयुक्त निर्वाचक मण्डल के समर्थक थे। किन्तु दूसरी गोलमेज परिषद तक निर्वाचक मण्डल सम्बन्धी उनके विचार बहुत बदल गए थे और वे पृथक निर्वाचक मण्डल के समर्थक हो गए थे। अंबेडकर के लिए पृथक निर्वाचक मण्डल की माँग वापस लेने का अर्थ होता दलितों के प्रवक्ता के रूप में अपने राजनीतिक महत्त्व को स्वयं ही नकार देना। एक प्रकार से यह राजनीतिक आत्महत्या होती। जो भी हो, दूसरी गोलमेज परिषद में सबसे कटुतापूर्ण बातें अल्पसंख्यकों के राजनीतिक अधिकारों पर चर्चा के दौरान ही कही गईं ये मतभेद 'संघीय संरचना समिति' की बैठकों में भी खुलकर प्रकट हुए।

इसे आधार बनाकर लिखा पढ़ा जाता रहा है कि गांधी और अंबेडकर में विवाद बड़ा था वे आमने-सामने थे। यह पूरा सच नहीं है। हम जानते हैं कि आधा सच ज्यादा खतरनाक होता है। गांधी-अंबेडकर की पहली भेंट वास्तव में एक ऐसे मोड़ पर हुई जब ब्रिटिश सरकार अपनी कुटिल चाल से स्वाधीनता संग्राम को कमजोर करने के हर उपाय कर रही थी। उसकी एक कहानी है। कांग्रेस ने पूर्ण स्वराज्य का प्रस्ताव पारित किया था महात्मा गांधी को आन्दोलन का मुद्दा तय करना था। काफी सोच-समझकर उन्होंने नमक सत्याग्रह की घोषणा कर पूरी दुनिया को चौंका दिया। पहले तो किसी को यकीन ही नहीं आया कि नमक पर भी सत्याग्रह हो सकता है। नमक का सवाल पुराना था। लेकिन गांधी की शैली अनोखी थी, नई थी। इस कारण नमक सत्याग्रह ने भारत के जन-जन में देशभक्ति और स्वतन्त्रता के लिए मर मिटने का संकल्प जगा दिया। उस राष्ट्रीय जागरण को भ्रमजाल में फंसाने के लिए उसी समय लन्दन में गोलमेज सम्मेलन बुलाया गया था। यहाँ यह याद रखना जरूरी है कि गांधी अस्पृश्यता के विरोध में बहुत पहले से थे। वे अस्पृश्यों के दूसरे ईश्वर थे। अपने सार्वजनिक जीवन में वे इसे एक अपना जीवन लक्ष्य घोषित कर चुके थे। अस्पृश्यता मिटाना उनके जीवन चर्या का अंग था। वे अस्पृश्यता को हिन्दू समाज का कलंक मानते थे। वे यह भी कहते थे और इस बारे में स्पष्टता से लिखा भी कि अस्पृश्यता एक अभिशाप है। इसे मिटाया जाना चाहिए। यह अभिशाप उस समय आया जब हिन्दू समाज दुर्दिन में था। अफसोस था कि यह बढ़ता ही गया।

गांधी में वास्तविकताओं को भाँप लेने की अद्भुत क्षमता थी। गोलमेज सम्मेलन की कार्यवाही किसी नतीजे पर पहुँचे बिना घिसटती जा रही थी। वह एक प्रकार की 'वाद-विवाद प्रतियोगिता केन्द्र' बनकर रह गया था। हताशा के उस माहौल में गांधी के दो बयान उल्लेखनीय हैं। एक बयान मे उन्होंने परिषद में बुलाए गए प्रतिनिधियों के प्रातिनिधिक चरित्र को सीधी चुनौती दी। अल्पसंख्यकों के साथ अनौपचारिक बातचीत से भी कोई हल नहीं निकलने की सूचना देते हुए उन्होंने कहा, "यदि मैं यह कहूँ कि बातचीत का

नाकामयाब होना हमारे लिए शर्म की बात है, तो इससे पूरी सच्चाई व्यक्त नहीं होती। हममें से प्रायः सभी लोग उस दल या वर्ग के चुने हुए प्रतिनिधि नहीं हैं, जिनके हम प्रतिनिधि कहे जाते हैं। यहाँ हम सरकार द्वारा नामजद होने की वजह से हैं।" एक अन्य अवसर पर भी गांधी ने कहा, "जब मैंने यहाँ भारतीय प्रतिनिधियों की फेहरिस्त देखी तो मुझे एकाएक लगा कि ये लोग राष्ट्र के पसन्द किए हुए नहीं हैं। ये तो सरकार के पसन्द किए हुए लोग हैं।" सांप्रदायिक प्रतिनिधित्व की समस्या के समाधान का उल्लेख करते हुए गांधी ने कहा कि "यह समाधान स्वराज के संविधान का मुकुट तो बन सकता है, उसकी नींव नहीं बन सकता।"

दूसरे गोलमेज सम्मेलन से महात्मा गांधी स्वदेश लौटे। 1931 की 28 दिसम्बर की तारीख थी। उनके सम्मान में मुम्बई के आजाद मैदान में सभा हुई। सभा विराट थी। उसमें गांधी जी ने घोषणा की,'मैं खाली हाथ लौटा हूँ। लेकिन मैंने अपने देश की इज्जत के साथ कोई सौदा नहीं किया।' उन्होंने लोगों से अपील की कि वे स्वतंत्रता के लिए अन्तिम संघर्ष की तैयारी करें। कुछ दिनों बाद 4 जनवरी, 1932 को वे गिरफ्तार कर लिए गये। गांधी जी जेल में भी चुप नहीं बैठे। उन्होंने 11 मार्च को भारतमंत्री सर सैम्युअल होर को पत्र लिखा। उसमें उन्होंने 'खुद को अंत्यजों में से एक होने' की बात को दोहराते हुए स्पष्ट किया कि "मैं इस बात के विरूद्ध नहीं हूँ कि धारासभाओं में उन्हें प्रतिनिधित्व मिले। औरों के लिए मताधिकार का पैमाना ज्यादा कड़ा हो, तो भी मैं इस बात की तरफदारी करूँगा कि शिक्षा या जायदाद की योग्यता के किसी भी प्रतिबन्ध के बिना, सभी बालिग अंत्यज स्त्री-पुरूषों को मताधिकार मिले। मगर अलग निर्वाचक मण्डल अंत्यज और हिन्दू समाज दोनों के लिए ही अपार हानि करने वाले हैं। अलग निर्वाचक मण्डलों से उन्हें कैसा और कितना नुकसान होने वाला है, उसे समझने के लिए यह जानना जरूरी है कि वे कथित सवर्ण हिन्दूओं के बीच में किस तरह बिखरे हुए हैं और उन पर कितने अधिक अवलंबित हैं। जहाँ तक हिन्दू समाज का सम्बन्ध है, उसे तो अलग निर्वाचक मण्डल चीरकर टुकड़े-टुकड़े ही कर देंगे।"

भारतमंत्री को लिखे अपने इस पत्र में गांधी ने 'सवर्णों के प्रायश्चित' की अपनी अवधारणा की सीमा का भी उल्लेख किया। उन्होंने लिखा- "मुझे लगता है कि हिन्दू कितना भी प्रायश्चित करें, तो भी उन्होंने अंत्यजों का जानबूझकर जो अधः पतन किया है, उसका बदला नहीं चुकाया जा सकता। मगर मैं जानता हूँ कि उनके लिए अलग निर्वाचक मण्डल बनवाना इसका प्रायश्चित नहीं है। इस तरह से उन्हें कुचलकर उनकी जो अधम स्थिति बना दी गई है, उसका भी यह इलाज नहीं है।" सैम्युअल होर को लिखे इस पत्र के अन्त में गांधी ने अपने अगले कदम की सूचना देते हुए लिखा- "इसलिए ब्रिटिश सरकार को मैं नम्रतापूर्वक जता देना चाहता हूँ कि अगर वह अंत्यजों के लिए अलग निर्वाचक मण्डल बनाने का निर्णय देगी तो मुझे आमरण उपवास करना पड़ेगा।"

गांधी के पत्र के जवाब में सैम्युअल होर ने 13 अप्रैल को सिर्फ इतना ही लिखा कि "मैं निर्वाचन सम्बन्धी आपकी भावना की तीव्रता को समझता हूँ। हम जो कुछ फैसला लेने का इरादा रखते हैं, वह केवल उसके गुण-दोष पर ही होगा।" उन्होंने सूचना दी कि लोथियन कमेटी अभी भारत से नहीं लौटी है। हमें उसके निर्णय मिलने में कुछ समय लगेगा। भारतमंत्री ने यह भी दावा किया कि उनकी सरकार उक्त समिति की सिफारिशें पर सावधानी से गौर करेगी। इसके अलावा यह भी कि वह "अन्तिम निर्णय पर पहुँचने से पहले आपके विचारों पर भी गौर करेगी।"

सांप्रदायिक निर्वाचक मण्डल के बारे में ब्रिटिश सरकार ने अपना फैसला पहले से ही तय कर रखा था। परन्तु इस पर प्रधानमंत्री ने अपने निर्णय की विधिवत घोषणा 17 अगस्त, 1932 को की। इसमें वे सभी दोष थे, जिनके बारे में गांधी ने गोलमेज सम्मेलन और उसके बाद भी सबको सचेत किया था। इसमें अछूतों के लिए अलग से विशेष निर्वाचन क्षेत्र बनाने के अलावा उनको सामान्य सीटों पर भी खड़े होने का अधिकार दिया गया था। इसके साथ ही यह भी व्यवस्था की गई थी कि बीस वर्ष बाद पृथक निर्वाचक मण्डल की व्यवस्था स्वयं ही समाप्त हो जाएगी।

गांधी जी भी इस व्यवस्था के बारे में पहले से ही अपना मन बनाए बैठे थे। अब तो उनका संकल्प और भी पुख्ता हो गया। 18 अगस्त, 1932 को उन्होंने प्रधानमंत्री को पत्र लिखकर 13 नवम्बर, 1931 को गोलमेज परिषद की अल्पमत समिति की बैठक में घोषित अपनी प्रतिज्ञा याद दिलाई। "सेन्ट जेम्स पैलेस में हुई उस बैठक में मैंने जाहिर किया था कि मुझे आपके फैसले का विरोध जान की बाजी लगाकर करना पड़ेगा। वैसा करने का एक ही रास्ता है- और वह यह कि नमक और सोडे के साथ या उसके बिना सिर्फ पानी के सिवा और किसी तरह की खुराक न लेकर आमरण उपवास किया जाए।" गांधी ने अपने पत्र में प्रधानमंत्री को सूचना दी कि उनका उपवास 20 सितम्बर, 1932 की दोपहर में शुरू होगा। यह उपवास तभी समाप्त होगा, जब सरकार अपनी इच्छा से अथवा जनमत के दबाव से अछूतों के लिए पृथक निर्वाचक मण्डल की योजना वापस ले लेगी। अपने पत्र में गांधी ने प्रधानमंत्री को यह भी स्पष्ट कर दिया कि इस उपवास का उनकी हिरासत से कोई सम्बन्ध नहीं है। सरकार उन्हें रिहा कर दे, तो भी उनका यह उपवास जारी रहेगा।

गांधी जी के पत्र का जबाव आया। ब्रिटिश प्रधानमंत्री ने जबाव देने में तीन सप्ताह लगाये। अपने जबाव में उन्होंने स्पष्टीकरण दी कि अस्पृश्य वर्ग की अनेक संख्याओं में ज्ञापन आये हैं। उसके आधार पर ही सरकार उनके प्रतिनिधित्व के बारे में विचार कर रहें हैं। उन्होंने गांधी जी के उपवास के लक्ष्य को ही चुनौती दी। गांधी जी ने अपने जबावी पत्र में प्रधानमंत्री के तर्कों का खण्डन किया। दूसरी तरफ डॉ. अंबेडकर भी ब्रिटिश प्रधानमंत्री के निर्णय से सन्तुष्ट नहीं थे। 'जैसे-जैसे गांधी के आमरण उपवास का दिन बढ़ता गया, वैसे-वैसे देश में पृथक निर्वाचक मण्डल के प्रश्न पर हलचल बढ़ती गई। अनेक अछूत नेता

भी इस मुद्दे पर पुनर्विचार की माँग करने लगे थे। शुरूआत सुप्रतिष्ठित अछूत नेता और डिप्रेस्ड क्लासेज एसोसिएशन' के अध्यक्ष एम.सी. राजा ने की। 13 सितम्बर को उन्होंने एक वक्तव्य में अछूतों के लिए पृथक निर्वाचक मण्डल सम्बन्धी ब्रिटिश सरकार के निर्णय की कटु आलोचना की और सभी वर्गों से अपील की कि वे "गरीबों और अस्पृश्यों के सबसे बड़े उपकारक महात्मा गांधी" के प्राण बचाने के लिए एकजुट होकर प्रयत्न करें। इस मुद्दे पर केन्द्रीय विधानसभा में रखे गए 'काम रोको' प्रस्ताव पर बोलते हुए एम.सी. राजा तथा अन्य वक्ताओं ने भी यही भावना व्यक्त की।

शुरू में डॉ. अंबेडकर ने गांधी से अपने आमरण अनशन पर पुनर्विचार करने के लिए अपील की। उन्होंने कहा कि 'गांधी, सर सैम्युअल और प्रधानमंत्री का पत्राचार' पढ़ने के बाद मैं आश्चर्यचकित हो गया हूँ। "अपनी कुर्बानी देने की श्री गांधी की प्रतिज्ञा ने मुझे कितनी अवांछनीय परिस्थिति में डाल दिया है, इसकी आसानी से कल्पना की जा सकती है। यह मेरी समझ के परे है कि श्री गांधी 'सांप्रदायिक सवाल' से उठे इस मुद्दे पर क्यों अपनी जान को दाँव पर लगा रहे हैं। वे खुद गोलमेज सम्मेलन में इसे एक गौण मुद्दा कह चुके हैं। श्री गांधी की तरह सोचने वाले लोगों की भाषा में कहें तो 'साम्प्रदायिक सवाल' भारतीय स्वतंत्रता पर ग्रंथ का मुख्य अध्याय नहीं, बल्कि एक परिशिष्ट मात्र है।" डॉ. अंबेडकर का यह बयान यहाँ शब्दों में विरोध के रूप में दिखता है वहीं इसमें उनकी गांधी जी के प्रति वास्तविक चिन्ता भी प्रकट होती है।

गांधी जी के उपवास को लेकर देश-विदेश में चिन्ता और चर्चा बढ़ने लगी थी। उन्होंने अपना उपवास शुरू करने से पहले गुरुदेव रवीन्द्रनाथ ठाकुर से अनुमोदन और आशीर्वाद माँगा। उन्होंने अपनी शुभकामनाएँ भेजी- "हमारे देश की एकता और हमारे समाज की अखंडता के लिए कीमती जीवन बलिदान देने लायक है। हमारे शासकों पर इसका क्या असर होगा, इसकी हम कल्पना नहीं कर सकते। वे लोग यह नहीं समझ सकते कि यह चीज हमारे लिए कितने महत्त्व की है। फिर भी, इतना तो निश्चित है कि ऐसे स्वेच्छापूर्ण बलिदान का हमारे देश-बंधुओं के दिलों पर जो भारी असर होगा, वह निष्फल नहीं जाएगा।" अपने संदेश के अन्त में रवीन्द्रनाथ ठाकुर ने यह आशा प्रकट की कि "हम इतने कठोर तो नहीं होंगे कि यह राष्ट्रीय विपत्ति अपनी अंतिम सीमा तक पहुँच जाए।" उनका अनुमान बिलकुल सही था।

गांधी जी ने 20 सितम्बर की सुबह पहले प्रार्थना की। फिर नाश्ता किया। उसके बाद दो घण्टे गीता पाठ सुना। निम्बू रस और शहद लेकर अन्तिम आहार ग्रहण किया। गांधी, महादेव देसाई और सरदार पटेल ने सामूहिक रूप से 'उठ जाग मुसाफिर भोर भई, अब रैन कहाँ जो सोवत है' का गान किया। इस प्रकार दोपहर से गांधी जी का उपवास प्रारम्भ हुआ। पूरा देश उनके स्वास्थ्य को लेकर चिन्तित होने लगा। कई प्रश्न थे, जो चिन्ता के कारण बने। पहला कि क्या गांधी जी इस उपवास को झेल पायेंगे? दूसरा कि डॉ. अंबेडकर का रूख

क्या होगा? तब तक डॉ. अंबेडकर के बयान आशाप्रद नहीं थे। गांधी जी के उपवास से पहले ही समझौते के प्रयास शुरू हो गये थे। इसमें निर्णायक भूमिका पं. मदनमोहन मालवीय ने निभाई। वे दूसरे गोलमेल सम्मेलन से लौटे ही थे कि गांधी जी के उपवास की सूचना पाकर मुम्बई पहुँचे। वहाँ उन्होंने सर तेज बहादुर सप्रू, एम.आर. जयकर, राजगोपालाचारी, डॉ. राजेन्द्र प्रसाद, एम.सी. राजा, डॉ. अंबेडकर, सर चिमनलाल सीतलवाड, डॉ. बी.एस. मुंजे, हृदयनाथ कुँजरू, पी. बालू और ठक्कर बापा से मिले। सभी लोग दो बातों पर सहमत थे। एक, किसी भी कीमत पर गांधी के प्राण अवश्य बचाए जाएँ; दो, जल्दी से जल्दी अस्पृश्यता का कलंक मिटाया जाए। दोनों मुद्दों पर आम सहमति आसान थी। किन्तु काफी कठिन था इन दोनों लक्ष्यों को हासिल करने के उपायों पर एकमत होना। कारण, एक ओर डॉ. अंबेडकर और उनके सहयोगी एक-एक बात पर अड़ रहे थे तो दूसरी ओर गांधी भी आसानी से झुकनेवालों में से नहीं थे।

यहाँ हमें डॉ. अंबेडकर की मानसिक अवस्था के बारे में जानना चाहिए। वे समझते थे और ठीक ही समझते थे कि अस्पृश्यों को राजनीतिक अधिकार दिलाने में उन्होंने सफलता पायी है। यह उनकी एक बड़ी उपलब्धि थी। वे बातचीत में भी इसे दुहराते थे कि हमें अपनी बिरादरी के लिए सत्ता चाहिए। जो पृथक निर्वाचन प्रणाली से प्राप्त हुई है। ऐसी परिस्थिति में गांधी जी ने भी समझौते के दरवाजे खुले रखे थे। समझौते का एक प्रारूप बना। उसे जहाँ गांधी जी ने एक-एक शब्द को पढ़ा और विचार किया वहीं दूसरी तरफ डॉ. अंबेडकर ने भी उसे पढ़ा और सोचा। इस प्रकार एक समझौता हुआ। जिसे 'पूना पैक्ट' कहते हैं। इस समझौते को ब्रिटिश सरकार ने भी माना। जिससे गांधी जी अपना उपवास तोड़ सकें। वह समझौता डॉ. अंबेडकर के सहयोगात्मक रूख से सम्भव हुआ। उस समझौते से अस्पृश्यों को विधानसभाओं में ज्यादा प्रतिधित्व प्राप्त हुआ। पृथक निर्वाचन प्रणाली से उन्हें 71 सीटें मिल रहीं थीं जबकि समझौते से उन्हें 148 सीटें मिलीं। दूसरी जो बड़ी बात हुई वह यह कि डॉ. अंबेडकर को अस्पृश्य समाज का सबसे बड़ा नेता माना गया। तीसरी बड़ी उपलब्धि कह सकते हैं, वह यह थी कि इस समझौते में ब्रिटिश सरकार की कोई भूमिका नहीं थी। यह भविष्य के लिए एक मार्गदर्शक मील का पत्थर बना कि हम अपनी समस्याएँ बातचीत से हल कर सकते हैं। यह उदाहरण गांधी-अंबेडकर की आन्तरिक एकता का है। ऐसे अनेक उदाहरण बाद में भी घटित हुए।

किताब की नींव कैसे पड़ी

- अमलेश राजू

सितंबर 2019 में बिहार के मधेपुरा जिला स्थित गांधी ज्ञान मंदिर नामक सामाजिक-शैक्षणिक संस्था ने 'गांधी और अंबेडकर' पर दो दिन का राष्ट्रीय समागम का आयोजन किया। यह आयोजन केंद्रीय संस्कृति मंत्रालय के अधीन कार्यरत गांधी स्मृति एवं दर्शन समिति, राजघाट नई दिल्ली के साझा प्रयास से संपन्न हुआ था। समागम में दिल्ली से गांधी शान्ति प्रतिष्ठान के पूर्व सचिव श्री सुरेंद्र कुमार, केंद्र सरकार के पूर्व मंत्री रहे और मौजूदा बिहार विधान परिषद के सदस्य डॉ. संजय पासवान, बाबासाहेब भीमराव अंबेडकर बिहार विश्वविद्यालय के पूर्व कुलपति डॉ. अमरेंद्र कुमार, गांधी ज्ञान मंदिर के संस्थापक व भूदानी सर्वोदयी कार्यकर्ता श्री दीनानाथ प्रबोध, मगध विश्वविद्यालय के जगजीवन महाविद्यालय गया के प्राध्यापक रहे श्री देवनारायण पासवान देव, चाणक्य स्कूल आफ पॉलिटिकल रिसर्च एंड गाइड के अध्यक्ष श्री सुनील कुमार सिन्हा, बिहार सरकार की पूर्व मंत्री श्रीमती रेणु कुशवाहा और डॉ. रविंद्र चरण यादव, जेपी आंदोलन में सक्रिय रहे डॉ. विजय सिंह कुशवाहा, बिहार के पूर्व मुख्यमंत्री रहे स्वर्गीय भोला पासवान शास्त्री की पुत्रवधू सुशीला भारती, भोला पासवान शास्त्री महाविद्यालय के तत्कालीन प्राचार्य अखिलेश कुमार, पटना के जाने-माने सामाजिक कार्यकर्ता पुष्पराज, शिक्षाविद विनय कुमार झा, सोशल एक्टिविस्ट कवीन्द्र कुमार सिंह सहित अनेक प्रबुद्ध लोगों के साथ मुझे भी बतौर कार्यक्रम संयोजक भाग लेने का सुयोग प्राप्त हुआ। दो दिवसीय समागम में गांधी और अंबेडकर पर लोगों के विचार सुनते-जानते ही मन में विचार आया कि इन दोनों महानुभावो के सामाजिक सरोकार को कुछ और गहनता से जानने के लिए कुछ प्रबुद्ध लोगों के विचार को संकलित-संपादित किया जाए। फिर कोरोना के खतरे से बचने के लिए हम घरों में ही कैद हो गए। इसी दौरान सोचा कि क्यों न गांधी और अंबेडकर के बारे में और गहराई से जाना जाए। अपनी पूर्व योजना पर आगे बढ़ते हुए इस किताब को शक्ल में मेरा सपना साकार होता नजर आने लगा। महसूस किया कि गांधी और अंबेडकर दोनों के विचार देशहित के लिए कितने महत्त्वपूर्ण थे। भारतीय राष्ट्रीय आंदोलन के दौरान

डॉ. अंबेडकर बतौर दलित नेता के रूप में उभरे थे लेकिन उनकी सर्वजन हिताय की सोच पूरे भारतीय समाज के लिए थी। यही कारण है कि तमाम पेचीदगियों और झंझावातों के बाद भी उन्हें देश के प्रथम कानून मंत्री से लेकर संविधान मसौदा समिति के अध्यक्ष का महती दायित्व सौंपा गया। इस किताब में मेरी भरसक कोशिश रही है कि महात्मा गांधी और डॉ अंबेडकर के बारे में बुद्धिजीवियों के विचारों को तुलनात्मक दृष्टिकोण से नहीं देखा जाए। दोनों महापुरुषों के कार्य अपने-अपने क्षेत्र में महान रहे हैं। वास्तव में गांधी अस्पृश्यता उन्मूलन से लेकर जातिभेद और जातिप्रथा के खिलाफ ताउम्र आंदोलन करते रहे। वहीं, अंबेडकर के अनुयायी आज भी उन्हें दलितों का हितैषी और मसीहा मानते हैं। हालांकि यह हमारी सामाजिक और सांस्कृतिक व्यवस्था का एक कटु सत्य है कि मोहनदास करमचंद गांधी का जन्म वैश्य जाति में हुआ और डॉ. अंबेडकर ने दलित परिवार में जन्म लिया। दोनों के लालन-पालन से लेकर उनके सामने अवसरों और विकल्पों के मामले में भी ये बाधाएं बनी रहीं। गांधी को जिन सुविधाओं ने यहाँ तक पहुंचाया, उसके लिए अंबेडकर को काफी संघर्ष करना पड़ा। लेकिन यह सर्वविदित है कि दोनों की मंजिल और रास्ते एक थे। पुस्तक के संपादन के क्रम में ही मैंने यह तय कर लिया था कि इस पचड़े में नहीं पड़ते हुए अपनी किताब को दोनों महापुरुषों के जीवन से जुड़े खास पहलुओं के केंद्रबिंदु में ही रखा जाए। इस प्रयास के बावजूद पुस्तक में कुछ लेखकों के निजी विचारों को समाहित करना पड़ा। कुछ लेखकों ने उनके विचारो को बहुतायत और देश, समाज से जोड़कर लिखा है। अभिव्यक्ति की आजादी का ख्याल रखते हुए मैंने संपादक की हैसियत से बुद्धिजीवियों के विचारों को मामूली काट-छांट कर हूबहू प्रस्तुत किया है। बाबा साहब भीमराव अंबेडकर को संविधान सभा ने जो दायित्व सौंपा था, उन्होंने बखूबी उसे न सिर्फ निभाया, बल्कि मौका आने पर खुद इस बात को लोगों के सामने रखा भी। मेरा यह भी मानना है कि इतिहास के उन कुछ अनछुए पहलू को भी सामने आना चाहिए जो सालों से लोगों के दिल में और लेखनी में दफन है। मैंने उन विचारो को भी पुस्तक में जगह देने की भरसक कोशिश की। यह अलग बात है कि गांधी के विराट चरित्र के सामने दूसरे को बिल्कुल भी खड़ा नहीं देखनेवाले प्रबुद्धजनों को इस प्रकार के विचार रास नहीं आएंगे लेकिन मै इस प्रकार के दकियानुसी बुद्धिजीवियों व पाठकों की भावनाओ को दरकिनार करते हुए विस्तृत फलक को अख्तियार कर उन ओझल विचार को भी यहाँ रखना वाजिब समझा।

संविधान सभा के पहले भाषण में डॉक्टर भीमराव अंबेडकर का मानना था कि आजादी का मतलब सिर्फ अधिकार पाना भर नहीं है। इसलिये हमारे संविधान में सरकार और नागरिकों के अधिकारों के साथ ही उनके कर्तव्यों का भी विस्तार से उल्लेख किया गया है। बाबा साहेब ने संविधान सभा में दिये गये भाषण में कहा था कि स्वतंत्रता आनंद का विषय है, पर अब हमें अपनी जिम्मेदारियों पर भी ध्यान देना होगा। सुधी पाठकों

के लिए उनके भाषण का अंश किताब में दिया जा रहा है। यह विचार सुधी पाठकें की जानकारी को बढ़ाने में शायद कुछ काम आ जाए तो किताब की सार्थकता में भी चार चांद लगेगा।

पुस्तक में पुरोकथन (प्रस्तावना) के रूप में राय साहब के अलावा दलित विषयों के जानकार कंवल भारती, जेएनयू प्रो. आनंद कुमार, वरिष्ठ पत्रकार अरुण त्रिपाठी, अरविंद मोहन, उपेंद्र प्रसाद, भारतीय जनसंचार संस्थान के डॉ. प्रमोद कुमार, भोपाल के वरिष्ठ पत्रकार सुरेश शर्मा, आकाशवाणी में बतौर सलाहकार उमेश चतुर्वेदी, प्रो. राकेश राणा, फॉरवर्ड प्रेस के हिंदी संपादक नवल किशोर कुमार, दलित चिंतक गुलाब सिंह, शोधार्थी अलख निरंजन, जेएनयू के प्रो. राजेश पासवान, बिहार में प्रोफेसर रहे देवनारायण पासवान 'देव', गांधी अध्येता सुनील कुमार सिन्हा और पत्रकार केके तिवारी के विचार लिए गए हैं।

इस किताब में हमारी कोशिश रही है कि जिन लोगों के गांधी और अंबेडकर के संबंध में रखे विचारों को संकलित और संपादित किया गया है, उनसे नई पीढ़ी आसानी से यह समझ जाए कि गांधी और अंबेडकर के बीच किन बिंदुओं में प्रगाढ़ता थी और किन-किन विषयों पर मतभिन्नता। किताब में भरसक प्रयास है कि गांधीजी और अंबेडकर के सिद्धांतों से नई पीढ़ी को रूबरू कराया जाए ताकि अपने सामाजिक जीवन में वे उन पर अमल करते हुए कई मामलों में शुचिता बनाए रख सकें। जवाहरलाल नेहरू विश्वविद्यालच के प्रोफेसर रहे समाजशास्त्री डॉक्टर आनंद कुमार का सुझाव था कि ऐसी किताबें रोज-रोज नहीं छपतीं, इसलिए इंटरनेट पर या अन्य पत्र-पत्रिकाओं में गांधी और अंबेडकर के बारे में अगर कुछ महत्त्वपूर्ण जानकारी उपलब्ध है तो उसे संभवतया किताब में साभार के तौर पर समाहित किया जाना चाहिए। इस संकलन में कुछ ऐसी भी जानकारी है जो कहीं न कहीं से ली गई है। जबकि डॉ. आनंद कुमार ने समाजवादी विचारक किशन पटनायक की गांधी और अंबेडकर पर लिखे विचार उपलब्ध कराए। इसके लिए उन्हें कोटि-कोटि धन्यवाद। गांधी और अंबेडकर के मूल्यों पर अपने मार्गदर्शकों और वरिष्ठ पत्रकारों के मौलिक विचारों को मैंने अपनी इस पुस्तक में जगह दी है, लिहाजा इन लेखों के संपादन के सिवाय मैं कोई श्रेय नहीं लेना चाहता। केंद्रीय संस्कृति मंत्रालय के अधीन इंदिरा गांधी राष्ट्रीय कला केंद्र के अध्यक्ष, वरिष्ठ पत्रकार और मेरे मार्गदर्शक आदरणीय श्री राय साहब (श्री राम बहादुर राय) का भी निर्देश था कि अगर गांधी और अंबेडकर पर कुछ संकलन प्रकाशित हो रहा है तो पत्र-पत्रिकाओं में दोनों के प्रसंगों और विचारों को लेने में कोई हर्ज नहीं है। राय साहब ने इस किताब के लिए एक साल तक मेरी मिन्नतें और जिद के बात भूमिका लिखी है। राय साहब हमारे लिए प्रेरणास्रोत ही नहीं, बल्कि वैसे अभिभावक हैं जिनका प्रेम और गुस्सा दोनों मुझे संबल देता है। गांधी और अंबेडकर पर उनके विचार को पुस्तक के पुरोकथन के रुप में देकर मैं खुद को आह्लादित और खुशनसीब मानता हूँ।

भारतीय जनसंचार संस्थान नई दिल्ली के महानिदेशक प्रो. संजय द्विवेदी, जनसत्ता के पूर्व मेट्रो संपादक मनोज मिश्र, यूएनआई के मनोहर सिंह, सामयिक वार्ता पत्रिका से जुड़े रहे महेश भाई ने किताब लिखने में समय-समय पर सलाह, मशविरा और सामग्री देकर अपनी महती भूमिका अदा की है। लेखकीय विचारों के संकलन-संयोजन और संपादन में जिन्होंने हमारा हौसला बढ़ाया उनमें जनसत्ता के साथियों प्रेम प्रकाश, गजेंद्र सिंह, प्रियरंजन, प्रतिभा और अमर उजाला के पत्रकार राजेश रंजन का बहुत बड़ा योगदान है। राजेश और गजेंद्र ने किताब में कोई अशुद्धि न रहे, इसका बहुत हद तक ख्याल रखा है। जनसत्ता के हमारे परिवार के सभी साथियो, बड़े बुजुर्गों के अलावा सहरसा कालेज सहरसा, बिहार से रिटायर श्री अशोक कुमार वर्मा, पटना के अधिवक्ता मनीष वर्मा, डॉ. अमित वर्मा, भोला पासवान शास्त्री कॉलेज मधेपुरा के प्राचार्य प्रो. अतुलेश वर्मा, हिंदी की प्राध्यापक अरूणा कुमारी, उत्तर प्रदेश सरकार में कार्यपालक अभियंता अच्युतेश, नवोदित कवयित्री शुभ्रा कुमारी, दिल्ली के सामाजिक कार्यकर्ता और अधिवक्ता खविन्दर सिंह कैप्टन, समाजवादी विचारक राजवीर पंवार, दिल्ली विश्वविधालय के श्यामलाल कॉलेज के प्रो. अनिल ठाकुर और सामाजिक चिन्तक, अधिवक्ता डॉ. अफाक अहमद, छोटी बहन अपर्णा के साथ-साथ मेरी जीवन संगिनी सत्यम, मेरे प्यारे दोनों बच्चे अवनीश और अनुष्का ने अपना कीमती समय देकर पुस्तक प्रकाशन में न सिर्फ अमूल्य योगदान दिया है, बल्कि हर कदम पर मेरा हौसला भी बढ़ाया है। इन सभी लोगो को धन्यवाद।

किताब समय पर आ जाए, इसकी चिंता डायमंड प्रकाशन के अध्यक्ष श्री नरेंद्र कुमार वर्मा जी ने बखूबी संवाद बनाए रखते हुए निभाया है, उनके इस मार्गदर्शन का भी मैं आभार व्यक्त करता हूं।

अमलेश राजू

सृजन विहार आवासीय समिति, न्याय खंड-दो,

इंदिरापुरम, गाजियाबाद (उत्तर प्रदेश)

मोबाइल- 8076542210

amleshraju7@gmail.com

गांधी और अंबेडकर

- किशन पटनायक

हम भीमराव अंबेडकर को प्रतिष्ठित करेंगे, गांधी और मार्क्स के मुकाबले नहीं, उनके संग। हरिजन और जाति प्रथा कि समस्या के संदर्भ में जितने बड़े गांधी और मार्क्स हैं, उतने ही बड़े अंबेडकर हैं।

मानव जाति के भाग्य को दिशा देने में गांधी महात्मा बने रहेंगे। वर्ग सभ्यता के अंत तक कार्ल मार्क्स पैगम्बर रहेंगे, लेकिन छुआछूत और जातिग्रस्त समाज के लिए अंबेडकर भी उतने बड़े नेता हैं, क्राँतिकारी और पथ प्रदर्शक है- एक खास समूह के लिए तो दोनों से भी बड़े। मार्क्सवाद, मार्क्स से बड़ा निकला। अब मार्क्स उसका हिस्सा मात्र है। गांधीवाद, गांधी का फेंका हुआ वस्त्र है। अंबेडकर अपने समकालीन इतिहास की कसौटियों पर लांछित होने के बाद आज नए युग के प्रेरक हिस्सा तत्व है। जब तक जाति प्रथा रहेगी, अंबेडकर हिन्दू समाज के एक हिस्से के लिए पैगम्बर और दूसरे के लिए यमदूत बने रहेंगे (हिन्दू परंपरा में यम मृत्यु का देव है, लेकिन देवता है, शैतान नहीं)।

इतिहास प्रवाह है, इसकी गति के पीछे दो जरूरत होती है, तट और समुद्र- युग की जरूरत और अंतिम लक्ष्य। 'युग की जरूरत' संकीर्ण अर्थ में नहीं, क्राँतिकारी अर्थ में। अपने युग की क्राँतिकारी जरूरतों को समझने वाला युग पुरुष होता है। सुदूर भविष्य को गतिशील करने वाला पैगम्बर होता है। गांधी और मार्क्स युग पुरुष थे, पैगम्बर भी थे। अंबेडकर पैगम्बर साबित हो रहे हैं।

जिन दिनों अंबेडकर बच्चे से बड़े हुए, उन दिनों न अनुसूचित जातियाँ थीं, न दलित थे, न हरिजन थे, केवल अछूत थे। धर्म परिवर्तन या किसी राजा या शासक की दया से कुछ अछूतों को शिक्षा आदि मिल जाती थी। गोरों के बीच गांधीजी को दक्षिण अफ्रिका में जिस प्रकार का अपमान सहना पड़ा था, अंबेडकर को हिन्दू भारत में उसी प्रकार का सवर्णों से अपमान सहना पड़ा। जब गांधी भारत आए, उनका जीवन भारतीय लोगों को

गोरों के मुकाबले में खड़े करने के काम में लगा, गोरों को 'भारत छोड़ो' का आदेश उन्होंने दिया। अंबेडकर का जीवन अछूतों को सवर्णों के मुकाबले में खड़ा करने के काम में लगा, आखिर में उन्होंने अपने लोगों को हिन्दू समाज छोड़ने का निर्देश दिया।

अभी यह कहना स्वाभाविक और सहज लगता है कि अंबेडकर ने ब्रिटिश सम्राज्य के खिलाफ संघर्ष नहीं किया, यह उन पर कलंक है। ऐसा कहने वालों को इस बात कि कल्पना करनी चाहिए कि उन दिनों जितने भी राजनैतिक आंदोलन थे- कांग्रेस, कम्युनिस्ट और सशस्त्र क्राँतिकारी दलों के आंदोलन, उनमें हरिजनों का कोई स्थान न था। कोई हरिजन नेता न था? गांधीजी कि छत्रछाया में ही कांग्रेस में हरिजन नेता पनपने लगे। कांग्रेस की देखादेखी दूसरे राजनैतिक दल भी अपने संगठनों में हरिजनों को स्थान देने लगे। लेकिन यह सब कब हुआ?

गांधी पर अंबेडकर का प्रभाव

गांधी ने सुभाष बोस की चुनौती को कभी नहीं माना, लेकिन अंबेडकर की चुनौती को माना। गांधी जैसा आदमी जब किसी चुनौती को मानता है तो वह उसे वक्ती जिद के तौर पर नहीं मानता। इस चुनौती को मानना शक्ति-परीक्षा के तौर पर भी नहीं था। इसलिए भारत की जो बुनियादी समस्या गांधी से ओझल थी वह उनके लिए उजागर हो गई और जब से ऐसा हुआ उसके बाद से गांधी से ज्यादा हरिजन को उठाने वाला कोई न था। आज भी देश में लाखों करोड़ों हरिजन ऐसे हैं, जो अंबेडकर को नहीं जानते, गांधी को जानते हैं। इसी आधार पर काँग्रेस ने हरिजनों को पालतू और भ्रष्ट बनाया। अभी भी हरिजन सबसे अधिक काँग्रेस को वोट देता है। गांधी को दलितों के प्रतिकूल बताने वाले ऐसे तथ्यों की कमी भी समझने का साहस नहीं करते। गांधीवादियों और काँग्रेसियों के कारनामों का परिणाम यह है कि हरिजनों की पढ़ी-लिखी पीढ़ी गांधी को शक की दृष्टि से देखती है।

मार्क्सवाद और हरिजन

भारत के मार्क्सवादी भारत की स्थिति को हमेशा गलत ढ़ंग से समझते हैं। बाद में गलती को समझते हैं, लेकिन लड़ाई खत्म हो जाने के बाद। इमरजेंसी की लड़ाई के बाद ही भारतीय कम्युनिस्ट पार्टी ने इदिरा गांधी को समर्थन करने वाली गलती को माना। आजादी के लड़ाई के बहुत दिनों बाद ही कम्युनिस्टों के ज्ञान कोश में गांधी का अर्थ सुधारा गया। कम्युनिस्ट अपनी गांधी संबंधी गलती लगभग उन्हीं दिनों मानने लगे, जिन दिनों राष्ट्रीय स्वयं सेवक संघ ने गांधी को प्रात: स्मरणीय (और गोडसे को सदा स्मरणीय) माना।

यह भारतीय मार्क्सवादियों की बहुत बड़ी दुर्बलता है कि वे भारतीय कम्युनिस्ट पार्टी की गलतियों के कारण उससे टूट कर अलग हो जाते हैं, लेकिन भारत के इतिहास और

समाज को समझने के लिए अभी भी रजनी पाम दत्त और श्री पाद अमृत डॉगें जैसे लेखक्रों पर आश्रित रहते हैं। ब्रिटिश साम्राज्यवाद और रूसी साम्राज्यवाद के इन समर्थकों का विकल्प अभी तक न मार्क्सवादी कम्युनिस्ट पार्टी ने बनाया है और न नक्सलवादियों ने। इसलिए नक्सलवादी कार्यकर्ता जब हत्या की राजनीति के बाहर अपनी भूमिका ढूँढ़ता है तो दुविधाग्रस्त रहता है और भारतीय कम्युनिस्ट पार्टी की जैसी बातें करने लगता है। नक्सलवादियों कि मूल मान्यता है कि भारत अभी भी एक अर्ध उपनिवेश है। हम भी ऐसा मानते हैं। लेकिन इसको मानने वाला कैसे कहेगा कि भारतीय पूँजीवाद का ब्रिटिश साम्राज्यवाद (पूँजीवाद) से विरोध था। हम तो यह मानते हैं कि वह तो ब्रिटिश पूँजीवाद का दलाल है। चीन के समाज और इतिहास के बारे में भारत में सारे कम्युनिस्ट पाम दत्त और डॉगें को पढ़ते हैं। माओ ने अपने नेतृत्व के आरंभ में ही चीन के बारे में नया शास्त्र बनाया, नक्सलवादियों ने भारतीय समाज और इतिहास के बारे में अभी तक अलग कुछ नहीं बनाया है। जब हम यह कहते हैं, तो हम इस बात को भी मानते हैं कि हरिजनों के बीच काम करने वाले आज गांधी के कार्यकर्ता नहीं हैं, मार्क्स के कार्यकर्ता हैं और अंबेडकर के कार्यकर्ता हैं। आजादी के पहले गांधी के कार्यकर्ता थे, आजादी के बाद नहीं।

हम यह भी कहते हैं कि जैसे-जैसे नक्सलवादी राजनीति व्यापक भूमिका अपनाने की कोशिश करेगी, वैसे ही वह हरिजनों को छोड़ने लगेगी क्योंकि नक्सलवादी हरिजन को अभी भी मजदूर कहता है, हरिजन या दलित नहीं मानता।

हिन्दू धर्म कहाँ रहेगा

साइमन कमीशन के बाद गांधी से अंग्रेज घबराने लगा और उसने गांधी के नेतृत्व को संकुचित करने के लिए जिन्ना और अंबेडकर को समर्थन देने की कोशिश की। ब्रिटिश साम्राज्यवाद जिन्ना के मामले में सफल हुआ, लेकिन अंबेडकर के मामले में असफल। जिन्ना द्विराष्ट्र के सिद्धान्त पर अडिग होते गए और भारत को विभाजित करने में समर्थ हो गए। लेकिन राष्ट्र के प्रति लगाव होने के कारण अंबेडकर, गांधी और काँग्रेस से समझौता करने के लिए तैयार हो जाते थे। पूना में उन्होंने गांधी से समझौता किया। भारत को आजादी मिली तो जिन्ना ने भारत को विभाजित किया, अंबेडकर ने भारत का संविधान रचा। ये नारे नहीं हैं, इतिहास है। इतिहास से आँख मूंद कर जो कहेगा कि अंबेडकर आजीवन गांधी के दुश्मन रहे, वो कैसे इस बात को समझा पाएगा कि गांधी के सुझाव पर अंबेडकर को संविधान बनाने कि जिम्मेदारी दी गई। और अंबेडकर क्यों राजी हुए? हाल में एम. ओ. मथाई की किताब को लेकर बहुत चर्चा हुई, पर इस किताब में बताया गया है कि गांधीजी के सुझाव पर ही अंबेडकर को केन्द्रीय मंत्रीमंडल में लिया गया था। हम भी मानते है कि

पूना पैक्ट के लिए अंबेडकर पर दबाव था। लेकिन संविधान बनाने के लिए तो कोई दबाव नहीं था। अंबेडकर के लोगों को अगर अभी भारत के संविधान में दी हुई विशेष सुविधा से भारत सरकार वंचित कर रही है तो इससे अधिक संविधान के विपरीत कार्य क्या हो सकता है।

अंबेडकर अछूतों को और भारतीय समाज को जानते थे। इसलिए अछूतों का अलग संप्रदाय उन्होंने नहीं बनाया। हिन्दू समाज के नजदीक का जो धर्म है, उसी में शामिल होने की सलाह उन्होंने अछूतों को दी। बुद्ध का धर्म अछूतों के लिए नहीं था, हिन्दुओं को जाति मुक्त करने के लिए था। वेद के कर्मकांड को न मानने वाला यह आंदोलन असफल रहा। लेकिन असफलता हमेशा आखिरी परिणाम नहीं होती। भारत के अछूत प्रथा के उन्मुलन के लिए जो भी कोशिश करेगा, वह कुछ अंश में बौद्ध होगा। एक सवाल ठीक पूछा जाता है- हिन्दू धर्म से जाति प्रथा को खत्म कर दो तो हिन्दू धर्म कहाँ रह जाता है? इसलिए तो जाति तोड़ने का कार्यक्रम और हरिजनों को बराबरी देने का कार्यक्रम क्राँतिकारी है। इसलिए तो धर्म के पुरोहितों ने गांधीजी की हत्या की।

हम पहले ही कह चुके हैं कि गांधी की शैली रक्षणशील थी, उनका आचरण उग्र था। इस अंतर्विरोध के कारण उन्होंने खुद मंदिर का बहिष्कार किया, हिन्दू कर्मकांड को छोड़ा, लेकिन हिन्दू धर्म के मूल मान्यताओं के खिलाफ अभियान नहीं चलाया। हरिजनों को बराबरी देने का काम भी तब तक अधूरा रहेगा, जब तक हिन्दू धर्म की पुनर्जन्म संबंधी और भाग्य संबंधी मान्यताओं को खत्म नहीं किया जाता। हरिजनों को बराबरी देने का काम तब तक अधूरा रहेगा जब तक जमीन का सवाल हल नहीं किया जाता। अंबेडकर ने इन दोनों पहलुओं को अपने आंदोलन में जोड़ा। इसलिए अंबेडकर दलितों के लिए अत्यधिक प्रासंगिक बनते हैं।

नाम में क्या है?

हरिजन शब्द की एक ऐतिहासिक भूमिका रही है। अंबेडकर के साथ जब जाति प्रथा के खिलाफ बगावत करके महारों ने बौद्ध धर्म को अपनाया तब हरिजन शब्द छोटा पड़ गया, कारण भारत सरकार भी इन बौद्धों को हरिजन नहीं मान रही है। दलित शब्द व्यापक है। लेकिन शब्द को मामूली चीज समझना गलत है। अगर यह मामूली ही होता तो हरिजन शब्द को बुरा मानने वाले उस 'नाम' को बदलने पर जोर नहीं देते। अगर अछूतों को हरिजन कहना बेमतलब था तो हरिजनों को दलित कहना भी बेमतलब होगा। लेकिन ऐसा नहीं है। हरिजनों का आपस में जाति भेद बहुत मजबूत है (और इस माने में वे हिन्दू हैं)। हरिजन एक शाब्दिक (इसलिए मनोवैज्ञानिक) एकता पैदा करता है। जब किसी चमार की हत्या होती

है, अखबार छापते हैं- 'हरिजन की हत्या हुई है।' उसमें डोम, भंगी, दुसाध, पासी सबके दिल में गुस्सा होता है। हरिजन शब्द सर्वप्रचारित है। दलित उससे बेहतर शब्द हो सकता है, अगर यह सर्वप्रचारित हो तो।

इस तर्क को औपचारिक तर्क शास्त्र द्वारा खींचकर कोई न कहे कि अगर 'मजदूर की हत्या' हुई लिखा जाएगा तब सारे मजदूरों की एकता होगी। समाज की वस्तुस्थिति भी शब्द के प्रभाव को घटाती-बढ़ाती है। मजदूर, कारखाना मजदूर (कारखनिया मजदूर) का आभास देता है जिसमें हरिजन नहीं है। हरिजन शोषित मजदूर है, केवल मजदूर नहीं है। हरिजन इस असहायता का नाम है, जिसके कारण करोड़ों आदमी निम्न स्तर के मजदूर बनने के लिए मजबूर होते हैं। अगर कारखनिया मजदूर खेतिहर मजदूर से अलग है, तो ब्राह्मण मजदूर दलित मजदूर से अलग है।

बड़े-बड़े आधुनिक कारखानों में भी द्विज मजदूरों के काम और दलित मजदूरों के काम अलग हुआ करते हैं। विडंबना यह है कि वेतन, भत्ता, छुट्टी बढ़ाकर मजदूरों की वर्गोन्नति करने वाले क्राँतिकारी कहलाते हैं और हरिजनों को समाजिक बराबरी देकर उनके विद्रोह की शक्ति को बढ़ानेवालों को सुधारवादी कहा जाता है।

गांधी और अंबेडकर- दो

कुछ व्यक्तियों को आप कितना भी महान कह दीजिए, समाज की गति के ये नियंता नहीं हो जाते। गति तो पूरे समाज के कार्यकलाप से बनती है। महापुरुष, अपने समय को प्रभावित करता है, समाज को एक मोड़ देता है, या भविष्य के लिए एक ऐसा प्रभाव छोड़ जाता है कि लंबे समय तक उसकी बातों और कामों से बाद की पीढ़ियाँ प्रेरणा लेती है। कुछ बातें और घटनाएँ, जो जीवनकाल में अत्यंत महत्त्वपूर्ण लगती है, मरणोत्तर काल में निरर्थक और सतही बन जाती है। कोई भी महापुरुष, विचारक या संत ऐसा नहीं होता जिसकी हरेक बात और घटना अगली पीढ़ी के लिए सही या प्रासांगिक होती है।

अगर ऊपर की बात सत्य है तो एक ही समय में कार्यरत दो व्यक्तियों का आपसी समीकरण जो भी हो, दीर्घकाल में वैसा नहीं रह जाएगा। बाद की स्थितियों में लोग अपने समय की जरूरत के अनुसार पहले वाले समीकरण को बदल सकते हैं। समाज की जरूरतों को पूरा करने के लिए कोई एक व्यक्ति, कोई एक आंदोलन या पद्धति पर्याप्त नहीं है। एक जड़ या पतनोन्मुख समाज को गतिशील बनाने के लिए एक से अधिक प्रतिभाओं और पद्धतियों का उपयोग करना पड़ता है। विचारों के अलग-अलग कोण होते हैं। काम करने की अलग-अलग पद्धतियाँ होती हैं। वे परस्पर पुरक भी हो सकते हैं, जबकि उनमें टकराव होना स्वाभाविक है।

गणेश मंत्री की पुस्तक से एक स्तर पर यही निष्कर्ष निकलता है। लेखक की खूबी यह है कि गांधी और अंबेडकर, दोनों के मतभेदों और टकराव का वास्तविक तत्व पुस्तक में उभर आता है। लेखक किसी का पक्ष नहीं लेता है और पुस्तक इतने तटस्थ भाव से लिखी गई है कि दोनों को प्रतिष्ठित करती है ताकि पढ़ने वालों को दोनों का सकारात्मक प्रभाव अनुभूत हो।

गांधी और अंबेडकर के अधिकांश अनुयायियों को इस प्रकार का तटस्थ लेखन अच्छा नहीं लगेगा। गांधी के अनुयायी को लग सकता है कि कहाँ गांधी और कहाँ अंबेडकर? दोनों को बराबरी का दर्जा देना एक धृष्टता है। पुस्तक उन्हें बताएगी कि आप सामाजिक प्रश्न पर दोनों को तौलिए, दलितों के वास्तविक स्थिति और एक अन्यायी समाज के औचित्य की पृष्ठभूमि में दोनों को खड़े होने दिजिए। अंबेडकर के अनुयायी को लगेगा कि अंबेडकर के कार्य और नीति का विरोध करने वाले गांधी की निंदा नहीं करना कैसी निष्पक्षता है? पुस्तक का उत्तर है कि गांधी ने अपने युग की एक नहीं, सारी चुनौतियों को अपना कार्यक्षेत्र बनाया था, और आखिरकार गांधी अपने सवर्ण होने की स्थिति को नहीं बदल सकते थे जैसे कि अंबेडकर अपने अस्पृश्य होने कि स्थिति को नहीं बदल सकते थे (गणेश मंत्री का एक समाधानकारी वाक्य है : दोनों के जीवन संदर्भ और कार्यक्षेत्र अलग थे)।

हमारे समय में जो लोग देश निर्माण का कोई मौलिक उपाय ढूंढ़ रहे है और सामाजिक प्रश्न को भारत के बनने-बिगड़ने का एक मुख्य कारण मानते हैं, उनका एक बड़ा हिस्सा ऐसा है जिसको यह परेशानी रहती है कि गांधी और अंबेडकर के टकराव का वह क्या करें? गांधी और अंबेडकर के मतभेदों और टकरावों के बारे में काफी लिखा गया है और इसका एक अच्छा-खासा साहित्य उपलब्ध है। अंबेडकरवादियों द्वारा लिखे गए गांधी विरोधी साहित्य में कुछ घटनाओं और प्रसंगो का उल्लेख इतने सघन ढ़ंग से हुआ है कि गांधी की आलोचना करते समय उनकी पुनरावृति होती रहती है। उसी तरह अंबेडकर के विरुद्ध बात करने वाला कांग्रेसी हो, समाजवादी हो या हिन्दुत्ववादी हो, कुछ खास घटनाओं और प्रसंगों का जिक्र करता है। अंबेडकर की आलोचना करने के लिए सारा मसाला आपको अरुण शौरी की अंग्रेजी किताब (नकली ईश्वर की पूजा) में मिल जाएगा। ट्राटस्कीवादी-लोहियावादी विनायक पुरोहित संप्रत्ति पुणे से 'मैनकाइंड' नामक एक अंग्रेजी मासिक का संपादन करते है। पुरोहित अपने को लोहियावादी मानते हैं, लेकिन गांधी और अंबेडकर, दोनों के घोर विरोधी हैं। उन्होंने अंबेडकर की आलोचना अपने पत्र में की थी और शीर्षक भी शौरी के शीर्षक से मिलता जुलता है: 'महानता जिस नदी पर लादी गई है।'

मैंने विनायक पुरोहित से पुछा, आप अंबेडकर को गिराना चाहते हैं, हिन्दुत्ववादी अरुण शौरी भी वही कर रहे हैं। पुरोहित का उत्तर था, 'शौरी दक्षिणपंथी दृष्टिकोण से लिखते हैं और मैंने वामपंथी दृष्टिकोण से आलोचना की है।' लेकिन यह तो शब्दाडंबर था। दोनों के तथ्यात्मक आधार एक है- वही – वही बातें।

गणेश मंत्री जिस साहित्य का निर्माण करना चाहते थे वह न गांधी विरोधी है न अंबेडकर विरोधी। न इसको गिराने वाला, न उसको गिराने वाला, बल्कि दोनों के क्षत-विक्षत व्यक्तित्वों को सकारात्मक रुप में पेश करना उनके लिखने का उद्देश्य है। गांधी और अंबेडकर दोनों को सामाजिक प्रश्न के लिए प्रासांगिक मानने वाली जो धारा देश के सार्वजनिक जीवन में दृष्टिगोचर होती है, वह कुछ बड़ी हो रही है। गणेश मंत्री और डी. आर. नागराज से इस धारा को पर्याप्त सूझबूझ मिलेगी। डी. आर. नागराज का भी असमय निधन वर्ष (1999) में हो गया।

कन्नड़ साहित्य में उनका बहुत ऊँचा स्थान है। भारतीय संस्कृति में शूद्र-दलित विद्रोह की परंपराओं को पहचानने की एक प्रभावशाली और सृजनात्मक कोशिश उनकी कृतियों में पायी जाती है। गांधी और अंबेडकर की विरासतों को परस्पर सहयोगी मानने वाले नागराज की एक अंग्रेजी में कृति है 'फ्लेमिंग फिट' (जलते चरण), जिसके कुछ उदाहरण गणेश मंत्री ने अपनी पुस्तक में दिए हैं। गणेश मंत्री और नागराज दोनों यह मानते हैं कि अपने विवादों और टकरावों के जरिए गांधी और अंबेडकर एक-दूसरे को प्रभावित करते हैं। इसके उदाहरण दिए गए हैं। हमको उनकी बात ठीक लगती है। लेकिन उस पर अधिक जोर देने का आग्रह हमारा नहीं है। हमारा आग्रह इस पर होगा कि गांधी और अंबेडकर के मतभेद और टकराव को जैसा का तैसा रखते हुए भी दोनों की विद्रोही सर्जनात्मक संभावनाओं को उजागर करना है। इस काम के लिए गणेश मंत्री और डी. आर. नागराज हमारे आलोक स्तंभ हैं।

गणेश मंत्री दिखाते हैं कि जीवन के अंतिम दौर तक सामाजिक प्रश्न पर गांधी अपने विचारों को बदलने और नए विचारों का प्रयोग करने का सिलसिला बनाए रखते हैं। मृत्यु के दो-तीन साल पहले उन्होंने सवर्ण और अस्पृश्य में होने वाले अंतर्जातीय विवाह को ही आशीर्वाद देने लायक समझा और उसकी एक विवाह पद्धति तैयार की। जो लोग लंबे अरसे से गांधी के अनुयायी थे वे गांधी के साथ कदम मिला नहीं सके। इस वजह से गांधी की मृत्यु के बाद इस संबंध में गांधीवादियों का कोई कार्यक्रम नहीं चला।। आंध्र के लवणम अपवाद हैं। अधिकांश गांधीवादी 1930 के गांधी के अनुयायी है। अस्पृश्यों से गांधी का व्यवहार शुरू से क्रॉंतिकारी रहा, लेकिन 1930 के पहले उनके विचार बहुत ही रक्षणशील और कभी-कभी संकीर्ण थे। हम जानबूझ कर 'संकीर्ण' शब्द का इस्तेमाल कर

रहे हैं। अन्य जातियों के साथ सहभोज न करने की प्रथा को उचित ठहराने के लिए तर्क देना संकीर्णता नहीं है, तो क्या है? तीव्र मानवीय संवेदना से युक्त हृदय के साथ इस प्रकार के संकीर्ण दिमागी तर्क का सह अस्तित्व कैसे बनता है? दलित शायद इसको कभी नहीं समझ पाएगा, वह समझेगा कि बुरी नीयत इसका कारण है। जब कोई द्विज अपने मनोविज्ञान की आत्मसमीक्षा करेगा तो उसको समझ में आएगा कि उसके मस्तिष्क की प्रतिक्रिया समानता के विरुद्ध किस प्रकार होती है। जब तक जानबूझ कर वह अपने को संभालता नहीं है, शूद्र के द्वारा की गई समानता की मांग को वह अपने लिए अपमान समझता है। उसकी अपेक्षा रहती है कि हम जितनी समानता उसको देने के लिए तैयार हैं उसी से वह संतुष्ट रहे। गणेश मंत्री ने इसको 'विषमता की संस्कृति' कह कर चिन्हित किया है। कमोबेश सारे हिन्दू इस संस्कृति से ग्रस्त हैं। शूद्र भी, दलित भी। दलितों के अंदर ऊँच-नीच का भेद उतना ही गहरा लगता है जितना की सवर्ण मानव की भेदभाव। इस अर्थ में दलित हिन्दू हैं।

अगर प्रारंभिक गांधी अधिक रक्षणशील था, तो प्रारंभिक अंबेडकर अधिक उदार था- उदार गांधी के प्रति और हिन्दू धर्म के प्रति। पुस्तक के कुछ पन्नों को पढ़ कर यह बोध हो सकता है कि संघर्षों और टकरावों के जरिए गांधी के विचार अधिक उदार हुए हैं। महाड़ सत्याग्रह के पहले 1925 के बेलगांव की बहिष्कृत परिषद में बोलते हुए अंबेडकर ने कहा था, जब कोई भी तुम्हारे निकट नहीं आ रहा है, तब महात्मा गांधी की सहानुभूति छोटी बात नहीं है। 1927 के महाड़ सत्याग्रह परिषद के शामियाने में महात्मा गांधी का चित्र लगा हुआ था। ज्यादा चौंकाने वाली बात यह है कि 2 अप्रैल, 1930 को अंबेडकर ने कहा था: 'मैं भगवदगीता के आलावा किसी भी पुस्तक को आदरणीय या प्रमाण का नहीं मानता। यद्धपि मैं वेदों को प्रमाण का नहीं मानता हूँ, परंतु मैं अपने को सनातनी हिन्दू मानता हूँ।'

1927 से 1931 के बीच अंबेडकर की वैचारिक दिशा बदलती है। महाड़ सत्याग्रह के दिनों सवर्णों की प्रतिक्रिया, साइमन कमीशन, गोलमेज बैठक आदि एक के बाद एक घटना होती गई। महाड़ सत्याग्रह को स्थगित करते समय अंबेडकर ने 'बहिष्कृत भारत' में जो लिखा था। वही अंबेडकर की स्थाई और कठोर नीति हो गया: अस्पृश्य हिन्दू और सरकार दो पाटों में फंसे हैं। वे दोनों में एक पर ही हमला कर सकते हैं। यह स्वीकार करने में कोई शर्म की बात नहीं है। सवर्ण जब अस्पृश्य के वैध मानवाधिकारों को भी इच्छापूर्वक और अपनी तरफ से पहल करके मानने से इनकार कर रहे हैं, तब हमने सरकार के साथ शांति के संबंध बनाए रखने में ही बुद्धिमानी समझी।

1928-1930 में हुए गांधी अंबेडकर संबंध में परिवर्तन न होने देने के लिए गांधी या अंबेडकर क्या कर सकते थे, यह प्रश्न महत्त्व का नहीं है। केवल गांधी या केवल अंबेडकर के जीवन का विश्लेषण करते समय उनके अपने जीवन के अंतर्विरोधों का कारण ढूँढ़ना

या कारण के बारे में अनुमान लगाना उपयुक्त हो सकता है। लेकिन जब भारत के भविष्य के संबंध में दोनों पर संयुक्त अध्ययन हो रहा है तो उसमें इन अंतर्विरोधों के बारे में ज्यादा कौतुहल दिखाना उचित नहीं है। इसलिए गणेश मंत्री ने इन अंतर्विरोधों का वस्तुपरक उल्लेख किया है।

पुस्तक लेखक गांधी-अंबेडकर की परस्पर कटुता से उतना चिंतित नहीं लगता है जितना कि उनके अनुयायियों के व्यवहार और विचार से। सामाजिक प्रश्न पर गांधीवादी समूहों का कोई अभियान या कार्यक्रम एक अरसे से दिखाई नहीं पड़ता है। अंबेडकर के प्रति तथा आरक्षण के सवाल पर वे चुप्पी साधे रहते हैं। अंबेडकरवादी आरक्षण को छोड़कर सामाजिक प्रश्न के किसी अन्य पहलू को महत्त्वपूर्ण नहीं मानते हैं। गांधी के प्रति उनका आक्रोश अपरिवर्तित है और विचारों के केन्द्र में रहता है मानो वे 1930 के दशक में अभी भी हैं। यह मुख्यधारा की बात है। अपवाद बहुत है।

दो अपवाद उल्लेखनीय है। 1970 (जयप्रकाश आंदोलन) के दशक में कर्नाटक में दलित संघर्ष समिति के नाम से शिक्षित दलित युवकों का एक प्रभावशाली संगठन खड़ा हुआ। इसके नेता थे कृष्णप्पा और महादेव। कृष्णप्पा गांधी विरोधी माने जाते थे, देवानूर महादेव अंबेडकरवादी होते हुए भी गांधी और लोहिया को मानने वाले थे। नतीजा हुआ कि दलित संघर्ष समिति के औसत कार्यकर्ता अंबेडकरवादी होने के साथ-साथ लोहिया को अपनाने में हिचकते नहीं थे। बाद के दिनों में एक घोषणा के द्वारा कृष्णप्पा ने अपना गांधी विरोध वापस लिया। उनका निधन हो चुका है। अंतिम दिनों में चुनावी राजनीति में भागीदारी के लिए उन्होंने बहुजन समाज पार्टी में योगदान किया था। वे अच्छे संगठक थे। 1986 तक कर्नाटक में दलित संघर्ष समिति एक प्रभावशाली जन आंदोलन के रूप में जानी जाती थी। अब यह आंदोलन बिखर चुका है। राजनैतिक दिशा के संबंध में उनके प्रमुख लोग सहमत नहीं हो पाए। देवानूर साहित्य में सक्रिय हैं वे कन्नड़ भाषा के उच्च कोटी के कथाकार है। अभी भी वे अंबेडकरवादी है, लेकिन सर्वोदय विचार के प्रबल समर्थक हैं।

कांशीराम विचारक नहीं है। लेकिन उनकी राजनीति का वैचारिक महत्त्व है। वे गांधी के प्रति कटु वक्तव्य देते हैं, अंग्रेजी शासन की तरीफ भी करते हैं। लेकिन उनकी राजनीति ने हिन्दू-दलित संघर्ष को एक नया मोड़ दिया है जो 1930 के बाद के अंबेडकर की स्थापना से भिन्न है। अंबेडकर यह कहने लगे थे कि दलित हिन्दू से अलग है और अल्पसंख्यक है। बहुजन समाज पार्टी का जो प्रभावी दौर था वो दलित शूद्र एकता का था। दलित शूद्र एकता बन कर राजनैतिक अधिकार प्राप्त करने के दांव के पीछे अंतर्निहित विचार यह था कि हिन्दू समाज के अंदर सर्वोच्च (द्विज) जातियों के विरुद्ध एक ध्रुवीकरण होना चाहिए।

इस विचार से पृथक निर्वाचन मंडल वाली बात भी गौण हो गई। 1993 में मुलायम सिंह यादव-कांशीराम समझौता और उत्तर प्रदेश में भाजपा की हार कांशीराम के उपर्युक्त विचार की सफलता का शिखर था। महाराष्ट्र के दलित नेताओं ने भी अपने राज्य में उसी मॉडल को चलाने की कोशिश की।

दलित-शूद्र एकता या दलित एकता की बात राजनीति में होती रहती है, लेकिन उसके लिए सामाजिक कार्यक्रम भी होना चाहिए। मुलायम सिंह-मायावती की संयुक्त सरकार एक राजनैतिक घटना थी। लेकिन यादव और चमार यदि समाज में परस्पर निकट नहीं आयेंगे तो उनकी राजनीति टिकेगी कैसे? दलितों की सामाजिक राजनैतिक एकता नहीं हो पाना एक गंभीर चिंता का विषय है। धर्म परिवर्तन का अंबेडकरी आभियान सफल नहीं हो सका क्योंकि दलित एकता नहीं हो पाती है। वे जातियों में विभाजित हैं। दलित एकता हो जाएगी तो संभवत: धर्म परिवर्तन की आवश्यकता भी कम अनुभूत होगी। अंबेडकरवादी नेताओं ने इन प्रश्नों से अभी तक मुँह मोड़ा है। सबसे आश्चर्य की बात यह है कि समग्र अंबेडकर विचार में समाजवादी आर्थिक विचार का महत्त्वपूर्ण अंश है, लेकिन अंबेडकरवादी राजनेता पूँजीवाद को निर्विरोध चलने देना चाहते है। अंबेडकर समर्थकों की नयी पीढ़ी जरूर इन बिंदुओं पर विचार करेगी।

गणेश मंत्री की इस पुस्तक को अंबेडकरवादी और गांधीवादी धारा की नई पीढ़ी जरूर पढ़े। गांधी और अंबेडकर का तुलनात्मक अध्ययन इससे अधिक वस्तुनिष्ठ नहीं हो सकता। उपसंहार के तौर पर जो अध्याय प्रकाशित हुआ है वह इस अध्ययन का अंश नहीं है, वह एक पुराना लेख है। इसलिए पुस्तक को अधूरी ही मानकर पढ़ना होगा। जो पढ़े वह सोचे कि पुस्तक का उपसंहार क्या हो। वह लिखे और पुस्तक को पूरा करे।

(ख्यातलब्ध समाजवादी विचारक व पूर्व सांसद किशन पटनायक के ये विचार जेएनयू के पूर्व प्रोफ़ेसर डॉ. आनंद कुमार ने उपलब्ध कराया है। डॉ. आनंद कुमार का मत था कि किशन जी का यह पाथेय किताब के लिए उपयोगी है लिहाजा इसे साभार रूप में लिया जा सकता है। किशन जी ने भी दो खण्डों में इस संस्मरण के बारे में लिखा था कि चर्चा का विषय एक पुस्तक है। हमारे गहरे मित्र गणेश मंत्री का 11 अप्रैल, 1998 को असमय निधन हो गया। उन दिनों घोर अस्वस्थता के बावजूद वे डॉ. अंबेडकर और गांधी के तुलनात्मक अध्ययन में लिप्त थे। दो अध्यायों का काम बाकी रह गया था। उनकी मृत्यु के बाद उनकी पत्नी उषा मंत्री ने पांडुलिपि को व्यवस्थित कर प्रकाशक को दे दिया। वह पुस्तक 'गांधी और अंबेडकर' 1999 प्रकाशित हुई।)

गांधी अंबेडकर विवाद आज तक बहुत सारे लोगों के लिए एक अबूझ पहेली जैसी

- डॉ. आनंद कुमार

डॉक्टर साहब भीमराव अंबेडकर भारत के राष्ट्र निर्माताओं में अत्यंत आकर्षक और सहज मार्ग दर्शकों के रूप में देश में सम्मिलित हैं। 1891 में एक ब्रिटिश सेना के छोटे दर्जे के सैनिक परिवार में जन्मे अपनी माता-पिता की चौदहवीं संतान और जाति से भारतीय हिंदू धर्म व्यवस्था की अस्पृश्यता पीड़ित आबादी के एक सदस्य के रूप में उन्होंने अपना जीवन कई उथल-पुथल के बीच से निकाला। शुरुआती जीवन के संकट के बावजूद उनकी तेजस्विता उनकी विद्या साधना और उनका समाज दर्शन जिन्होंने मिलकर उन्हें महामानव बनाया। वे अपने दौर के, ऐसे दौर के जिसमें महात्मा गांधी, मदन मोहन मालवीय, सीआर दास, जवाहरलाल नेहरू और सुभाष चंद्र बोस से लेकर जयप्रकाश नारायण तक अनेकों राष्ट्रनायकों के एक शानदार श्रृंखला थी; में वह शायद सबसे सुशिक्षित भारतीय जन नायक थे। कानून, अर्थशास्त्र, राजनीति शास्त्र, इतिहास, दर्शन और भारतीय धर्मशास्त्र कोई भी ऐसी ज्ञानधारा नहीं थी जिसमें उनकी गहरी पैठ नहीं थी। और यह सब उनकी लेखनी से, उनकी वाणी से और उनके जीवन दर्शन से लगातार प्रतिबिंबित होता रहा। अब आज जब उनको गुजरे लगभग तीन चौथाई शताब्दी बीत गई क्योंकि बाबा साहब का निधन 1956 में हुआ था, उनके विचारों की उनके सपनों की ओर दिखाएं रास्तों की क्या प्रासंगिकता है? अगर आप भारत के महानगरों में जाएं तो बाबा साहब अंबेडकर के बजाए चारों तरफ भूमंडलीकरण का और बाजारवाद का और उससे जुड़े भोगवाद का जोड़ है। नई पीढ़ी अपनी परंपराओं की वजाय विश्व की लहरों के साथ जुड़ना चाहते हैं। और यह स्वाभाविक नहीं है क्योंकि भारत की परंपराओं में अभी हाल तक तो 200 साल तक गुलामी थी और उसके पहले का इतिहास भी कम से कम जाति प्रथा और पुरुष प्रभुत्व

से पीड़ित स्त्री पुरुषों के लिए बहुत आलोचना का विषय रहा है। आशा के क्षेत्र बहुत कम है!आपको बहुत पीछे जाना पड़ता है। बुद्ध के पास ढाई हजार साल पहले, भगवान महावीर के पास या मध्य काल के संतों, कवियों से शुरू करनी पड़ती है। जिसने कबीर, नानक, मीरा, रैदास लेकिन यह सब भारत का विराट बहुमत नहीं बनाते हैं। इसीलिए आज जब हम 2020 को बाबा साहब को याद कर रहे हैं तो उनकी प्रासंगिकता क्या है, इस पर भी चर्चा जरूरी हो जाता है। मुझे लगता है कि बाबा साहब अंबेडकर की तीन प्रासंगिकता है। सर्वप्रथम उन्होंने भारत के नव निर्माण जहां अन्य लोगों ने आर्थिक और राजनीतिक पक्ष को रेखांकित किया बाबा साहब ने भारत की सभ्यता के सामाजिक दोषों को खासतौर पर 19वीं और 20वीं शताब्दी के भारत की सबसे बड़ी बीमारी जाति प्रथा और उससे पैदा हुए सबसे भयंकर परिणाम छुआछूत जिसे लगभग एक बटा छह भारत को हमेशा के लिए वंचित पीड़ित और विवश यातनाओं का शिकार बनाए रखा था उसकी तरफ इशारा किया। यह हमारा अंदरूनी दोष था इसके लिए हम किसी को भी देशी या विदेशी को दोष नहीं दे सकते। इसमें मुगलों का कोई दोष नहीं था। इसमें ब्रिटिश का कोई दोष नहीं था। हमारी जाति प्रथा और छुआछूत की विरासत उनके पहले की थी। इसका क्या समाधान है? इस प्रश्न का उत्तर बाबा साहब से ज्यादा किसी भारतीयों ने दो टूक लहजे में नहीं दिया। उनका उत्तर था कि हमें सबको राजनीतिक स्वतंत्रता और आर्थिक न्याय के साथ-साथ सामाजिक समानता का अधिकारी बनाना पड़ेगा। और या उन्होंने खाली कहा नहीं इसके लिए उन्होंने संघर्ष भी किया। इस सवाल पर महात्मा गांधी के बताए रास्ते के बजाय उन्होंने अपनी एक अलग दृष्टि पेश की और इसलिए गांधी अंबेडकर विवाद आज तक बहुत सारे लोगों के लिए एक अबूझ पहेली जैसी है। कुछ लोग गांधी को दोषी मानते हैं, कुछ लोग अंबेडकर को। इस विवाद में भूमिका के लिए सामने आने का दोषी अपराधी मानते हैं लेकिन बाबा साहब अंबेडकर ने भारतीय संविधान सभा में उस समय के तमाम दिग्गज राष्ट्र भक्तों के साथ मिलकर राजेन्द्र प्रसाद, राजगोपालाचारी, मौलाना अबुल कलाम आजाद, जवाहरलाल नेहरू, आचार्य कृपलानी इन सबके साथ मिलकर जो रास्ता बनाया वह राष्ट्रीय सहमति का रास्ता है। हमारे संविधान का रास्ता है जिसमें हमने संकल्प लिया है कि अतीत में हम जाति पीड़ित थे, अतीत में हम आर्थिक शोषण के शिकार थे लेकिन हमको भविष्य का भारत बनाने के लिए जाति विहीन, वर्ग बिहीन और नर-नारी समता पर आधारित संस्थाओं, व्यवस्थाओं आदर्शों और अवसरों का निर्माण करना पड़ेगा। यह तो पहली प्रासंगिकता है कि भारत असमानता से समानता की तरफ कैसे बढ़ेगा और इसके लिए उन्होंने सीधे-सीधे संवैधानिक मार्ग को प्रशस्त करने का नेतृत्व किया। उनकी दूसरी प्रासंगिकता समाज में आत्मसम्मान के लिए चेतना बनाने की मुहिम

को लेकर आप अच्छे से अच्छे कानून बना लीजिए आप बहुत आदर्शवादी नेतृत्व भी पैदा कर लीजिए और इसके बाद कोई अच्छी सरकारी और गैर-सरकारी योजनाएं भी चला लीजिए, लेकिन समाज में हर स्त्री और पुरुष में आत्म सम्मान के लिए जरूरी आग्रह नहीं होगा, तो वह समाज एक खास तरह की परवशता एक खास तरह की निर्भरता का समाज होगा उसमें आत्मबल नहीं होगा, उसमें नागरिक शक्ति नहीं होगी, उसमें लोक शक्ति नहीं होगी, बाबा साहब अंबेडकर ने अपनी जीवन यात्रा के जरिए स्त्री-पुरुष को, भारतीय और विदेशी को, आत्मसम्मान को अपने जीवन का मूल आधार बनाने की प्रेरणा दी। और इसमें उन्होंने सफलता भी पाई। एक खास तरह के परिवेश में उन्होंने अपने को कैद पाया लेकिन उस कैद को चुनौती दी, उस बेड़ी को उन्होंने तोड़ा और इसको तोड़ने में उन्होंने एक तरफ ज्ञान का इस्तेमाल किया और दूसरी तरफ संगठन बल को अपनाया और तीसरी तरफ जहां जरूरी था संघर्ष की राह भी पकड़ी। और इसलिए उनका जो दूसरा सूत्र आज प्रासंगिक है वह है संगठित हो, संघर्ष करो और इस सब के लिए खुद को शिक्षित करो। वह सबके लिए लागू होता है। आदिवासी के लिए, दलितों के लिए, स्त्रियों के लिए, गरीबों के लिए, रंगभेद से पीड़ितों के लिए, धार्मिक अल्पसंख्यकों के लिए, सबके लिए लागू होता है। जो तीसरी बात बाबा साहब अंबेडकर को हमारे लिए एक सनातन कल्याण की धारा से जोड़ती है वह उनका जीवन के लंबे आत्ममंथन के बाद हिंदू धर्म छोड़कर बुद्ध मार्ग को अपनाने का निर्णय था। बाबा साहब अंबेडकर अपने विचारों की दृढ़ता के लिए तो जाने ही जाते थे लेकिन अपने विचारों को बनाने में उन्होंने कभी आंख बंद कर सुनी-सुनाई बातों पर भरोसा नहीं किया। उन्होंने स्वयं अध्ययन किया, आत्म चिंतन किया जो बुद्ध कहते थे कि आत्म दीपो भव! ज्ञान को अपना मार्गदर्शन बनाओ इसलिए नहीं कि दूसरों ने बताया, इसलिए नहीं कि ग्रंथ में लिखा है, इसलिए नहीं कि किसी शुरू गुरु ने सूत्र दिया है इसलिए यह राह अपनाओ क्योंकि वह राह आपके विवेक की कसौटी पर ठीक लगती है और वह राह मैत्री की थी, करुणा की थी, बंधुत्व की थी! इसे हम बुद्ध मार्ग के रूप में जानते हैं। आज दुनिया में पुराने धर्मों के एक लंबे सिलसिले के बीच में ढाई हजार साल से चल रहा एक प्रभाव है। वह किसी से बैर नहीं सिखाता लेकिन अपने को करूणा और मैत्री के आधार पर जीव मात्र के प्रति अपनत्व की भावना के साथ चलने की राह दिखाता है! यही तो विश्व बंधुत्व का मार्ग है ! अगर हम वैश्वीकरण को, ग्लोबलाइजेशन को सही मायने में जीना चाहते हैं तो उसमें हमको मॉल में जाकर क्रेडिट कार्ड के जरिए भोग में नहीं जाना है, भोग से ऊपर उठना है। हमें आनंद अगर जीवन में प्राप्त करना है तो जो हर मनुष्य का लक्ष्य है, जो जीवन में सुख चाहते हैं और शांति भी चाहते हैं और सुख और शांति के लिए बाजार आखरी जगह है वहां तो होड़ है, ईर्ष्या है वहां लालच है। आपको अंदर और बाहर का संतुलन

बनाने के लिए एक सही राह बनानी पड़ेगी और वह राह बुद्धि के संगम से लगातार बनती चली जा रही है! हमारे देश की सभ्यता में बाबा साहब अंबेडकर ने बुद्ध की राह को अपना बनाकर अपने लिए तो शांति और मैत्री का मार्ग तो बनाया ही है। हमारे आपके लिए भी जो अंबेडकर को भारतीय समाज का एक महानायक मानते हैं उनके लिए भी उनका यह प्रासंगिक संदेश है। आइए सोचे कि बाबा साहब अंबेडकर को किस कारण से हम श्रद्धा से मानते हैं, हम देखें कि उनकी दी हुई विरासत को हमने कहां तक सहेजा है और हम सोचे कि हम अपने जीवन में उनके जीवन से पैदा प्रकाश, ऊर्जा और आशा को कहां तक समेट सकते हैं।

(प्रो. आनंद कुमार जे.एन.यू. में वरिष्ठ प्रोफेसर, सामाजिक चिन्तक और गांधी अध्येता हैं।)

अंबेडकर बनाम गांधी : विवाद और संवाद

- अरुण कुमार त्रिपाठी

महात्मा गांधी और डॉ. भीमराव अंबेडकर के मतभेदों पर काफी कुछ लिखा गया है और आगे भी लिखा जाता रहेगा। उन मतभेदों से क्या संदेश निकाला जाएगा और उनका किस प्रकार इस्तेमाल किया जाएगा यह तत्कालीन राजनीति पर निर्भर करता है। यह उन विचारकों और विश्लेषकों पर भी निर्भर करता है जो आधुनिक भारत के इन दो महापुरुषों को अपने-अपने दृष्टिकोणों से देखते और इस्तेमाल करते हैं। एक दृष्टिकोण तो यह है कि दोनों रेल की दो पटरियों की तरह हैं और उनका मिलन कभी हो ही नहीं सकता। यानी वे भारतीय राजनीति के दो सिरे हैं और उनमें मेल-मिलाप की कोशिश इतिहास के साथ छल ही है। यह नजरिया कभी अंबेडकर को नायक तो गांधी को खलनायक और कभी गांधी को नायक और अंबेडकर को खलनायक बनाता है। धनंजय कीर और अरुंधती राय के विश्लेषण को लगभग पहले वाली स्थिति में तो अरुण शौरी वाले नजरिए को दूसरी श्रेणी में रखा जा सकता है। दूसरा नजरिया यह है कि उन्हें मिलाकर सारे मतभेदों को समाप्त मान लिया जाए और उनके राजनीतिक टकराव को अतीत मानकर भावी दिशा दोनों को मिलाकर तय की जाए। तीसरा दृष्टिकोण यह है कि उनके बीच मतभेद थे और उसके कारण देश की राजनीति पर प्रभाव पड़ा। उस प्रभाव के कारण दोनों ने अपने नजरिए में बदलाव किए और उन बदलावों को समझने से ही राष्ट्रनिर्माण की बारीकियां समझी जा सकती हैं। गांधी और अंबेडकर के रिश्तों को समझने के लिए सबसे पहले उनके बीच हुए पहली सीधी मुलाकात का वर्णन आवश्यक हो जाता है। महात्मा गांधी ने पहली बार अंबेडकर से मिलने की इच्छा बंबई में 9 अगस्त 1931 को व्यक्त की। गांधी ने पत्र लिखकर पूछा कि क्या उसी दिन रात आठ बजे उनके पास मिलने का समय है। गांधी ने इस पत्र में लिखा कि अंबेडकर को हमारे यहां आना सुविधाजनक न हो तो मैं ही उनके यहां आ जाऊंगा। इस पर

अंबेडकर ने जवाब भिजवाया कि हम ही रात आठ बजे मिलने आ जाएंगे। लेकिन शाम तक अंबेडकर का बुखार बढ़ गया था और उन्होंने संदेश भिजवाया कि मैं बुखार खत्म होने पर आपसे मिलूंगा। अंबेडकर को ठीक होने में पांच दिन लग गए और इस तरह 14 अगस्त, 1931 को अंबेडकर बंबई के मणिभवन में दोपहर दो बजे अपने नौ सहयोगियों के साथ गांधी से मिलने पहुंचे। गांधी अपने सहयोगियों और आगंतुकों से बातचीत करने में व्यस्त थे। गांधी ने अंबेडकर की ओर मुखातिब होने में कुछ समय लगाया और इस बीच अंबेडकर असहज होने लगे। गांधी ने जब उनकी तरफ ध्यान दिया तो उन्होंने उनसे सीधे प्रश्न ही किया।

गांधी जी:- डॉक्टर आपका क्या कहना है?

डॉ. अंबेडकर:- आपका का क्या कहना है यही सुनने के लिए आपने मुझे बुलाया है इसलिए मैं आ गया हूं।

वही आप मुझे पहले बताइए। अगर कुछ प्रश्न करने हैं तो भी आप पूछ सकते हैं, मैं उसके उत्तर दूंगा।

गांधीजी:- (अंबेडकर की ओर तीखी दृष्टि डालकर) मेरे कानों में ऐसी बात पड़ी है कि मेरे और कांग्रेस के खिलाफ आपकी कुछ शिकायतें हैं। मैं अपने बचपन से ही अस्पृश्यता की समस्या पर विचार करता आया हूं। आपका तो जन्म भी उस समय नहीं हुआ होगा। कांग्रेस के कार्यक्रम में अस्पृश्यता का सवाल शामिल करते हुए मुझे कष्ट उठाने पड़े। (प्रतिरोध करने वालों का कहना था) यह सामाजिक और धार्मिक समस्या होने के कारण कांग्रेस जैसी राजनीतिक समस्या के कार्यक्रम में उसे शामिल नहीं करना चाहिए। इसलिए उस समय मेरा काफी विरोध हुआ। हिंदू-मुसलमानों की समस्या की अपेक्षा अस्पृश्यता निर्मूलन की समस्या को मैं अधिक महत्त्वपूर्ण और आत्मीयता की मानता हूं। इसलिए अस्पृश्यों के लिए कांग्रेस ने अब तक बीस लाख रुपए खर्च किए हैं। यह सच्चाई होने के बावजूद मेरे और कांग्रेस के खिलाफ आपकी शिकायतें क्यों हैं, यह मुझे मालूम नहीं। इस संदर्भ में आपको कुछ बताना है तो आप मुझे खुले दिल से बता सकते हैं।

डॉ. अंबेडकर:- यह निर्विवाद सत्य है कि जब मेरा जन्म नहीं हुआ था तबसे आप यह कार्य करते आ रहे हैं। हममें से बड़े और बूढ़े लोग यही बड़प्पन का मुद्दा कभी-कभी सामने लाते हैं। आप मुझसे उम्र में बड़े हैं यह यथार्थ मैं कैसे इनकार कर सकता हूं? यह बात भी सच है कि आपके आग्रह से ही कांग्रेस ने अस्पृश्यता निवारण कार्यक्रम को स्वीकृति दी। लेकिन औपचारिक स्वीकृति देने के अलावा कांग्रेस ने और कुछ नहीं किया यह मेरी मुख्य शिकायत है। आप कहते हैं कि कांग्रेस ने बीस लाख रुपए अस्पृश्यों के लिए खर्च

किए। लेकिन मैं आपको साफ-साफ कहना चाहता हूं कि आपके यह सारे रुपए पानी में गए। इतनी बड़ी रकम अगर मुझ जैसे व्यक्ति के हाथ में होती तो उसका उचित रूप में और आत्मीयता से विनियोग करके मैंने अस्पृश्य समाज को बड़ी उत्तेजना दी होती। अगर ऐसा होता तो मैं ऐसी परिस्थिति का निर्माण कर सकता था कि आप स्वयंस्फूर्त मुझसे मिलते। आपके कहने के अनुसार कांग्रेस का सदस्य होने के लिए खादी का कपड़ा पहनने जैसी शर्त आपने डाल रखी है, वैसी शर्त आपको अस्पृश्यता निवारण के लिए कांग्रेस का सदस्य बनने वालों पर लगानी चाहिए थी। अस्पृश्यों के बच्चों को अपने घर में विद्यार्थी के रूप में रखूंगा या अपने घर में उन्हें कम से कम सप्ताह में एक दिन भोजन के लिए आमंत्रित करूंगा। कांग्रेस का कहना है कि अंग्रेज सरकार का हृदय परिवर्तन और चित्तशुद्धि नहीं हुई है। जब तक इस तरह की चित्तशुद्धि नहीं होगी तब तक हम कांग्रेस पर या स्पृश्य हिंदुओं पर भरोसा नहीं करेंगे। हम स्वावलंबन और आत्मविश्वास का आश्रय लेकर अपना मार्ग प्रशस्त करेंगे। आप जैसे महात्मा पर भी हम भरोसा नहीं करेंगे। आज तक का इतिहास इस बात का साक्षी है कि महात्मा आभास दौड़ते जैसे होते हैं। उनकी धूमधाम से धूल तो खूब उड़ती है लेकिन वे समाज के स्तर को ऊंचाई पर नहीं ले जा सकते। कांग्रेस मुझसे और मेरे कार्यों से द्वेष करती है। वह मुझे राष्ट्र विरोधी संबोधित करके हिंदुओं के दिल में मेरे कार्यों के बारे में द्वेष फैलाती है। अंबेडकर की इस टिप्पणी से माहौल गंभीर हो गया। अंबेडकर का चेहरा लाल हो गया। उन्होंने अपनी आवाज को तेज करके कहा, "गांधीजी, मेरे पास मातृभूमि नहीं है।" उनकी इस टिप्पणी से गांधीजी सकपकाए और बीच में ही उन्हें रोककर बोले, "डॉक्टर साहब आपके पास मातृभूमि है। उसकी सेवा किस तरह की जाए वह आपके यहां के कार्यों से नहीं, तो गोलमेज परिषद के प्रथम अधिवेशन का जो वृतांत मेरे कान में पड़ा है, उससे सिद्ध हो गया है।"

डॉ. अंबेडकर:- आप कहते हैं कि मेरे पास मातृभूमि है, लेकिन मैं फिर कहता हूं कि मेरे पास मातृभूमि नहीं है। जिस देश में कुत्ता जिस तरह की जिंदगी जीता है उस तरह की हम नहीं गुजार सकते। कुत्तों बिल्लियों को जितनी सुविधाएं प्राप्त हैं उतनी सुविधाएं हर्ष के साथ जिस देश में हमें नहीं मिलतीं हैं, उस भूमि को मेरी जन्मभूमि और उस भूमि के धर्म को अपना धर्म कहने के लिए मैं ही क्या, जिसे इनसानियत का ज्ञान हुआ है और जिसे स्वाभिमान की जरा भी परवाह है, ऐसा कोई भी स्पृश्य तैयार नहीं होगा। मेरे पास मातृभूमि नहीं है लेकिन सदविवेक और बुद्धि है। मैं इस राष्ट्र या राष्ट्रधर्म का उपासक नहीं हूं लेकिन सदविवेक और बुद्धि का मैं अनन्य उपासक हूं। आपके कहने के अनुसार मेरे हाथ से अगर सचमुच कुछ राष्ट्रसेवा हुई है तो उसका श्रेय मेरे दिल में समाई राष्ट्रभक्ति न होकर, मेरी सदविवेक और बुद्धि को है।

डॉ. अंबेडकर:- गोलमेज परिषद के पहले अधिवेशन में अस्पृश्यों का अल्पसंख्यकों का अंतर्भाव किया गया है और राजनीतिक दृष्टि से उन्हें मुसलमान, सिख इत्यादि लोगों के साथ स्वतंत्र घटक के रूप में स्वीकार किया गया है। उन्हें सुविधाएं और आवश्यकतानुसार प्रतिनिधित्व देने की सिफारिश की गई है। हमारे मत के अनुसार वह हमारे कल्याण का है। इस संबंध में आपका क्या मत है?

गांधी जी:- अस्पृश्य समाज हिंदू समाज का अभिन्न घटक होने से उसे हिंदुओं से अलग करने के मैं खिलाफ हूं। उन्हें आरक्षित सीट देने के लिए भी वस्तुतः मैं तैयार नहीं हूं।

डॉ. अंबेडकर:- आपका यह मत प्रत्यक्षतः आपके मुंह से मालूम हुआ, यह अच्छा हुआ। मैं आपसे विदा लेता हूं। यह मुलाकात मानो अंबेडकर और गांधीजी की पहली सलामी ही थी। वैसे दूसरे गोलमेज सम्मेलन तक महात्मा गांधी को लगता था कि अंबेडकर हरिजनों के कल्याण के लिए संघर्ष करने वाले कोई ब्राह्मण नेता होंगे। महात्मा गांधी और डॉ. अंबेडकर के बीच दूसरा टकराव गोलमेज सम्मेलन के दौरान लंदन में हुआ। अंबेडकर लंदन 29 अगस्त को पहुंच गए थे और गांधी के जाने की संभावना नहीं थी। लेकिन बाद में स्थितियां बदलीं और शिमला में वायसराय से मिलने के बाद गांधी 29 अगस्त को बंबई से निकलकर 12 सितंबर को लंदन पहुंच गए। सम्मेलन 7 सितंबर को ही शुरू हो चुका था लेकिन महात्मा गांधी का पहला भाषण 15 सितंबर को हुआ। इसमें

गांधी जी ने कहा कि कांग्रेस संस्था किसी एक जाति, धर्म या वर्ग के लोगों की प्रतिनिधि न होकर सब धर्मों की जातियों की एकमेव प्रतिनिधि है। कांग्रेस ने दो मुख्य ध्येय तय किए हैं, अस्पृश्यता निवारण और हिंदू-मुस्लिम एकता। ऐसी संस्था ने मुझे एकमेव प्रतिनिधि के रूप में मांग रखने के लिए भेजा है। कांग्रेस मुसलमान वर्ग और अन्य अल्पसंख्यक वर्ग की प्रतिनिधि है। संक्षेप में, वह सभी जातियों, सभी धर्मों और सभी वर्गों की एकमेव प्रतिनिधि है। गांधी जी ने कहा कि "मैं आपके सम्मुख यह दावा कर रहा हूं कि कांग्रेस केवल ब्रिटिश-हिंदुस्तान की ही नहीं, रियासती जनता के 85-95 प्रतिशत लोगों की प्रतिनिधि है।" इस पर अंबेडकर का कहना था कि "जिन पांच प्रतिशत लोगों का प्रतिनिधित्व कांग्रेस नहीं करती, वे कौन हैं?" गांधी जी और डॉ. अंबेडकर के बीच रियासतों के सवाल पर भी नोंकझोंक हुई। जहां अंबेडकर ने रियासतदारों को संघ राज्य में शामिल किए जाने से पहले उनकी शासन व्यवस्था में बहुमत की कद्र होने की शर्त रखी और इस तरह उनके विशेषाधिकार का विरोध किया। इस पर रियासतदार भड़क गए। गांधीजी इस टकराव को शांत करते हुए बोले, "व्यापक अर्थ में कहा जाए तो मेरी सहानुभूति डॉ. अंबेडकर के मत के साथ है लेकिन वैचारिक दृष्टि से मैं गेविंग जोन्स और सर सुलतान अहमद के साथ सहमत हूं।" चूंकि गेविंग और सुलतान दोनों ने रियासतदारों

का समर्थन किया था इसलिए गांधीजी का ऐसा कहना डॉ. अंबेडकर का विरोध ही करना था। अंबेडकर चाहते थे कि रियासतों के भीतर लोकतंत्र हो और एक प्रकार की जन क्रांति हो। गांधी की चिंता किसी भी तरह से अंग्रेजों के समक्ष उपस्थित भारत के सारे हिस्सेदारों को एक करने की थी। ऐसे में वे कभी किसी को खुश करते थे तो कभी किसी को। कभी किसी से भिड़ जाते थे तो कभी किसी को पुचकारते थे। यह परदेशियों से लड़ते हुए एक राष्ट्रीय नेता की मजबूरी थी जिसे बार-बार अपनों से भी लड़ना पड़ता था। वैसी मजबूरी अंबेडकर की कम दिखती है। या दिखती भी है तो कभी-कभी। शायद यही कारण था कि गांधीजी ने रियासतदारों के पक्ष में बयान देते हुए कहा कि "मैं नम्रतापूर्वक कहना चाहता हूं कि रियासतदार अपनी रियासतों में क्या करें क्या न करें, इसके बारे में राय देने का हमें हक नहीं है।" इसके बाद गांधीजी जातियों और संप्रदायों की जटिल समस्या की ओर मुड़े। उन्होंने कहा कि "हिंदू, मुसलमानों और सिखों के स्वतंत्र प्रतिनिधित्व की समस्याओं पर विचार करके उसे स्वीकृति दी गई है। ऐतिहासिक कारण ध्यान में रखकर डॉ. अंबेडकर का जो कहना है वह पूरी तरह मेरी समझ में नहीं आया है। फिर भी अस्पृश्य वर्ग के कल्याण संबंधी बातें आगे पेश करने की जिम्मेदारी में कांग्रेस अंबेडकर के साथ सहयोग करेगी। लेकिन हिंदुस्तान में अन्य किसी वर्ग के कल्याण की जैसी कल्पना है वैसी ही कल्पना अस्पृश्य वर्ग के कल्याण की भी है। इसलिए भविष्य में किसी भी वर्ग के कल्याण के लिए उसे विशेष प्रतिनिधित्व देने का मैं कड़ा विरोध करूंगा।" गांधीजी के इस एलान पर अंबेडकर ने यही धारणा बनाई कि वे अस्पृश्यों के कल्याण के विरुद्ध एक प्रकार के युद्ध का एलान कर रहे हैं। लंदन में संविधान समिति की बैठक में संवाद बढ़ने के साथ गांधी के साथियों और अंबेडकर के बीच दूरी बढ़ती गई। एक संवाद में मदन मोहन मालवीय ने कहा कि प्राथमिक शिक्षा पर अगर आवश्यकतानुसार धन खर्च किया जाए तो अस्पृश्यता इतिहास का विषय बन जाएगी। इस पर अंबेडकर का सवाल था कि सुशिक्षित होने पर भी मैं अस्पृश्य क्यों गिना जाता हूं? गलतफहमी के इन झोकों के बीच अल्पसंख्यक समिति का कार्य आरंभ होने से पहले गांधी के बेटे देवदास गांधी ने अंबेडकर से भेंट की। उन्होंने गांधी और अंबेडकर की भेंट सरोजिनी नायडू के घर पर करवाई। अंबेडकर ने बातचीत की लेकिन उन्हें लगा कि गांधीजी अपना दिल खोल नहीं रहे हैं। उधर गांधीजी मुस्लिम प्रतिनिधियों के साथ मिलने की तैयारी कर रहे थे। गांधी जी 1916 में हुए लखनऊ समझौते के तहत मुस्लिमों को तो विशेषाधिकार के तहत अलग सीटें दिए जाने को तैयार थे और ऐसी सहमति उन्होंने सिखों के लिए भी दे दी थी लेकिन दलितों या अस्पृश्यों के लिए वे अलग चुनाव क्षेत्र देने को तैयार नहीं थे। इसे वे हिंदू समाज में विभाजन के रूप में देखते थे और ऐसा होने पर यह भी सिद्ध होता था कि अस्पृश्यता एक हल न होने वाली समस्या

है। इसीलिए वे अपने को अस्पृश्य समाज का भी प्रतिनिधि मानकर प्रस्तुत कर रहे थे। अल्पसंख्यक वर्ग के साथ होने वाले समझौते के बारे में अंबेडकर एक तरफ तो सहमति दे रहे थे तो दूसरी तरफ उसी को आधार बनाकर अस्पृश्य समाज के लिए भी वैसी ही रियायत की मांग रहे थे। कभी-कभी वे इसे प्रतिस्पर्धा का मुद्दा भी बनाते थे कि गांधीजी अस्पृश्य समाज के साथ भेदभाव करते हुए अल्पसंख्यकों को तवज्जो दे रहे हैं। इस विशेष या दोहरे मताधिकार का मतलब यह था कि एक चुनाव क्षेत्र में अस्पृश्य समाज को दो तरह के वोट देने का हक होगा। एक तो वह अपने समाज से खड़े प्रतिनिधि के लिए वोट करेगा और उसमें सामान्य वर्ग का कोई मतदाता वोट नहीं देगा। दूसरी तरफ वह सामान्य वर्ग के प्रतिनिधि के लिए भी वोट देगा। इस बीच मुसलमान नेताओं के साथ चलने वाली गांधीजी की वार्ताओं पर अंबेडकर की टिप्पणी थी कि "इस तरह से यदि समझौता हो रहा है तो मुझे उसमें बाधा डालने की इच्छा नहीं है। तथापि मुझे इतना ही पूछना है कि उस समझौते के विचार-विमर्श में कोई अस्पृश्य प्रतिनिधि होगा या नहीं।" गांधी जी से सकारात्मक संकेत मिलने के बाद अंबेडकर निश्चिंत थे लेकिन वार्ताओं का रुख इस तरह बदलता गया कि आखिर में अल्पसंख्यक समिति के समक्ष गांधी ने स्वीकार किया कि जातीय समस्या के बारे में सर्वसम्मत समझौता प्राप्त करने में हम विफल रहे हैं इसलिए समिति का कामकाज अनिश्चित काल के लिए स्थगित कर दिया जाए। अंबेडकर ने कहा कि गांधी ने करार भंग किया है। उन्होंने कहा कि अस्पृश्य वर्ग के प्रतिनिधि वे हैं। जबकि गांधी का कहना था कि उनकी प्रतिनिधि कांग्रेस है। अंबेडकर का कहना था कि अस्पृश्य वर्ग को आजादी की जल्दी नहीं है लेकिन अगर आजादी आ रही है तो वह किसी श्रेष्ठ वर्ग के हाथ में जाने के बजाय सभी के बीच में बंटनी चाहिए।

अंबेडकर 12 अक्तूबर को टाइम्स आफ इंडिया में लिखे अपने पत्र में स्थिति को स्पष्ट करते हुए कहते हैं कि "मुसलमानों के साथ समझौता करते समय उनकी चौदह मांगों को स्वीकार करने के बारे में गांधीजी ने जो शर्त लगाई थी उनमें से एक शर्त यह भी थी कि अस्पृश्य वर्ग और अन्य छोटे अल्पसंख्यक वर्ग की मांगों का मुसलमान विरोध करें। यह नीति हमारी राय में महात्मा को शोभा नहीं देती। अस्पृश्यों के कट्टर दुश्मनों से यह कृत्य हो सकता था। अस्पृश्यों के बारे में गांधीजी की भूमिका मित्र की तो है ही नहीं, साफ साफ दुश्मन की भी नहीं है।" इंग्लैंड और भारत के समाचार पत्रों ने इस घटना को गांधी अंबेडकर विवाद के रूप में प्रस्तुत किया। उनका यह महत्त्वपूर्ण दृष्टिकोण था कि बाबा साहेब ने गांधीजी का विरोध किया है। अंबेडकर का आरोप था कि महात्मा गांधी एक जाति को दूसरी जाति से लड़ा रहे हैं, उनके बोलचाल में दोहरापन है और वे अन्य प्रतिनिधियों का अपमान कर रहे हैं। अंबेडकर का यह भी कहना था कि "गांधीजी अस्पृश्यता उन्मूलन का

कार्य कर रहे हैं लेकिन इस कार्य का मूल भाव मानवीयता नहीं दया भाव है। अस्पृश्य किसी की दया नहीं चाहते। वे समानता का हक चाहते हैं। इधर भारत में अछूत गांधी जी से चिढ़ गए थे और सवर्ण अंबेडकर से। पूरी दुनिया में इस बात की चर्चा होने लगी थी कि गांधीजी का विरोध करने वाला यह युवक है कौन। गांधीजी के अंधभक्त बाबासाहेब को 'देशद्रोही', 'भीमासुर', 'चार्वाक', 'आस्तीन का सांप', 'अंग्रेजों का बगलबच्चा' जैसे दुर्वचनों से संबोधित कर रहे थे।" गांधी को अंबेडकर का सवाल परेशान कर रहा था, लेकिन उसी के साथ जहां वे अछूतों के साथ सवर्ण समाज की एकता कायम करने के लिए चिंतित थे वहीं वे इस बात से भी बेचैन थे कि पृथक निर्वाचन की पद्धति लागू होने के बाद अछूतों पर अत्याचार न हो। गांधी ने 31 अक्तूबर, 1931 को कहा- "अछूत श्रेष्ठ वर्ग के शासन में हैं। वे श्रेष्ठ वर्ग उनका पूरी तरह से दमन कर सकते हैं या उन पर पूरी तरह से प्रतिशोध की कार्रवाई कर सकते हैं क्योंकि वे उनकी मर्जी पर हैं। मैं अपनी शर्म आपके समक्ष रख सकता हूं, लेकिन मैं उनके लिए संपूर्ण विनाश को कैसे आमंत्रित कर सकता हूं? क्या मैं वैसे अपराध का दोषी नहीं बनूंगा?" उधर गांधी अंबेडकर को भी अपनी तरफ खींचने में लगे थे और उन्होंने उन्हें खुश करने के लिए जो टिप्पणी की वह भारत का कोई भी सवर्ण नेता नहीं कर सकता था- "मेरे मन में अंबेडकर के लिए सर्वोच्च सम्मान है। उन्हें कटु होने का पूरा हक है। यह उनका संयम ही है कि वे हमारा सिर नहीं फोड़ दे रहे हैं। मेरे साथ यही स्थिति दक्षिण अफ्रीका प्रवास के आरंभिक दिनों में हुई थी। मैं जहां भी जाता था वहां हमें यूरोपीय रोष का सामना करना पड़ता था। इसलिए अंबेडकर द्वारा अपना गुस्सा निकालना स्वाभाविक ही है। 13 नवंबर को जो अल्पसंख्यक समझौता हुआ उस पर डॉ. अंबेडकर और आगा खान के दस्तखत थे। उसमें मुस्लिमों, अछूतों, ईसाइयों, एंग्लो इंडियन और भारत में रहने वाले यूरोपीय लोगों के लिए भारतीय विधानमंडलों में प्रतिनिधित्व के लिए पृथक निर्वाचन क्षेत्र की मांग की गई। न सिर्फ इस समझौते ने गांधी की पूरी योजना को विफल कर दिया बल्कि कांग्रेस विरोधी अल्पसंख्यकों ने एक ऐसा मोर्चा बनाया जिसने गोलमेज सम्मेलन को गांधी की मांगों को स्वीकार करने से रोक दिया। गांधी ने कहा कि वे इससे ज्यादा अपमानित कभी नहीं हुए। इसके विरुद्ध उन्होंने अपनी दलील और रणनीति तैयार कर ली थी। एक तरफ तो उन्होंने पृथक अछूत निर्वाचन क्षेत्र को एक भयावह किस्म का स्थायी विभाजन करार दिया वहीं अपनी भावना और योजना व्यक्त करते हुए कहा कि मैं भारत की आजादी के लिए भी अछूतों का अहम हित बेचने के लिए तैयार नहीं हूं। मैं दावा करता हूं कि निजी तौर पर अछूतों के व्यापक समूह का प्रतिनिधित्व करता हूं। मेरा दावा है कि अगर जनमत संग्रह हुआ तो मैं उनके वोट हासिल करूंगा और चुनाव में जीत भी। आज हिंदू समाज सुधारकों का ऐसा संगठन है जो अस्पृश्यता का दाग मिटाने को तैयार

है। सिख जैसे हैं वैसे ही हमेशा ही रहेंगे। वैसे मुसलमानों और यूरोपीयों के साथ भी है। क्या अछूत हमेशा अछूत ही रहेंगे। गांधी का कहना था कि हर गांव में जो विभाजन है उसे पृथक निर्वाचन क्षेत्र और बढ़ाएगा। जो लोग अलग चुनाव क्षेत्र की मांग कर रहे हैं वे नहीं जानते कि आज का भारतीय समाज कैसे बना है। अपनी बात को उन्होंने एक घोषणा के साथ समाप्त किया कि मैं पूरे जोर से कहना चाहता हूं कि अगर इस फैसले पर विरोध करने वाला मैं अकेला ही बचा तो मैं अपनी जान की कीमत पर इसका विरोध करूंगा। दूसरे अर्थों में वे आमरण अनशन करेंगे। गांधी ने ब्रिटिश नेताओं, उनके प्रधानमंत्री को संबोधित करते हुए कहा कि गोलमेज सम्मेलन नाकाम रहा। बातचीत के माध्यम से स्वराज प्राप्त करने का रास्ता विफल हो चुका है और जंग होगी। गांधी और अंबेडकर की यह लड़ाई देश से यूरोप तक फैल चुकी थी। भारत के दोनों नेताओं को तार भेजे जा रहे थे। कुछ अछूतों ने गांधी को भी तार भेजे थे लेकिन कहा जाता है कि अंबेडकर को भेजे गए तारों की संख्या उनसे कहीं ज्यादा थी। एमसी राजा की अध्यक्षता में अखिल भारतीय अस्पृश्य परिषद का सम्मेलन संपन्न हुआ।

परिषद ने अंबेडकर को समर्थन दिया। इधर देश में नासिक के कालाराम मंदिर प्रवेश का सत्याग्रह तेज हुआ तो संघ और हिंदू महासभा के नेता वीएस मुंजे और विनायक दामोदर सावरकर ने गांधी का विरोध करते हुए अंबेडकर का एमसी राजा की अध्यक्षता में अखिल भारतीय अस्पृश्य परिषद का सम्मेलन संपन्न हुआ। परिषद ने अंबेडकर को समर्थन दिया। इधर देश में नासिक के कालाराम मंदिर प्रवेश का सत्याग्रह तेज हुआ तो संघ और हिंदू महासभा के नेता वीएस मुंजे और विनायक दामोदर सावरकर ने गांधी का विरोध करते हुए अंबेडकर का समर्थन किया। गांधी को लगता था कि अंग्रेज हिंदू समाज को विभाजित कर रहे हैं इसलिए उन्हें आजादी की लड़ाई के साथ उनसे इस मोर्चे पर टक्कर लेनी ही होगी। साथ ही वे हिंदू समाज की छुआछूत की भावना के विरुद्ध भी समाज को झटका देना चाहते थे। गांधी 28 दिसंबर, 1931 को बंबई पहुंचे लेकिन उससे पहले नेहरू और खान अब्दुल गफ्फार खान और उनके भाई गिरफ्तार हो चुके थे। चार जनवरी 1932 की अल सुबह गांधी को भी मुंबई के मणिभवन से गिरफ्तार कर लिया गया। वायसराय विलिंगटन ने तय कर रखा था कि इस बार कांग्रेस को खत्म कर देना है। कांग्रेस के इतिहासकारों के अनुसार 75,000 लोग गिरफ्तार हुए और चार लाख लोगों को लाठियों से पीटा गया। गांधी यरवदा जेल में बंद थे और सरदार पटेल और नारायण देसाई के साथ यह कयास लगा रहे थे कि ब्रिटिश प्रधानमंत्री रैमसे मैकडोनाल्ड कम्यूनल अवार्ड घोषित करेंगे या नहीं। छह जुलाई 1932 को गांधी, पटेल और नारायण देसाई के बीच हुई यह वार्ता कुछ इस प्रकार हैः-

पटेल:- मैलडोनाल्ड अवार्ड निश्चित तौर पर हम लोगों के विरुद्ध जाएगा।

गांधी:- मुझे अभी भी उम्मीद है कि मैकडोनाल्ड टोरी सदस्यों के विरुद्ध जाएंगे।

पटेल:- आप गलत कह रहे हैं। वे सभी एक ही थैली के चट्टे-बट्टे हैं।

गांधी:- फिर भी मैं सोचता हूं कि उनकी अपनी प्रतिबद्धता है।

पटेल:- अगर उनमें वास्तव में प्रतिबद्धता होती तो क्या वे उन्हें टोरी दल के हाथों बेच देते? वे हमारी पीठ से उतरना नहीं चाहते।

गांधी:- कोई भी अंग्रेज भारत से अपना नियंत्रण नहीं खोना चाहेगा।

देसाई:- क्या (मैकडोनाल्ड) मुसलमानों के लिए अलग निर्वाचन क्षेत्र का विरोध करने वाले हैं?

गांधी:- नहीं पर वे अछूतों के लिए उस निर्वाचन क्षेत्र को निगल नहीं लेगें।

17 अगस्त, 1932 को ब्रिटिश सरकार ने कम्युनल अवार्ड घोषित किया और कहा कि अछूतों को अलग निर्वाचन क्षेत्र मिलेगा। अगले ही दिन गांधी ने प्रधानमंत्री को लिखा कि वे इस फैसले का अपनी जान की कीमत पर विरोध करेंगे। वे 20 सितंबर की दोपहर से भोजन नहीं ग्रहण करेंगे। सिर्फ नमक या सोडे के साथ पानी लेंगे। गांधी ने जेल अधिकारियों को यह पत्र देते हुए कहा कि वे इसे प्रधानमंत्री को केबल कर दें और साथ में प्रधानमंत्री से अनुरोध किया कि वे इसे प्रकाशित करवाएं ताकि इससे जनमत प्रभावित हो। उन्होंने पटेल और महादेव देसाई से कहा कि वे इसकी गोपनीयता बनाए रखें। उन्होंने इसका विरोध किया तो गांधी का कहना था कि वे इससे लोगों को अचानक एक झटका देना चाहते हैं। यह एक प्रकार का इलाज है। गांधी ने पटेल से कहा कि वे दो लोगों को विशेष रूप से झटका देना चाहते हैं एक तो अनुदार हिंदू मालवीय जी को और दूसरी तरफ राजगोपालाचारी को। राजगोपालाचारी उन दिनों कांग्रेस के कार्यकारी अध्यक्ष थे। वे दोनों विद्वान ब्राह्मण 1932 की पाबंदियों का उल्लंघन करने के आरोप में गिरफ्तार में हुए थे और तब तक जेल से छूट गए थे। वे चाहते थे कि इससे सवर्ण हिंदू पश्चाताप करेंगे और अंबेडकर जैसे व्यक्ति को पृथक निर्वाचन क्षेत्र छोड़ने के लिए मनाया जा सकेगा। गांधी हिंदुओं की अंतररात्मा को झकझोरना चाहते थे। उनका मानना था कि अगर हिंदू छुआछूत को छोड़ने को तैयार नहीं हैं तो वे बेझिझक मुझे कुर्बान कर सकते हैं। गांधी के इस निर्णय पर टिप्पणी करते हुए राजमोहन गांधी कहते हैं कि जेल की ऊंची दीवारों के भीतर से एक कैदी कांग्रेस, हिंदू समाज, अछूतों और महामहिम की सरकार को फिर से सोचने पर विवश कर रहा था। गांधी के पत्र का सचमुच चमत्कारिक प्रभाव रहा। जब मैकडोनाल्ड को लिखा गया गांधी का पत्र 12 सितंबर को प्रेस को जारी किया गया तो वह बिजली की तरह कौंध गया। यरवदा जेल, डॉउनिंग स्ट्रीट और नई दिल्ली के वायसराय भवन में तारों

की बाढ़ आ गई। मालवीय जी ने हिंदू नेताओं को दिल्ली बुलाया। भारत भर में जनसभाएं होने लगीं जिनसे गांधी से उपवास वापस लेने और मैकडोनाल्ड से अवार्ड वापस लेने की मांग उठ गई। गांधी ने राजगोपालाचारी के टेलीग्राम का जवाब देते हुए लिखाः- मुझे लगता है कि इससे आपको खुशी होगी कि आपके एक साथी को दमित समाज के लिए अंतिम सत्याग्रह करने का ईश्वर ने अवसर दिया है। बंबई में सवर्ण हिंदुओं की बैठक में निर्णय लिया गया कि स्वराज संसद सबसे पहले जो कानून पास करेगी उसमें अछूतों को सार्वजनिक कुओं, सार्वजनिक स्कूलों, सड़कों और सभी प्रकार की संस्थाओं पर अधिकार दिया जाएगा। यरवदा जेल में आम के पेड़ के नीचे अनशन कर रहे गांधी के आसपास होने वाली गतिविधियों का वर्णन करते हुए राजमोहन गांधी लिखते हैं कि गांधी को देखने के लिए टैगोर आए और कई मिनट तक उस कपड़े पर अपना मुंह रखकर संवेदना प्रकट करते रहे जो गांधी के सीने पर पड़ा था। मालवीय और सीआर आए और उसी तरह अंबेडकर और दमित वर्ग के एमसी राजा और पीएन राजभोज जैसे अन्य नेता भी आए। जेल के भीतर खड़ा आम का वह पेड़ राष्ट्रीय मंच हो गया।

गांधी जी के अनशन के बारे में 19 सितंबर को इंडियन मर्चेंट्स चैंबर संस्था के सभागार में अंबेडकर पहले कह चुके थे कि "यह अफसोस की बात है कि गांधीजी अस्पृश्यों के विरुद्ध प्राणांतक अनशन करें। यह ठीक ही है कि गांधीजी के अमूल्य प्राण बचाने के लिए प्रत्येक व्यक्ति भरसक प्रयत्न करे। परंतु गांधीजी द्वारा दूसरी स्पष्ट योजना न सुझाए जाने के कारण इस घटना से मार्ग निकलना मुश्किल हो गया है। गांधीजी की ओर से आप दूसरी वैकल्पिक योजना लाएं तो उस पर विचार किया जाएगा। परंतु एक बात अटल है कि केवल गांधीजी के प्राण बचाने के लिए मेरे भाइयों के हित के खिलाफ जो योजना होगी उसमें मैं शरीक नहीं होऊंगा।" गांधीजी से यरवदा जेल में मिलकर आए शिष्टमंडल ने अंबेडकर को बताया कि अस्पृश्यों के लिए आरक्षित सीटें देने के बारे में गांधीजी का व्यक्तिगत विरोध नहीं है। इसके बावजूद अंबेडकर अपने रुख से पीछे हटने को तैयार नहीं हुए। उनका कहना था "मैं इस घटना का खल पुरुष बनूं यह मेरा नसीब ही सही। लेकिन आप ध्यान रखें कि मैं इस पुनीत कर्तव्य से तनिक टस से मस न होऊंगा। मेरे अस्पृश्य वर्ग के न्याय और कानूनन अधिकारों का मैं नाश नहीं करूंगा। फिर भले आप मुझे नजदीक के बिजली के खंभे पर फांसी दे दें। इसके बजाय आप गांधीजी से एक सप्ताह अनशन स्थगित करने के लिए प्रार्थना करें और फिर समस्या पर विचार करें।" डॉ. अंबेडकर और गांधीजी दोनों का दृढ़ रुख अन्य नेताओं को डरा रहा था। धनंजय कीर लिखते हैं कि "विश्व के अत्यंत श्रेष्ठ कर्मवीर और उस समय के अत्यंत रहस्यमयी और प्रभावी पुरुष के साथ रूढ़िभंजक, मूर्तिभंजक और क्रांतिकारी अंबेडकर का सामना हुआ था। गांधीजी के

रसायन में बनिया, बैरागी और बैरिस्टर का बेमिसाल घोल था। यह घोल बीसवीं सदी की अद्भुत घटना थी। इस तरह की प्रचंड शक्ति के महापुरुषों से संघर्ष में प्रलय का निर्माण होता ही है।" ऐसे माहौल में शुरू हुआ गांधी और अंबेडकर संवाद बेहद मार्मिक और ऐतिहासिक है। अंबेडकर ने कहा कि "महात्मा जी आप हम पर बड़ा ही अन्याय करते आ रहे हैं। यह मेरी तकदीर है कि मैं अन्यायी दिखाई पड़ूं। इस तरह की नौबत मुझ पर हमेशा आती है। मेरे पास इसका कोई इलाज नहीं।" अंबेडकर ने गांधीजी को सारी परिस्थिति की संभावना बताई तो गांधीजी ने कहा कि "आपकी बात पर मेरी पूरी सहानुभूति है। डॉक्टर आप जो कहते हैं उनमें से बहुत सी बातों से मैं आपसे सहमत हूं। परंतु आप ने कहा था कि मेरे जिंदा रहने का आपको भी कुछ उपयोग है?" अंबेडकर ने कहा, "जी हां महात्मा जी अगर आपने अपनी जिंदगी अस्पृश्य वर्ग के कल्याण के लिए व्यतीत की तो आप हमारे वीर पुरुष बन जाएंगे।"

गांधीजी ने कहा, "ठीक है मेरे प्राण कैसे बचाए जाएं यह तो आप जानते ही हैं। अतः उसके अनुसार मेरे प्राण बचाए जाएं। मैं जानता हूं कि आपके लोगों को प्राप्त हुए अधिकार आप छोड़ने को तैयार नहीं हैं। आपके द्वारा सुझाई गई पैनल की पद्धति मैं स्वीकार करता हूं। परंतु मेरी यह बात आप स्वीकार करें कि आपकी पैनल पद्धति आपकी सभी आरक्षित सीटों पर लागू की जाए। आप जन्म से अस्पृश्य हैं और मैं हृदय से। हम सब एक हैं अभंग और अविभाज्य हैं। हिंदू समाज में होने वाली इस फूट को टालने के लिए मैं अपने प्राण गंवाने के लिए तैयार हूं।'' उसके बाद काफी सोच-विचार और खींचतान और कड़ी सौदेबाजी के उपरांत 24 सितंबर, 1932 की शाम यरवदा जेल में आम के पेड़ के नीचे पुणे करार हुआ। मैकडोनाल्ड की पूर्व व्यवस्था के अनुसार अस्पृश्य वर्ग को 71 सीटें मिलनी थीं लेकिन अब उन्हें 148 सीटें दे दी गई। यह उपलब्धि दोगुनी थी। लेकिन अस्पृश्य वर्ग को अपने समाज के प्रत्याशी को खुद से चुनकर फिर स्पृश्य वर्ग के प्रत्याशी चुनने का जो दोहरा अधिकार मिल रहा था वह चला गया। इस पुणे करार पर अस्पृश्य वर्ग की ओर से अंबेडकर ने हस्ताक्षर किए और सवर्ण हिंदुओं की ओर से मदन मोहन मालवीय ने दस्तखत किए। हस्ताक्षर करने वाले अन्य नेताओं में एमसी राजा, जयकर, सप्रू, बिड़ला, राजगोपालाचारी, राजेंद्र प्रसाद, श्रीनिवास, राजभोज, श्रीनिवासन, पी बालू, गवई, ठक्करबापा, सोलंकी, सीवी मेथा और कामथ थे। राजगोपालाचारी ने अंबेडकर से कलम की अदला-बदली की। लेकिन गांधीजी ने तत्काल अनशन समाप्त नहीं किया। उनकी खराब स्थिति बनी हुई थी। इस करार का समाचार जेल के केबल से लंदन भेजा गया और मैकडोनाल्ड और उनके मंत्रिमंडल ने इसे स्वीकार किया और आवश्यक संशोधन किया। संशोधन का समाचार 26 सितंबर को पांच बजे यरवदा जेल पहुंचा। तब गांधी ने

अनशन तोड़ा। कस्तूरबा ने उन्हें जूस पिलाया और उस समय वहां टैगोर और परचुरे शास्त्री भी उपस्थित थे। इस करार पर टिप्पणी करते हुए धनंजय कीर कहते हैं कि "गांधीजी में स्थित महात्मा जब राजनीतिज्ञ गांधी पर हावी हो जाता था तब साधारण बातें जटिल हो जाती थीं। गोलमेज सम्मेलन के समय महात्मा ने राजनीतिज्ञ गांधी पर विजय प्राप्त की थी। लेकिन यरवदा जेल में राजनीतिज्ञ गांधी की विजय से महात्मा पद की पराजय हुई। गांधीजी की विजय इतनी निर्णायक और परिणामकारी बनी कि जिस तरह इंद्र ने कर्ण के कवच और कुंडल तरकीब से छीनकर उसे दुर्बल किया उसी तरह गांधीजी ने अस्पृश्य समाज के अलग मतदाता मंडल के कवच और कुंडल निकाल कर अंबेडकर को दुर्बल किया।" अंबेडकर का कहना था कि अगर गांधीजी ने गोलमेज सम्मेलन के दौरान ही बड़प्पन दिखाया होता तो यह नौबत ही न आती। इस करार से अंतर यही पड़ा कि गांधी ने अछूतों के लिए सीटें

आरक्षित करना स्वीकार किया तो अंबेडकर ने पृथक मतदाता मंडल छोड़कर साझा मतदाता मंडल स्वीकार किया। राजमोहन गांधी इस करार पर टिप्पणी करते हुए लिखते हैं, "1932 के अनशन और सौदेबाजी का रिकार्ड बहुत कुछ बताता है। अंबेडकर कहते हैं कि उन्हें आश्चर्य हुआ बल्कि बहुत आश्चर्य हुआ कि मुझमें और गांधी में बहुत कुछ समान है।" इस समझौते का सवर्ण हिंदुओं पर तात्कालिक रूप से व्यापक असर पड़ा। इसे व्यक्त करते हुए गांधी ने सीएफ एंड्रयूज को 30 सितंबर को लिखा, "मुझे उम्मीद थी कि कट्टर हिंदुओं से सशक्त प्रतिक्रिया आएगी। लेकिन अचानक हुई इस प्रतिक्रिया के लिए मैं तैयार नहीं था। लेकिन मैं धोखा खाने वाला नहीं हूं। यह देखा जाना है कि जो मंदिर अभी अछूतों के लिए खोले गए हैं वे हमेशा खुले रहें और तमाम अन्य चीजें कायम रहें।" "फिलहाल तिरसठ साल के एक कैदी ने दो मोर्चों पर इतिहास बनाया। एक तो जेल में एक पेड़ के नीचे लेट कर हठी साम्राज्य से अपनी इच्छा मनवाई। दूसरी तरफ उन्होंने हिंदू समाज की लंबे समय से सोई अंतरात्मा को जगा दिया।" पुणे करार के बाद राजनीतिक रूप से गांधी और अंबेडकर में समझौता जरूर हुआ और दोनों एक-दूसरे के व्यक्तित्व के करीब आए लेकिन जाति व्यवस्था के सवाल पर उनका टकराव बना रहा। लाहौर के जाति पांत तोड़क मंडल ने 1936 के अपने वार्षिक अधिवेशन के लिए बाबा साहेब अंबेडकर को अध्यक्षता करने के लिए आमंत्रित किया। उसके लिए उन्होंने पांच दिसंबर 1935 से मार्च 1936 के बीच 116 दिनों में अनिहिलेशन आफ कास्ट (जातिभेद का बीजनाश) शीर्षक से एक लंबा शोध पत्र तैयार किया। लेकिन आयोजक मंडल उसमें व्यक्त विचारों से सहमत नहीं था। वह चाहता था कि उसमें से वेद का उल्लेख हटा दिया जाए और हिंदू धर्म के बारे में कहे गए कठोर शब्द भी न रखे जाएं। डॉ. अंबेडकर ने लिखा था कि हिंदू के रूप में यह उनका आखिरी संबोधन होगा। इसे भी हटाने का आग्रह आयोजकों ने किया था।

अंबेडकर इसके लिए तैयार नहीं हुए। इसलिए वह भाषण नहीं हो सका। लेकिन अंबेडकर ने उसे प्रकाशित करवाया और उसके आधार पर भारतीय समाज में तीखी बहस शुरू हुई। वह बहस आज भी जारी है। यह अकारण नहीं है कि अरुंधती राय उस पर लंबी भूमिका के साथ उसे नए रूप में प्रस्तुत करती हैं। महात्मा गांधी ने उस प्रपत्र का संज्ञान लिया और 'हरिजन' साप्ताहिक के 11 जुलाई, 1936 के अंक में उस पर प्रतिक्रिया व्यक्त की। गांधी ने लिखा कि "अध्यक्षीय भाषण को आपत्तिजनक मानकर उसे निरस्त करने का औचित्य कई प्रश्नों को जन्म देता है। समिति ने जनता को एक ऐसे व्यक्ति के विचार सुनने से वंचित कर दिया जिसने

समाज में अपना अनूठा स्थान बनाया है। भविष्य में चाहे किसी भी विशेषण से उन्हें जोड़ा जाए लेकिन डॉ. अंबेडकर ऐसे व्यक्ति नहीं हैं जो समाज द्वारा भुलाए जा सकें। उन्होंने समिति द्वारा अस्वीकार किए जाने का प्रत्युत्तर संबोधन को स्वयं प्रकाशित करवा कर दे दिया है। उन्होंने इसका मूल्य 8 आने रखा है। मेरा सुझाव है कि इसे घटाकर आना या कम से कम 4 आना रखा जाए। गांधी ने पुस्तिका में उठाए गए अंबेडकर के आरोपों को इस प्रकार चिह्नित किया। "डॉ. अंबेडकर ने पाया कि अधिकांश सवर्ण हिंदुओं का अपने सहधर्मी अछूत कहे जाने वाले लोगों के साथ व्यवहार न केवल अमानवीय रहा है वरण उन्होंने अपने आचरण को शास्त्रोचित मान रखा है। अपने संबोधन में लेखक ने उन अध्यायों और श्लोकों को अपने तीन सूत्री आरोपों के संदर्भ में उद्धृत किया है। यह तीन आरोप हैं कि अमानवीय व्यवहार, इस व्यवहार हेतु प्रतिपादकों द्वारा अखेदपूर्ण औचित्य तथा यह खोज कि इस व्यवहार का औचित्य शास्त्र सम्मत है।" तब तक अंबेडकर हिंदू धर्म को छोड़ने की घोषणा कर चुके थे इसलिए गांधीजी ने हरिजन की इस टिप्पणी में इस बात का भी उल्लेख किया है कि "एक हिंदू के रूप में पालित पोषित और एक हिंदू अधिपति द्वारा शिक्षित डॉ. अंबेडकर सवर्ण कहे जाने वाले हिंदुओं द्वारा उनसे तथा उनकी जाति के व्यक्तियों के प्रति किए गए व्यवहार से इतने दुखी हैं कि व न केवल उनसे नाता तोड़ने के लिए कटिबद्ध हैं वरण उस धर्म को भी छोड़ने का प्रस्ताव कर रहे हैं जो उनकी (हिंदुओं की) और डॉ. अंबेडकर की साझी विरासत रही है।" गांधीजी ने हरिजन के 18 जुलाई के संस्करण में इस बहस को जारी रखा। उन्होंने लिखा कि "रामायण और महाभारत को शामिल करते हुए वेद, पुराण, उपनिषद, स्मृति तथा पुराणों को हिंदू शास्त्र की संज्ञा दी जाती है। यह सूची अंतिम नहीं है। हर युग में और हर पीढ़ी द्वारा कालांतर में ग्रंथों में वृद्धि की गई है। इससे यही पता चलता है कि हर प्रकाशित या हस्तलिखित ग्रंथ शास्त्र नहीं हो सकता। स्मृतियों में जो लिखा है उसे कभी भी ईश्वरीय कथन नहीं माना जा सकता। अतः डॉ. अंबेडकर ने जिन ग्रंथों का उदाहरण दिया है उन्हें प्रमाणिक तौर पर स्वीकार नहीं

किया जा सकता। जाति का धर्म से कुछ लेना-देना नहीं है। जाति प्रथा कैसे प्रारंभ हुई यह मैं नहीं जानता। लेकिन यह मैं जरूर जानता हूं कि यह आध्यात्मिक और राष्ट्रीय विकास के लिए घातक है। वर्ण तथा आश्रम वे संस्थाएं हैं जिनका जाति से कोई सरोकार नहीं है। वर्ण व्यवस्था संबंधी नियमों में जाति का कोई स्थान नहीं है। (हिंदू धर्म का सार तत्त्व एकमेव सत्य को ही ईश्वर मानता है और मानव परिवार हेतु अहिंसा की आचार संहिता का प्रतिपादन करता है।)"

गांधीजी आगे लिखते हैं कि "डॉ. अंबेडकर ने अपने संबोधन में स्थापित किया है कि वह धर्म जिसे चैतन्य, ज्ञानदेव, तुकाराम, तिरुवल्लुवर, रामकृष्ण परमहंस, राजाराममोहन राय, महर्षि देवेंद्र नाथ टैगोर, विवेकानंद तथा अन्य महापुरुषों द्वारा प्रचारित किया गया उसमें कोई गुण नहीं है?" अपने 15 अगस्त के अंक में गांधी ने हरिजन में जाति पांत तोड़क मंडल के माननीय संतराम के पत्र को उद्धृत करते हुए उनको जवाब दिया है। संतराम ने यही कहा था कि जाति और वर्ण के बारे में आपका जो सूक्ष्म विश्लेषण है वह सामान्य समझ के परे है। डॉ. अंबेडकर ने गांधी की इस समीक्षा और चर्चा के जवाब में उन्हें लंबा प्रत्युतर भेजा। हालांकि वह उत्तर हरिजन में नहीं छपा लेकिन उसमें दिए गए तर्क इस बात के प्रमाण हैं कि जाति और वर्ण पर गांधी और अंबेडकर के विचारों में कितना द्वन्द था और गांधी द्वारा बाद में चार वर्णों के सिद्धांतों को स्वीकार कर लिए जाने के बाद भी इक्कीसवीं सदी के भारत में वह बहस जारी है। इस पर टिप्पणी करते हुए डॉ. अंबेडकर लिखते हैं, "जात-पांत तोड़क मंडल के लिए जाति प्रथा पर मेरे लिखे संबोधन की चर्चा अपने हरिजन में करके महात्मा जी ने मेरा जो सम्मान बढ़ाया है उससे मुझे बड़ी प्रसन्नता हुई है। मेरे भाषण की समीक्षा पढ़ने से यह बात स्पष्ट हो जाती है कि जाति के प्रति मेरे दृष्टिकोण से महात्मा का पूर्ण विरोध है। यदि मेरा विरोधी कोई छोटा और अचर्चित व्यक्ति होता तो तब मैं इसके पीछे नहीं पड़ता। परंतु मेरे विरोधी चूंकि स्वयं महात्मा हैं अतः मैं सोचता हूं कि उन्होंने जो दृष्टिकोण रखा है उसका विरोधी पक्ष प्रस्तुत करने का मैं प्रयास करूं। यदि कभी मान लिया जाए कि मैंने प्रचार पाने की लालसा से संबोधन को प्रकाशित करवाया तब भी मेरे ऊपर पत्थर कौन फेंकेगा? स्पष्ट है कि कांच के मकानों में रहने वाले महात्मा जी जैसे लोगों को तो बिलकुल नहीं फेंकना चाहिए।" "इस उत्तर में बाबा साहेब ने महा त्मा शब्द का प्रयोग 65 बार किया है। किसी शब्द का अत्यधिक प्रयोग करने से उसका अवमूल्यन हो जाता है, यह वास्तविकता है। बाबा साहेब के मन में क्या था? मूल्य स्थापन या अवमूल्यन?"[12] डॉ. अंबेडकर ने गांधी के वर्णाश्रम धर्म की खिल्ली उड़ाते हुए लिखा, "मुझे दोष न दिया जाए अगर मैं प्रश्न करूं कि महात्मा ने अपने मामले में अपने आदर्शों की प्राप्ति के लिए कितना प्रयत्न किया है। महात्मा जन्म से बनिया हैं। उनके पूर्वजों ने व्यापार त्यागकर मंत्री

बनने को प्राथमिकता दी जो ब्राह्मणों का काम है। उनके अपने जीवन में महात्मा बनने से पूर्व जब अवसर आया तो उन्होंने तराजू की जगह कानून को अपनाया। कानून छोड़ने के बाद वे आधे संत और आधे राजनीतिज्ञ बन गए। उनका सबसे छोटा पुत्र---मैं उन्हे पिता के श्रद्धावान अनुयायी के रूप में लेता हूं---जो वैश्य पैदा हुआ उसने एक ब्राह्मण कन्या से विवाह किया और एक समाचार पत्र के समृद्ध स्वामी की सेवा का चुनाव किया। महात्मा ने अपने पुत्र द्वारा अपना पैतृक व्यवसाय न करने के लिए उसकी भर्त्सना की हो ऐसा नहीं है। यदि हर व्यक्ति अपने पैतृक व्यवसाय का ही अनुसरण करे तब तो एक आदमी भड़ुआ ही रहे क्योंकि उसका दादा भड़ुआ था। एक स्त्री वेश्या ही रहे क्योंकि उसकी दादी वेश्या थी। क्या महात्मा अपने सिद्धांत की तार्किक परिणति स्वीकार करने को तैयार हैं?'' डॉ. अंबेडकर अपन प्रत्युतर में गांधी जी से सवाल करते हुए कहते हैं, "माना कि धर्म का आकलन उसके उच्चतम अनुयायियों के कृत्यों पर होना चाहिए न कि निकृष्टतम के कृत्यों से लेकिन क्या समस्या इससे समाप्त हो जाती है। मैं कहता हूं कि नहीं होती। समस्या वहीं रहती है—निकृष्ट इतने अधिक क्यों हैं और उच्च इने-गिने? मेरे विचार से इस प्रश्न के दो संभावित उत्तर हो सकते हैं-

1. निकृष्टों में कुछ ऐसी मौलिक विकृति विद्यमान है कि उन्हें नैतिक स्तर पर शिक्षित करना संभव नहीं है। या
2. या धर्म का आदर्श ही पूरी तौर पर गलत आदर्श है। गांधी को लिखे जवाब में डॉ. अंबेडकर अनीहिलेशन आफ कास्ट के मुख्य विंदुओं को इस प्रकार रखते हैं :-

1. जाति ने हिंदुओं को बर्बाद किया है।
2. हिंदू समाज का पुनर्गठन चातुर्वर्ण्य के आधार पर असंभव है। यह व्यवस्था गुणों के आधार पर टिकने के योग्य नहीं है।
3. वर्णव्यवस्था के आधार पर हिंदुओं का पुनर्गठन घातक होगा क्योंकि वह उन्हें ज्ञान प्राप्ति और शस्त्र धारण के अधिकार से वंचित करती है। इससे वह पौरुषविहीन और अप्रतिष्ठा की स्थिति में पहुंचाती है।
4. हिंदू समाज को एक धर्म के आधार पर पुनर्गठित किया जाए जो स्वतंत्रता, समानता और बंधुत्व के सिद्धांतों को स्वीकृति दे।
5. इस उद्देश्य की प्राप्ति के लिए धार्मिक पवित्रता के नाम पर जाति और वर्ण की जो जकड़बंदी है उसे समाप्त किया जाए।
6. जाति और वर्ण पर आरोपित धार्मिक पवित्रता की भावना को तभी समाप्त किया जा सकता है जब उसे ईश्वर प्रदत्त होने को नकारा जाए। डॉ. अंबेडकर अपने तर्कों से हिंदू धर्म की अच्छाई में यकीन करने वाले और वर्ण और जाति की दुविधा में फंसे महात्मा

गाधी को ललकारते हैं। उनके शब्द कहीं तीखे हैं तो कहीं मनोवैज्ञानिक विश्लेषण लिए। वे कहते हैं, महात्मा कतरा क्यों रहे हैं? वह किसे तुष्ट करना चाहते हैं? क्या संत सत्य को भांपने में असफल रहे हैं। कहीं राजनीति तो संत के मार्ग में आड़े नहीं आ रही है? महात्मा क्यों इस उलझन में पड़े हैं इसके सही कारण शायद दो बातों में हैं। पहली बात तो महात्मा का स्वभाव है। उनकी हर बात में बच्चों जैसी सरलता देखी जा सकती है। बच्चों की आत्मप्रवंचना सहित। एक बच्चे की तरह वे जिस बात पर विश्वास करना चाहते हैं कर लेते हैं। अतः हमें तब तक प्रतीक्षा करनी चाहिए जब तक महात्मा वर्ण में अपना विश्वास त्याग न दें जैसा कि जाति के बारे में उन्होंने किया। दूसरा कारण यह है कि महात्मा दो भूमिकाएं अदा करना चाहते हैं- एक महात्मा की तो दूसरी राजनीतिज्ञ की। महात्मा के नाते वे राजनीति पर अध्यात्म का रंग चढ़ाना चाहते हैं वे इसमें सफल हुए हैं अथवा नहीं पर राजनीति ने उन्हें व्यावसायिक बना दिया है। महात्मा द्वारा जाति और वर्ण का सदा समर्थन करने के पीछे यह भय है कि यदि वे इसका विरोध करेंगे तब वह राजनीति में अपना स्थान खो देंगे।''गांधीजी से असहमत डॉ. अंबेडकर ने कभी अपने विचारों को छुपाया नहीं और जहां भी मौका मिला गांधी पर टिप्पणी करते रहे। पुणे की गोखले अर्थशास्त्र संस्था ने जब उन्हें संघ राज्य पर व्याख्यान देने के लिए आमंत्रित किया तो उन्होंने 29 जनवरी, 1939 को हुए इस व्याख्यान में संघ राज्य का विरोध किया और रानाडे युग और गांधी युग की तुलना में गांधी पर टिप्पणी करते हुए कहा, "रानाडे युग में नेताओं ने भारत का आधुनिकीकरण करना तय किया था। नेतागण व्यवस्थित कपड़े पहनने का ध्यान रखते थे। राजनीतिक नेता उत्पाती व्यक्ति नहीं माना जाता था। उस युग में जीवन की समस्याओं का अध्ययन और चिंतन करने में लोग मग्न रहते थे। वे अपने चिंतन से निकले हुए निर्णय के अनुसार अपना जीवन यापन और चरित्र गठन करने का प्रयास करने में लगे रहते थे। गांधी युग में अर्द्ध नग्न रहने में नेताओं को अभिमान लगने लगा। वे अतीत कालीन आदर्श के अनुसार भारत की प्रतिमा बनाने की कोशिश करने लगे। इस तरह की विचारधारा फैलाने लगे कि विद्वता ता और अच्छे परिधान की आवश्यकता राजनीति में कार्य करने वाले व्यक्ति को जरूरी नहीं। अपने जीवन और देश के बारे में स्वतंत्रता से और वैचारिक पद्धति से विचार करने की प्रवृत्ति गांधी युग के लोगों में नहीं रही। उनकी बुद्धि का दम निकल गया। गांधी युग भारत का तमो युग है।" वर्ष 1942 अंबेडकर के जीवन और भारत के इतिहास दोनों के लिए बड़ी अहमियत रखता है। इस वर्ष उनकी पचासवीं साल गिरह मनाई गई और उन्हें भारत सरकार की कार्यकारिणी यानी मंत्रिमंडल में जगह मिली। इसी वर्ष महात्मा गांधी के नेतृत्व में कांग्रेस ने भारत छोड़ो आंदोलन का बिगुल बजाया। उस साल 14 अप्रैल

को बंबई और महाराष्ट्र के कई शहरों में अंबेडकर जयंती का समारोह हुआ। 19 अप्रैल को बंबई की चौपाटी पर जयंती के स्वर्ण महोत्सव की सभा का आयोजन किया गया। उस समय के कई अखबारों ने उनकी प्रशंसा में टिप्पणियां लिखीं। टाइम्स आफ इंडिया ने लिखा, "आर्थिक और राजनीतिक सत्ता के बिना हरिजनों को सामाजिक सत्ता प्राप्त करना मुश्किल होगा और इसकी अंबेडकर को पूरी जानकारी है। उनके अंगीकृत कार्य के लिए उनमें काफी बुद्धि चातुर्य है।" बांबे क्रानिकल ने लिखा, "दलित वर्ग के प्रति होने वाले अमानुषिक बर्ताव के बारे में आठों प्रहर चिंता करने वाले अंबेडकर की दलितों के प्रति पीड़ा जितनी अधिक है उतना ही अधिक दलितों के प्रति छलछद्म करने वालों के प्रति उनके मन का द्वेष भी है।'' बंबई के प्रभात ने लिखा कि "अंबेडकर आधुनिक भारत के क्रांतिकारी पुरुष हैं। आंबेडकर ने दलितोद्धार का जितना कार्य किया उतना शायद ही किसा ने किया होगा। दयानंद, गांधी और सावरकर के प्रयासों को ध्यान में रखकर भी यह कहना होगा कि, अंबेडकर ने इस समस्या को जितनी गति प्रदान की उतनी किसी अन्य ने नहीं। लेकिन उनके प्रति सबसे जोरदार शुभकामना संदेश जिस बड़े व्यक्ति ने दिया उनका नाम था विनायक दामोदर सावरकर। सावरकर ने कहा "अंबेडकर का व्यक्तित्व, उनकी विद्वता, सांगठनिक चतुराई और नेतृत्व करने की सामर्थ्य इन सद्गुणों के सम्मिलन से आज वे देश के एक महान आधार स्तंभ गिने जाते हैं। लेकिन अस्पृश्यता का उन्मूलन करने में और लाखों अस्पृश्य वर्गों में ढांढसी आत्मविश्वास पैदा करने में उन्होंने जो सफलता प्राप्त की है उससे स्पष्ट है कि उन्होंने भारत की अमूल्य सेवा की है। उनका कार्य चिरस्थायी, स्वदेशाभिमानी और मानवतावादी है। उन्हें आरोग्य और बड़ी उठापटक की आयु प्राप्त हो मैं यह सदिच्छा व्यक्त करता हूं।"[13] इस मौके पर अंबेडकर ने जो भाषण दिया वह बेहद समझदारी और समन्वय भरा है। उन्होंने कहा, "मेरी सालगिरह मनाने की यह आदत आप सब त्याग दें क्योंकि मैं यह मानता हूं कि जो समाज किसी मनुष्य का देवता की भांति जयघोष करता है वह विनाश के मार्ग पर खड़ा है। किसी को भी अतिमानव के गुण प्राप्त नहीं हुए हैं। प्रत्येक व्यक्ति अपने ही प्रयास से बढ़ता या गिरता है।" आगे उन्होंने कहा, "दलितों की राजनीतिक, सामाजिक और आर्थिक परिस्थितियों में काफी प्रगति हुई है। खुशी से हो या नाखुशी से, अस्पृश्य वर्ग हिंदू समाज का एक अंग है।" स्वर्ण जयंती समारोह के साथ ही अंबेडकर के जीवन में बड़ी घटना उन्हें इसी वर्ष वायसराय की कार्यकारिणी में चुना जाना था। दो जुलाई 1942 को कार्यकारिणी समिति घोषित की गई और उसमें अंबेडकर का नाम था। इस घोषणा पर स्वागत और विवाद दोनों हुए। कांग्रेसी पत्रों ने कटाक्ष करते हुए आलोचना की तो अंग्रेज समर्थक और अछूतों के आंदोलन को समर्थन देने वाले पत्रों ने तारीफ की।

टाइम्स आफ इंडिया ने लिखा, "यह देश के इतिहास का पहला उदाहरण है जब एक अस्पृश्य हिंदू की भारत सरकार की कार्यकारिणी में नियुक्ति हुई।": इसके बाद 18-19 जुलाई को नागपुर में आयोजित भारतीय दलित वर्ग की बैठक में अंबेडकर ने साफ कहा कि जब तक जिन्ना मुसलमानों को अल्पसंख्यक वर्ग मानते थे तब तक तो दलितों को उनके साथ का भरोसा था। लेकिन जब वे उन्हें राष्ट्र बताने लगे तो भविष्य में मुसलमानों से दलितों का टकराव होना ही है। अब हम हिंदू समाज के घटक नहीं रहे। गांधी हमारे सबसे बड़े विरोधी हैं। अस्पृश्य समाज को वायसराय की कार्यकारिणी में जो स्थान मिला है वह ब्राह्मणशाही पर मर्मांतक प्रहार है।[14] भारत सरकार के मजदूर मंत्री अंबेडकर ने द्वितीय विश्व युद्ध में ब्रिटेन का बिना शर्त समर्थन किया। गांधीजी के भारत छोड़ो आंदोलन के आह्वान पर उन्होंने 27 जुलाई, 1942 को टाइम्स आफ इंडिया में टिप्पणी करते हुए कहा, "गांधीजी का करेंगे या मरेंगे का आदेश गैर-जिम्मेदाराना और मूर्खतापूर्ण है। उनकी राजनीतिक कूटनीतिज्ञता का दिवाला निकल जाने का द्योतक है। विश्व युद्ध शुरू होने से कांग्रेस की गिरती साख को संभालने का वह एक प्रयास है। बर्बर लोगों के हिंदुस्तान पर आधिपत्य स्थापित करने के लिए हिंदुस्तान की सीमा के नजदीक आ जाने पर देश के कानून और व्यवस्था को कमजोर करना पागलपन है। ब्रिटिश अब अंतिम खंदक में लड़ रहे हैं। अगर लोकतंत्र की विजय हुई तो भारत की स्वतंत्रता में कोई बाधा नहीं डाल सकेगा।" बयालीस के आंदोलन में गिरफ्तार हुए गांधीजी ने आगा खान पैलेस में 10 फरवरी, 1943 को 21 दिन का उपवास शुरू किया। उनका उद्देश्य अपना पक्ष दुनिया के सामने रखना था और आंदोलन के दौरान होने वाले दमन का प्रतिरोध करना था। गांधी का आरोप था कि बंगाल में अकाल फैला हुआ है और सरकार वहां लोगों को राहत सामग्री नहीं पहुंचा रही है। उनका यह भी कहना था कि आंदोलन के दौरान हिंसा के लिए सरकार जिम्मेदार है क्योंकि उसने पहले ही सारे नेताओं को पकड़ कर जेल मे डाल दिया और स्वयं भारी दमन कर रही है। गांधी के अनशन का दबाव सरकार पर पड़ा और चारों तरफ से मंत्रियों से इस्तीफे की मांग होने लगी। माधव राव अणे, होमी मोदी और नृपेंद्र सरकार ने इस्तीफा दे दिया लेकिन डॉ. अंबेडकर और हिंदू महासभा के जेपी श्रीवास्तव अड़े रहे। अंबेडकर को मालूम था कि उनकी लोकप्रियता गांधी का साथ देने से नहीं बल्कि उनका विरोध करने से ही बढ़ेगी। साथ ही वे अपने मंत्रालय के माध्यम से मजदूरों के लिए भी काम करके अपना जनाधार बढ़ा रहे थे। इस बीच उन्होंने रानाडे पर एक व्याख्यान दिया जिसमें गांधी और जिन्ना की कड़ी आलोचना करते हुए उन्हें अहंकारी और आत्मश्लाघा से ग्रसित व्यक्तित्व बताया। उन्होंने कहा कि यह लोग अपनी चापलूसी करने वालों को ही पसंद करते हैं। यहां यह देखना रोचक है कि एक

तरफ बाबा साहेब महात्मा गांधी से किए गए पूना समझौते के बाद भी उनके प्रति अपने नजरिए में किसी प्रकार की नरमी लाने को तैयार नहीं थे तो दूसरी तरफ उन्के कुछ विचार हिंदू महासभाइयों के नजदीक जा रहे थे। उस समय देश में मुस्लिम लीग और राष्ट्रीय स्वयं सेवक संघ और हिंदू महासभा जिस द्विराष्ट्र सिद्धांत का प्रचार कर रहे थे और दोनों एक-दूसरे के पूरक दिख रहे थे उस आग में घी डालने का काम बाबा साहेब की किताब 'थाट्स आन पाकिस्तान' ने किया। 1940 में आई इस किताब को बाद में 'पाकिस्तान आर पार्टिशन ऑफ इंडिया' के नाम से प्रकाशित किया गया। यह पुस्तक भारत के विभाजन का समर्थन करती है और कहती है कि मुसलमान कट्टरपंथी होते हैं और उन्होंने हिंदुओं पर जुल्म किया है इसलिए वे एक राष्ट्र में एक साथ रह नहीं सकते। महात्मा गांधी इसके ठीक विपरीत मत व्यक्त कर रहे थे और वे मौलाना अबुल कलाम आजाद को कांग्रेस का अध्यक्ष बनाकर यह साबित करना चाहते थे कि हिंदू और मुसलमान दोनों इस देश में हजारों साल से एक साथ रहते आए हैं और उनके बीच विवादों के बावजूद बहुत कुछ साझा है। गांधी तो उन्हें अपनी दोनों आखें कहते थे और यह भी कहते थे कि धर्म के आधार पर राष्ट्र का गठन उचित नहीं है। गांधी का यह भी मानना था कि इस देश के ज्यादातर मुसलमानों की पिछली पीढ़ियां तो हिंदू ही थीं इसलिए उनमें कोई नस्ली भेदभाव नहीं था। विभाजन के विरुद्ध गांधी का यह भी बयान था कि भारत का विभाजन मेरी लाश पर होगा। हालांकि वे विभाजन को रोक नहीं सके लेकिन विभाजन के साथ ही उनकी लाश भी गिरी। 'थाट्स ऑन पाकिस्तान' में अंबेडकर ने लिखा, "मुसलमान एक राष्ट्र हैं। इस देश पर जिसकी निष्ठाएं संशय से भरी हुई हैं उन मुसलमानों को हिंदुस्तान में रहने की अपेक्षा हिंदुस्तान के बाहर चले जाना अधिक योग्य है। भारत विभाजन हमें मान्य करना चाहिए। केवल मान्य ही नहीं अपितु आगे के दंगों को रोकने के लिए हिंदू मुसलमानों की जनसंख्या की अदला-बदली करनी चाहिए।" अंबेडकर के एक और जीवनीकार डॉ. सूर्य नारायण रणसुभे ने लिखा है, "पूरी निर्भीकता के साथ उन्होंने इस्लाम की प्रतिगामिता को स्पष्ट किया है। मुसलमानों की मानसिकता जनतंत्र के अनुकूल नहीं है। उनकी राजनीति मुख्यतः धर्म आधारित होती है। मुसलमान समाज सुधार के विरोध में होते हैं। उन्हें अपना धर्म वैश्विक लगता है। अपने धर्म के प्रति उनमें अहंकार है। इस्लाम के जिस बंधु भाव की प्रशंसा की जाती है वह वास्तव में सर्व व्यापक और शाश्वत नहीं है। उनका बंधुत्व उनके धर्मावलंबियों तक ही सीमित है। अन्य धर्मियों के प्रति उनमें तिरस्कार होता है। उनकी राजनिष्ठा भी धर्म से जुड़ी होती है।"[15] इसके अलावा अंबेडकर कहते है, "मुसलमानों में अब (1940) एक नई चेतना विकसित हो रही है। उन्हें स्वतंत्र राष्ट्र दे देना चाहिए। अखंड हिंदुस्तान कभी भी समरस नहीं हो सकता।"

उनकी इस किताब पर महात्मा गांधी ने तो कुछ नहीं लिखा लेकिन गांधी के प्रमुख अनुयायी डॉ. राजेंद्र प्रसाद ने उसका जवाब लिखकर दिया। कांग्रेस हिंदू-मुस्लिम रिश्तों और द्विराष्ट्र के सिद्धांत के बारे में क्या सोचती थी इसकी एक झलक मौलाना अबुल कलाम आजाद के उस भाषण से मिलती है जो उन्होंने 1940 में भारतीय राष्ट्रीय कांग्रेस के अध्यक्ष पद से दिया था। मौलाना का यह भाषण आज के संदर्भ में गौर करने लायक है और यह उनके लिए एक नसीहत है जो हिंदू राष्ट्रवाद का दायरा बढ़ाकर उसमे अंबेडकर को शामिल कर रहे हैं या बाबा साहेब के सभी विचारों को सही बताते हैं। मौलाना कहते हैं, "मैं एक मुसलमान हूं और मुझे इस पर नाज है। इस्लाम की तेरह शताब्दियों की शानदार परंपराएं मेरी विरासत हैं, इसके साथ ही मुझे अपने हिंदुस्तानी होने पर भी नाज है। मैं हिंदुस्तानी कौम की अविभाज्य एकता का एक हिस्सा हूं। यह हिंदुस्तान की ऐतिहासिक नियति है कि अनेक नस्लों, संस्कृतियों और धार्मिक मतों के लोग उसकी तरफ दौड़कर आएं और अनेक कारवां यहां पहुंचकर विराम पाएं। यहां पहुंचे आखिरी कारवां में एक इस्लाम को मानने वालों का भी था। हम अपना खजाना अपने साथ ले आए और हिंदुस्तान के पास अपनी विरासत की बेशकीमती चीजें थी हीं। उसके बाद से पूरी ग्यारह शताब्दियां निकल गई हैं। इस्लाम की हिंदुस्तान की जमीन पर वैसा ही दावा है जैसे हिंदुत्व का है। अगर हिंदुत्व हजारों वर्षों से यहां रहने वालों का मजहब रहा है तो इस्लाम भी हजार साल से ज्यादा रहने वालों का मजहब है। जिस तरह हिंदू अपने हिंदुस्तानीपने और मजहब पर नाज कर सकते हैं वैसे ही हम हिंदुस्तानी और मुसलमान होने पर नाज कर सकते हैं। मैं इस दायरे को थोड़ा और बड़ा करूंगा। भारतीय ईसाई भी समान रूप से यह कहने के हकदार हैं कि वे हिंदुस्तानी हैं और हिंदुस्तान के एक धर्म अर्थात ईसाई धर्म को मानते हैं। ग्यारह सौ साल के साझा इतिहास ने हिंदुस्तान को हमारी साझी उपलब्धियों से समृद्ध किया है। हमारी जुबान, हमारी शायरी, हमारा साहित्य, हमारी तहजीब, हमारी कला, हमारी पोशाक, हमारे तौर-तरीके और रीति-रिवाज, रोजाना के जीवन में होने वाली असंख्य चीजें हर चीज पर हमारे साझेपन की छाप है। हमारे जीवन का कोई भी पहलू ऐसा नहीं बचा है जिस पर इसकी छाप नहीं पड़ी है। यह साझा जायदाद साझा कौमियत की विरासत है और हम इसे छोड़ना और उस स्थिति में लौटना नहीं चाहते जब साझा जीवन शुरू नहीं हुआ था।" मौलाना का यह भाषण हिंदी में न होकर हिंदुस्तानी में है और जिसमें उर्दू और अरबी की तासीर मिली हुई है। वह बेहद ओजस्वी है और उसे सुनकर लगता है कि जैसे मौलाना की जुबान में गांधी द्विराष्ट्र के तमाम सिद्धांतकारों को करारा जवाब दे रहे हैं। वह जवाब सबसे पहले जिन्ना को है, सावरकर को है और डॉ. अंबेडकर जैसे अस्पृश्य समाज के उन नेताओं

को भी है जो मुसलमानों के साथ निभाना नहीं चाहते। इसीलिए बाबा साहेब के वे अनुयायी जो स्वभाव से धर्मनिरपेक्ष हैं वे बाबा साहेब के इन विचारों पर थोड़ा शर्माते हैं। डॉ. सूर्यनारायण रणसुभे तो कहते हैं, "उनके विचारों से ऐसा लगता है कि मुसलमानों और खासकर भारतीय मुसलमानों के प्रति वे पूर्वाग्रहग्रस्त थे। करीब पचास वर्ष (1998) की इस लंबी यात्रा के बाद यह स्पष्ट है कि मुसलमान इस देश और संस्कृति के प्रति उतनी ही गहराई से जुड़े हुए हैं जितनी गहराई से हिंदू। तत्कालीन समाज में इन दोनों के संबंधों में जो तनाव पैदा हुए थे उस कारण शायद बाबा साहेब उपर्युक्त निष्कर्षों पर पहुंचे थे। भारतीय मुसलमान धर्मांतरित मुसलमान हैं। भयंकर दरिद्रता उनमें भी है। हिंदू जाति व्यवस्था उनमें घुस गई है। वह धर्मांध हैं इसलिए उनको नकारा जाए यह कोई तर्क नहीं है। बाबा साहेब के विचारों में जो गतिशीलता है उससे निष्कर्ष निकाला जा सकता है कि अगर वे कुछ और वर्ष जीवित होते तो अपने विचारों में परिवर्तन कर लेते।"[16] दरअसल डॉ. अंबेडकर कांग्रेस, अंग्रेज सरकार, हिंदूवादी संगठनों और मुस्लिम लीग के साथ प्रतिस्पर्धा करते हुए अस्पृश्य वर्ग के लिए सत्ता प्राप्त करने की सौदेबाजी कर रहे थे। उन्हें हिंदू संप्रदाय में सामाजिक परिवर्तन से ज्यादा उम्मीद राजनीतिक सत्ता प्राप्ति के माध्यम से होने वाले सबलीकरण में था। लेकिन विडंबना यही थी कि वे सबसे ज्यादा टकराव महात्मा गांधी से ही कर रहे थे और इसीलिए लगता है कि जहां गांधी अंग्रेजों से लड़ रहे थे वहीं बाबा साहेब गांधी से टकरा रहे थे। शायद इसकी वजह यह भी थी कि गांधी पूरे भारतीय समाज पर अपने नेतृत्व का दावा करते थे और अंबेडकर उस दावे को चुनौती दे रहे थे। सौदेबाजी से इसी प्रयास में अंबेडकर ने गांधी को पत्र लिखा, "अगर भारतीय राजनीतिक ध्येय प्राप्त करना है तो हिंदू-मुस्लिम समस्या के निर्णय के साथ-साथ स्पृश्य-अस्पृश्य का निर्णय करना भी आवश्यक है। जिन मुद्दों का निर्णय करना है उसे प्रस्तुत करने के लिए हम तैयार हैं।" लेकिन तब तक महात्मा गांधी डॉ. अंबेडकर से सतर्क हो चुके थे या वे जितने प्रकार की चुनौतियों से घिरे थे उसमें वे एक और चुनौती नहीं उठाना चाहते थे। उनके सामने जिन्ना की चुनौती, ब्रिटिश साम्राज्य की चुनौती और हिंदूवादी संगठनों की चुनौती मुंह बाए खड़ी थी। छह अगस्त 1944 को गांधी ने अंबेडकर को जवाब दिया, "दलित वर्ग की समस्या धार्मिक और सामाजिक है। मुझे आपके कर्तव्य की पूरी जानकारी है। आप जैसा व्यक्ति अगर मेरा सहयोगी बने तो मुझे प्रसन्नता होगी। तथापि इस महत्त्व की समस्या के बारे में आपके मतभेद हैं, यह एक बार बड़ी कीमत देने की वजह से मुझे मालूम हुआ है।"[17] यह एक तरीका था जिसके चलते गांधी अंबेडकर से किसी तरह का टकराव लेने से बचना चाहते थे। आजादी के बारे में दोनों नेताओं की अलग-अलग राय थी और वह अंबेडकर के कलकत्ता में

दिए गए बयान से जाहिर होती है। डॉ. अंबेडकर ने कहा, "नए संविधान के अनुसार हिंदुस्तान को औपनिवेशिक स्वराज्य मिलेगा। विश्व युद्ध खत्म होगा और सफलता दिखाई पड़ रही है। फिर भी आप सब संगठित रहें। वायसराय ने एक अच्छी बात की है कि उन्होंने गांधीजी से यह कहा है कि भारत में सत्ता हस्तांतरण होने से पहले हिंदुओं, मुसलमानों और अस्पृश्यों तीनों में समझौता होने चाहिए। अगर हिंदू महासभा ने हमारी मांगे स्वीकार की तो हम हिंदू महासभा से मिल जाएंगे और कांग्रेस ने स्वीकार की तो कांग्रेस से।" डॉ. अंबेडकर की इस सौदेबाजी से हिंदू महासभा विशेष रूप से उत्साहित थी। वह चाहती थी कि डॉ. अंबेडकर कांग्रेस की बजाय उसके साथ आ जाएं। इसीलिए डॉ. मुंजे ने अंबेडकर को पत्र लिखकर उनकी मांगों के बारे में पूछा लेकिन अंबेडकर ने उनके पत्र का जवाब नहीं दिया। इस बीच डॉ. अंबेडकर पर देशहित के साथ दगा करने का आरोप भी लग रहा था। इसके जवाब में उन्होंने कहा, "अस्पृश्य वर्ग समाज का एक अलग अंग है। भारत की स्वतंत्रता पर उसकी भक्ति अन्यों से तनिक भी कम नहीं है। लेकिन उसे हिंदुस्तान की स्वतंत्रता के साथ अपनी स्वतंत्रता भी चाहिए।" एक जगह उन्होंने श्रीनिवास शास्त्री के आरोपों का जवाब देते हुए कहा, "मेरे सार्वजनिक जीवन के इतिहास में मेरे हाथों कोई कलंकित काम नहीं हुआ है। भारत को अगर किसी ने दगा दिया हो तो वह अस्पृश्य वर्ग नहीं बल्कि गांधी, शास्त्री आदि लोगों ने।'' डॉ. अंबेडकर भारत की पूर्ण स्वतंत्रता के पक्ष में नहीं थे। वही पूर्ण स्वतंत्रता जिसकी प्राप्ति की घोषणा कांग्रेस ने 26 जनवरी, 1930 को रावी के तट पर तिरंगा फहराते हुए की थी। डॉ. अंबेडकर डोमिनियन स्टेटस के पक्ष में थे। यह मांग कांग्रेस ने 1908 में की थी जिसे देने के लिए अंग्रेजी राज तैयार नहीं हुआ था। अंबेडकर ने 20 मई, 1945 को बंबई में एक भाषण में कहा, "हिंदुस्तान स्वतंत्रता की अपेक्षा औपनिवेशिक स्वराज्य (डोमिनियन स्टेटस) स्वीकार करे। भारतीय लोगों से स्वतंत्रता की रक्षा करना संभव शायद नहीं है इसलिए वे औपनिवेशिक स्वराज पसंद करें। अंतरराष्ट्रीय कानून के अनुसार औपनिवेशिक स्वराज्य पूर्ण स्वतंत्रता ही है।" औपनिवेशिक स्वराज्य का मतलब कनाडा जैसे देशों की उस स्थिति से था जिसमें आंतरिक मामलों की देखभाल देशी लोगों को करना था और बाहरी मामलों का नियंत्रण साम्राज्य के हाथ में रहना था। उनके इसी विचार को कांग्रेस के लोग नापसंद करते थे। इसी मतभेद के चलते डॉ. अंबेडकर ने गांधीजी और कांग्रेस पर जून 1945 में धमाकेदार प्रहार किया। उनका मशहूर ग्रंथ 'व्हाट कांग्रेस एंड गांधी हैव डन फार अनटचेबल्स' (कांग्रेस और गांधी ने अस्पृश्यों के साथ क्या किया) प्रकाशित हुआ। ध्यान देने की बात है कि इस ग्रंथ में गांधी के नाम के साथ जी बाद में जोड़ा गया है पहले गांधी ही था। उस ग्रंथ का संक्षिप्त वर्णन करते हुए धनंजय कीर लिखते हैं, "यह

ग्रंथ वाद-विवाद के द्वेष से भरा हुआ है। शैली जोशीली और प्रभावशाली है। जानकारी और मुद्दे आंकड़ों और विश्वास पैदा करने वाली बातों से परिपूर्ण हैं। इस ग्रंथ का प्रमुख मुद्दा यह था कि कांग्रेस ने 1917 से अस्पृश्यों के उद्धार का काम शुरू किया। यह कांग्रेस कार्यसमिति के कार्यों में से एक था। कांग्रेस का प्रयोजन अस्पृश्यों की दुर्बलता प्रत्यक्षतः नष्ट करने की बजाय यह करना था कि वे राष्ट्रीय जीवन से अलग घटक न दिखाई दें। इस ग्रंथ में अंबेडकर ने गांधी के हरिजन कार्य की आलोचना की है जो स्वामी श्रद्धानंद का गौरव-परक उल्लेख किया है। उन्होंने कहा है कि श्रद्धानंद अस्पृश्यों के महान हिमायती थे। अंबेडकर ने यह भी इशारा किया है कि अस्पृश्य वर्ग गांधीजी और गांधीवाद से सचेत रहे।" इस ग्रंथ में अंबेडकर ने अछूतोद्धार के लिए जुटाए गए चंदे में भ्रष्टाचार और हरिजन सेवक संघ के कामों में गड़बड़ी का आरोप लगाया। अंबेडकर के मतानुसार गांधीवाद और कुछ नहीं, बल्कि ग्रामीण जीवन का पुनरुज्जीवन निसर्ग की ओर वापस लौटने, जानवरों जैसा जीवन विताने और आधुनिक यंत्रयुगीन मानव के लिए एक अभिशाप है। कांग्रेस और गांधी के प्रति अंबेडकर की आलोचना का तेवर कमजोर पड़ने की बजाय तेज ही होता जा रहा था। लेकिन गांधी अब उनसे सीधे टकराने से कतराते थे। शायद उन्हें लग रहा था कि जाति व्यवस्था ने अंबेडकर को कटु बना दिया है और कांग्रेस का संगठन और नेतृत्व अस्पृश्यता और जाति को मिटाने के बजाय उसे ढकने को कोशिश कर रहा है। साथ ही कांग्रेस अस्पृश्यों को दबाने की राजनीति भी कर रही है। वे अंबेडकर की तीखी आलोचनाओं से विपक्ष पर पड़ते प्रभाव को भी देख रहे थे। इसलिए उन्होंने अंबेडकर की आलोचनाओं का जवाब देने के लिए चक्रवर्ती राजगोपालाचारी और के संथानम को लगाया। धनंजय कीर के अनुसार राजगोपालाचारी का जवाब तो कमजोर था लेकिन संथानम ने काफी मेहनत और कल्पनाशीलता के साथ जवाब देने की कोशिश की। गांधी इस बढ़ती कटुता और इसके राजनीतिक खतरे को समझ रहे थे। इसीलिए आजादी मिलने के बाद उन्होंने नेहरू और पटेल को यह सलाह दी कि वे डॉ. अंबेडकर को देश के पहले मंत्रिमंडल में शामिल करें। जब उन लोगों ने डॉ. अंबेडकर के विरोध को देखते हुए आपत्तियां दर्ज कराईं तो गांधी जी ने कहा कि सत्ता भारत को मिल रही है न कि कांग्रेस को।[18] बातचीत के दौरान मौजूद रहे जी रामचंद्रन ने राजमोहन गांधी को बताया कि, "नेहरू और सरदार दोनों इस पक्ष में नहीं थे। उनका कहना था कि यह व्यक्ति लगातार कांग्रेस पर हमले करता रहा है और उसे बदनाम करता रहा है।" "रामचंद्रन के अनुसार गांधी मानते थे कि अंबेडकर को कैबिनेट में शामिल करके भारत उस पाप का प्रायश्चित कर सकेगा जो अस्पृश्यों के साथ उसने किया है।" गांधी अंबेडकर की प्रतिभा से प्रभावित थे। 26 जुलाई को जब यह तय हो

रहा था कि देश की पहली कैबिनेट में किन प्रतिभाओं को स्थान दिया जाए तो गांधी ने कहा, "हमें हर किसी की सेवा का इस्तेमाल करना चाहिए। आखिरकार वे सब हमारे देशवासी हैं। क्या नहीं हैं? अंग्रेज सरकार की सेवा करने से वे हमारे दुश्मन नहीं हो गए। गिरिजाशंकर वाजपेयी जैसे व्यक्ति ने किस तरह हमें 1942 में गाली दी थी। अगर वे हमारी मदद करना चाहें तो क्या हम उन्हें दरकिनार कर दें? इससे हमारा नुकसान होगा। अगर हम ऐसे व्यक्तियों की सलाह लेंगे तो वे अपनी बुद्धिमत्ता का प्रदर्शन करेंगे।"[19] अंबेडकर को कैबिनेट में शामिल कराने में गांधी ने किस तरह भूमिका निभाई इसका प्रमाण डॉ. अंबेडकर के जीवनीकार डॉ सीबी खैरमोड़े प्रस्तुत करते हैं। वे दिसंबर 1946 में बंबई में अंबेडकर और उनकी अंग्रेज मित्र मुरियल लेस्टेर की एक बातचीत का जिक्र करते हैं। लेस्टेर लंदन में गांधी और अंबेडकर की मुलाकात में उपस्थित थे। इस महिला ने अंबेडकर को बताया कि गांधीजी चाहते हैं कि कांग्रेस अंबेडकर को केंद्रीय कैबिनेट में शामिल करे और उनकी प्रतिभा और नेतृत्व का देश के लिए इस्तेमाल करे। डॉ. खैरमोड़े के अनुसार जब लेस्टेर को गांधी जी से बताया कि उनकी डॉ. अंबेडकर से बात हुई है तो उन्होंने पटेल और नेहरू से कहा कि वे डॉ. अंबेडकर को मंत्रिमंडल में शामिल होने के लिए आमंत्रित करें।[20] गांधी ने अंबेडकर को फुसलाने की कोशिश की थी इसका प्रमाण फरवरी 1947 में उनके पूर्वी बंगाल में दिए गए बयान से मिलता है। मुस्लिम लीग की ओर से संविधान सभा के बायकाट पर अफसोस जताते हुए गांधी ने कहा, "संविधान सभा में शामिल होने के लिए डॉ. अंबेडकर काफी हैं।" संविधान सभा में अंबेडकर के शामिल होने की कथा भी रोचक और तनावपूर्ण है। सन 1946 में वे संविधान सभा के लिए पहली बार बंगाल से चुने गए। उस समय उनकी पार्टी का नाम था आल इंडिया शिड्यूल्ड कास्ट फेडरेशन। बंगाल के 250 सदस्यीय विधानसभा में उनकी पार्टी के 26 सदस्य थे। तब कांग्रेस से उनका सहयोग कायम नहीं हो पाया था। कांग्रेस ने न तो अंबेडकर के लिए सीट खाली की और न ही उनका समर्थन किया। इस सीट को जीतने के लिए अंबेडकर को मुस्लिम लीग की मदद लेनी पड़ी। इस प्रयास में मुस्लिम लीग के नेता जोगेंद्रनाथ मंडल ने उनकी मदद की। उन्हें शूद्रों का समर्थन प्राप्त था और उन्होंने डॉ. अंबेडकर के लिए प्रचार किया। इस तरह से डॉ. अंबेडकर संविधान सभा में पहुंचे जरूर लेकिन उनकी यह सीट ज्यादा दिन रह नहीं पाई। इसी बीच देश का विभाजन हो गया और डॉ. अंबेडकर की वह सीट पाकिस्तान के हिस्से में चली गई। उनका समर्थन करने वाले जोगेंद्रनाथ मंडल पाकिस्तान चले गए और वे वहां के कानून मंत्री बन गए। लेकिन कुछ ही दिनों बाद उन्हें पाकिस्तान की हकीकत का अहसास हुआ और उन्होंने महसूस किया कि यहां अछूत समाज के साथ न्याय नहीं होगा और न ही

पाकिस्तान वादे के मुताबिक एक सेक्यूलर देश रहने वाला है। इसलिए वे भारत वापस आ गए। इधर अंबेडकर की सीट छिन जाने से वे परेशान हुए। उनके सहयोगियों ने यह भी कहना शुरू किया कि नेहरू ने साजिश करके उन्हीं जिलों की सीटें पाकिस्तान के हिस्से में डलवाई है जिनसे डॉ. अंबेडकर चुने गए थे। डॉ. अंबेडकर ने अपनी सीट हासिल करने के लिए वायसराय वावेल से बात की। वायसराय ने इस मामले में कुछ भी करने में असमर्थता जताई। हालांकि डॉ. अंबेडकर का कहना था कि जिस संविधान सभा में अछूतों का प्रतिनिधित्व नहीं होगा उसके द्वारा बनाया गया संविधान उन्हें और उनके लोगों को स्वीकार्य नहीं होगा। इसके लिए अस्पृश्य समाज के लोगों ने देश के भीतर सत्याग्रह भी शुरू किया। कांग्रेस पार्टी और नेतृत्व पर दबाव बनाने के लिए डॉ. अंबेडकर लंदन भी गए। वहां उन्होंने प्रधानमंत्री एटली से मिलकर इस बारे में दबाव बनाने का अनुरोध किया। एटली ने भी यही कहा कि यह कांग्रेस का आंतरिक मामला है और वे इस बारे में कुछ नहीं कर सकते। डॉ. अंबेडकर ने मंत्रिमंडल के अकेले अनुसूचित जाति के सदस्य जगजीवन राम से कहा कि वे भी तब तक मंत्रिमंडल में न शामिल हों जब तक उन्हें न शामिल किया जाए। डॉ. अंबेडकर की इच्छा, सत्याग्रह और तमाम प्रयासों की जानकारी कांग्रेस के नेताओं को मिल रही थी और आखिरकार उनका यह प्रयास काम आया और संविधान सभा के अध्यक्ष डॉ. राजेंद्र प्रसाद ने महाराष्ट्र के प्रधान बीजी खेर से कहा कि प्रसिद्ध विधिवेत्ता और शिक्षाशास्त्री एम. आर. जयकर के इस्तीफा देने से जो सीट खाली हुई है उस पर वे डॉ. अंबेडकर का चयन करवाएं। इस तरह डॉ. अंबेडकर को दोबारा संविधान सभा में चुन कर लाने में डॉ. राजेंद्र प्रसाद ने पहल की थी। जिस कांग्रेस पार्टी ने बंगाल प्रांत में उनके चुने जाने का विरोध किया था उसी ने उनका बांबे प्रांत से चयन करवाया। निश्चित तौर पर इस प्रयास के पीछे महात्मा गांधी की सलाह की भूमिका से इनकार नहीं किया जा सकता। अस्पृश्यता के बारे में डॉ. अंबेडकर की चेतना विद्रोही और आर्थिक, राजनीतिक मुद्दों पर आधारित थी। उसका समाधान सत्ता में हिस्सेदारी में दिखाई देता था। गांधी की चिंताएं मानवीय और आध्यात्मिक थीं और उन्हें इसका समाधान हृदय परिवर्तन में दिखाई देता था। लेकिन गांधी अंबेडकर के दबावों को लगातार महसूस कर रहे थे और इस बारे में राजनीतिक उपाय करने के लिए उनके हृदय में भी परिवर्तन हो रहा था। यही वजह थी कि अंबेडकर को गांधी की चिंताएं पाखंड लगती थीं जबकि गांधी को अंबेडकर की चिंताई वाजिब किंतु समाधान अलगाववादी लगता था। अंबेडकर गांधी पर लगातार तीखे प्रहार कर रहे थे और गांधी ने एक बार उसका कड़ा प्रतिरोध जरूर किया लेकिन बाद में उसे हर कीमत पर सहने को तैयार थे। गांधी अपने प्रतिद्वंद्वियों यों से लड़ते जरूर थे लेकिन उनके शब्द

कभी कड़े नहीं होते थे। अंबेडकर अपने प्रतिद्वंद्वियों से कानूनी, राजनीतिक, और नैतिक तर्कों से तो लड़ते ही थे और कठोर शब्दों के प्रयोग से भी वे झिझकते नहीं थे। लेकिन इन दोनों नेताओं में समानता का बड़ा आधार यही है कि हिंसा में दोनों का विश्वास नहीं था। अस्पृश्यता के बारे में गांधी की चिंता 26 अक्तूबर, 1947 को भी प्रकट होती है। वे कहते हैं कि "आज हम जो झेल रहे हैं वह अस्पृश्यता के पाप का परिणाम है।" इससे पहले जून (1947) के महीने में जब उनसे पूछा गया कि "भारतीय गणराज्य का राष्ट्रपति कौन होगा? क्या हम जवाहर लाल नेहरू को राष्ट्रपति नहीं बनाएंगे?" गांधी जी ने कहा, "अगर मेरी चले तो मैं भारतीय गणराज्य की पहली राष्ट्रपति एक पवित्र और बहादुर भंगी लड़की को बनाना पसंद करूंगा। अगर 17 साल की एक अंग्रेज लड़की ब्रिटिश साम्राज्ञी बन सकती है और बाद में भारत की साम्राज्ञी स्थापित हो सकती है तो कोई कारण नहीं है कि अपनी जनता के लिए जबरदस्त प्रेम रखने वाली और निस्संदेह विश्वसनीयता वाली लड़की क्यों नहीं इस देश की पहली राष्ट्रपति हो सकती है। उसकी आंखें सीता जैसी पवित्र होनी चाहिए और उसकी आंखों से किरणें निकलनी चाहिए। सीता में इसी तरह की चमक थी इसीलिए रावण उसे छू नहीं पाया था। अगर मेरे सपनों की ऐसी लड़की भारत की राष्ट्रपति बनती है तो जवाहर लाल नेहरू, सरदार पटेल और राजेन बाबू को उनका मंत्री बनाऊंगा और इस तरह उनका सेवक नियुक्त करूंगा।''[21] गांधी की राजनीति और उनकी महात्मा की छवि के लिए कड़ी आलोचना का भाव रखते हुए भी समय-समय पर डॉ. अंबेडकर के भीतर गांधी के लिए सम्मान और सहयोग का भाव छलकता था। इसकी एक झलक 1927 के उस महाड़ सत्याग्रह में भी दिखती है जिसमें दिसंबर की रैली में लगे टेन्ट में गांधी की फोटो थी। दो साल पहले डॉ. अंबेडकर ने बेलगाम परिषद की एक बैठक में कहा था, "जब हमारे नजदीक कोई नहीं आ रहा है तब महात्मा गांधी की तरफ से दिखाई गई सहानुभूति भी छोटी चीज नहीं है।''[22] गांधी जी डॉ. अंबेडकर से सतत संवाद चाहते थे और उन्हें अपने नेतृत्व में सक्रिय करना चाहते थे। पर ऐसा गांधी जी के चिंतन और उससे ज्यादा कांग्रेस के नेताओं की सोच के कारण नहीं हो सका। गांधी हिंदुओं और विशेष कर सवर्ण हिंदुओं का साथ छोड़ नहीं सकते थे और अंबेडकर उनके साथ जा नहीं सकते थे। दूसरी तरफ कांग्रेस के तमाम सवर्ण नेताओं को आजादी की लड़ाई के अलावा सामाजिक परिवर्तन की लड़ाई की जरूरत ही नहीं महसूस होती थी। यही वजह थी कि गांधी के आंदोलन में आरंभ में शामिल होने वाले रामास्वामी नाइकर उर्फ पेरियार जैसे नेता कांग्रेस से अलग हो गए। दूसरी तरफ सवर्ण और कट्टर हिंदुओं ने इस मुद्दे पर गांधी का कम विरोध नहीं किया। जब 1933 में यरवदा जेल से छूटने के बाद गांधी ने

छुआछूत के खिलाफ पूरे देश में अभियान चलाया तो उनके खिलाफ नारे लगाए गए और सतनामियों ने उन्हें काले झंडे दिखाए। पुणे में एक कार पर यह सोचकर बम फेंका गया कि उसमें गांधीजी यात्रा कर रहे हैं। उस हमले में सात लोग घायल हो गए। परचों में उनकी निंदा की गयी और बनारस में उनकी तस्वीरें जलाई गयी। कराची में कुल्हाड़ी लिए एक व्यक्ति पकड़ा गया जो उन पर हमले की तैयारी में था। उनके नजदीकी रिश्तेदारों और मित्रों ने उनसे संबंध तोड़ लिए और काफी बुरा-भला कहा। गांधी ने 1933-34 के बीच नौ महीनों तक हरिजन यात्रा की और इस दौरान उन्होंने महाराष्ट्र, उत्तर प्रदेश, मध्य प्रदेश, बिहार, असम, दक्षिण भारत और उड़ीसा को मिल कर 12,504 मील की यात्रा की जिसका समापन काशी में हुआ। गांधी ने काशी में विशाल रैली को संबोधित किया। उन्होंने जनवरी 1934 में बिहार में आए भीषण भूकम्प के लिए छुआछूत के पाप का दंड बताया। टैगोर ने गांधी पर अतार्किकता को बढ़ाने का आरोप लगाया। अंबेडकर विचारधारा के विशेषज्ञ प्रो. एम. एल. कसारे के अनुसार 1 मई, 1934 को महात्मा गांधी के बुलावे पर डॉ. अंबेडकर वर्धा के आश्रम में आए और गांधी से लंबी वार्ता की। उस समय डॉ. अंबेडकर के धर्म परिवर्तन के संकल्प की चर्चाएं जोरों पर थीं। कहते हैं तब गांधी ने उनसे अनुरोध किया था वे ऐसे धर्म को अपनाएं जिससे हिंदू धर्म और इस देश को कम से कम हानि हो। जब महात्मा गांधी की हत्या के आठ साल बाद डॉ. अंबेडकर ने हिंदू धर्म छोड़कर बौद्ध धर्म अपनाया तब उन्होंने गांधी जी को दिए वचन का स्मरण किया। उन्होंने कहा था कि जब समय आएगा तो वे देश के लिए सबसे कम हानिकारक पथ का चयन करेंगे। उन्होंने कहा कि बौद्ध धर्म अपनाकर उन्होंने यह सुनिश्चित कर दिया है कि इससे भारत खंडित नहीं होगा।[23] गांधी की हत्या के दो माह बाद जब अंबेडकर ने एक ब्राह्मण डॉक्टर महिला से विवाह किया तो पटेल ने उनको लिखा कि "मुझे यकीन है कि अगर बापू जिंदा होते तो वे आपको अपना आशीर्वाद जरूर देते।" जवाब में अंबेडकर ने लिखा, "मैं आपकी बात से सहमत हूं कि अगर बापू जीवित होते तो वे जरूर हमें आशीर्वाद देते।" ऐसा इसलिए क्योंकि गांधी ने तय कर लिया था कि वे उस विवाह में नहीं जाएंगे और न ही आशीर्वाद देंगे जहां एक पक्ष हरिजन न हो। महात्मा गांधी की जब हत्या हुई तो डॉ. अंबेडकर को चलने-फिरने में दिक्कत थी। उन्होनें बिड़ला भवन पहुंच कर शोक जताया और गांधी के शव के दर्शन किए। वे उनकी शवयात्रा में कुछ दूर गए भी लेकिन भीड़ ज्यादा थी इसलिए बहुत दूर नहीं जा पाए और लौट आए। गांधी की हत्या पर छह फरवरी 1948 को उन्होंने अपनी मंगेतर के पत्र के जवाब में हत्या की कड़ी निंदा की और लिखा, "क्या मैं आपके इस विचार से पूर्णतः सहमत होऊं कि महात्मा गांधी की हत्या एक मराठा के हाथों ही होनी चाहिए थी?

नहीं। मैं तो इससे भी आगे जाकर कहना चाहता हूं कि इस तरह की गंदी हरकत करना किसी के लिए भी गलत होगा। आप जानती हैं कि मिस्टर गांधी का मुझ पर कोई ऋण नहीं है और मेरे आध्यात्मिक, नैतिक और सामाजिक निर्माण में उनका कोई योगदान नहीं है। अपने समूचे अस्तित्व के लिए जिस व्यक्ति का मैं ऋणी हूं, वह गौतम बुद्ध हैं। उनके प्रति सहानुभूति न रखते हुए भी मैं शनिवार को बिड़ला हाउस गया और उनकी पार्थिव देह देखी। मुझे उनके घाव साफ दिखाई दे रहे थे। वे ठीक दिल के ऊपर थे। उनकी पार्थिव देह देखकर मैं अत्यंत द्रवित हुआ। मैं कुछ दूर तक शव यात्रा के साथ गया, क्योंकि मैं अधिक चलने-फिरने लायक नहीं था। अतः मैं घर लौट आया और फिर यमुना किनारे राजघाट पर गया। लेकिन मैं श्मशान स्थल पर नहीं पहुंच पाया क्योंकि मैं भीड़ के घेरे को तोड़ने में असमर्थ था।'' हालांकि डॉ. अंबेडकर ने गांधी की हत्या को तमाम बाधाओं से मुक्ति का मार्ग प्रशस्त होने के रूप मे भी देखा और अपनी मंगेतर को लिखे खत में रोम साम्राज्य में जूलियस सीजर की हत्या के बाद व्यक्त सिसरो के उद्गार से माध्यम से अपनी बात कही। सिसरो ने कहा था, "अच्छा हुआ अब स्वतंत्रता का सवेरा उदय हुआ है।'' महात्मा गांधी की हत्या के नौ माह बाद भारतीय संविधान सभा ने 29 नवंबर 1948 को अस्पृश्यता के उन्मूलन की घोषणा कर दी। उस समय संविधान सभा में यह घोष गूंजा- महात्मा गांधी की जय। गांधी और अंबेडकर के टकरावों और समन्वय के बाद भारतीय समाज में आए परिवर्तन पर आज भी बहस चल रही है और आगे भी चलती रहेगी। महात्मा गांधी ने जाति के समूल विनाश की अंबेडकरी क्रांति को रोक लिया या उसे धीमा करके उसकी जरूरत को सवर्णों के दिल में भी उतार दिया? गांधी ने भारत की आजादी और हिंदू-मुस्लिम एकता का एजेंडा पूरी तरह छोड़कर जाति उन्मूलन का एजेंडा क्यों नहीं अपनाया? गांधी के अनशन के बाद अंबेडकर और सवर्ण कांग्रेसी नेताओं के बीच हुए पूना समझौते से दो गुनी सीटें मिलने के बावजूद अछूत समाज का हित हुआ या अहित? गांधी और अंबेडकर के बीच हुआ समझौता क्या आगे चलेगा या फिर उसे तोड़ने का आंदोलन विकसित होगा? क्या पूना समझौता तोड़ने से ही जाति के उन्मूलन की नई राजनीति निकलेगी? या संघ परिवार के नेतृत्व में निकली हिंदुत्व की नई लहर अंबेडकरवाद को हजम कर जाएगी? यह तमाम सवाल आज भी देश के दलित-सवर्ण युवाओं और बौद्धिकों को मथ रहे हैं। जब-जब देश में आरक्षण का विवाद छिड़ता है तो पूना समझौते का जिक्र आता है। बाबा साहेब अंबेडकर दो बार लोकसभा का चुनाव हारे और इसके लिए उन्हें पूना समझौते की खामी जिम्मेदार लगी। 1951 में डॉ. अंबेडकर उत्तरी बांबे से डबल मेंबर सीट पर चुनाव लड़े और कांग्रेस के नारायण सडोबा कजरोल्कर से हार गए। वजह थी कि कांग्रेस का उम्मीदवार चमार था और

अंबेडकर महार। चमार जाति को कांग्रेस ने लंबे समय तक अपने से जोड़कर रखा था। कजरोल्कर अंबेडकर द्वारा हिंदू धर्म के विरोध को मुद्दा बनाया था। इसी तरह अंबेडकर 1954 के उपचुनाव में भंडारा से लड़े और वहां भाउराव बोरकर से हार गए। जबकि वे डॉ. अंबेडकर की सभाओं में दरियां बिछाने का काम करते थे। बाद में यह घटनाएं मुद्दा बनीं और अस्सी व नब्बे के दशक में पूना समझौते को रद्द करने और कम्युनल अवार्ड बहाल करने की मांग उठी। तमिलनाडु में रविकुमार ने आंदोलन चलाया तो कांशीराम ने 24 सितंबर, 1982 को पूना समझौते के पचास वर्ष होने पर उसकी शोक सभा मनाई। उन्होंने पूना से जालंधर तक साठ रैलियां कीं और इंदिरा गांधी ने उस समझौते की स्वर्ण जयंती मनाने का इरादा छोड़ दिया। आज गांधीवादी विचारधारा और उन पर चलने वाले कांग्रेस और समाजवादी दलों का ही नहीं डॉ. अंबेडकर के विचारों पर चलने वाली बसपा के भी अवसान का समय है। गांधी और अंबेडकर को नए सिरे से ब्रांड और पोस्टर ब्वाय के रूप में अपनाने की होड़ पार्टियों और कंपनियों में मची है। लेकिन भारतीय समाज में न तो छुआछूत पूरी तरह से मिटी है न ही जातीय विभाजन। हिंदू समाज पुराने मूल्यों को नए संदर्भों में प्रासंगिक करने में लगा है और उसमें उन मूल्यों की प्रधानता है जिन्हें अंबेडकरवादी राजनेता मनुवादी विचार कहते थे। ऐसे में गांधी और अंबेडकर आधुनिक भारत की दो धाराओं के रूप में सामने आते हैं जो अपने मकसद के लिए एक-दूसरे के करीब आते-आते दूर जाते हुए भी दिखते हैं। गांधी ने धार्मिक और भारतीयता के आग्रही होते हुए भी यूरोप की तर्ज पर एक धर्मनिरपेक्ष राज्य की स्थापना की और भारत के विभाजन को रोक पाने में विफल रहने के बावजूद अपनी यह बात सच साबित कर दी कि देश का विभाजन मेरी लाश पर होगा। उन्होंने आजीवन उसी सत्य और अहिंसा के धर्म का पालन किया जो अंबेडकर के बौद्ध धर्म का मूल है। डॉ. अंबेडकर ने समय-समय पर कमाल अतातुर्क और मुसोलिनी जैसी तानाशाही व्यवस्था का समर्थन करते हुए भी देश को एक लोकतांत्रिक संविधान दिया और राजनीतिक होते हुए भी अपनी और समाज की मुक्ति का मार्ग (बौद्ध) धर्म में देखा। सूट-बूट पहनने वाले और महात्मा गांधी और उनके अनुयायियों को ठीक से वस्त्र न पहनने के लिए उलाहना देने वाले अंबेडकर ने चीवर पहनकर बौद्ध धर्म धारण किया और यह भी कहा, "मेरा सामाजिक दर्शन केवल तीन शब्दों में रखा जा सकता है। वे शब्द हैं : स्वतंत्रता, समता और बंधुत्व। मैंने इस दर्शन को फ्रांसीसी राज्य क्रांति से उधार नहीं लिया है। मेरे दर्शन की जड़ें धर्म में हैं राजनीति में नहीं। मेरे गुरु बुद्ध के व्यक्तित्व और कृतित्व से मुझे यह तीनों मूल्य मिले हैं।" यहां डॉ. अंबेडकर का वह कथन रोचक हो जाता है कि जब उन्हें रामायण की रचना करनी हुई तो उन्होंने वाल्मीकि को बुलाया, जब महाभारत की रचना करनी

हुई तो वेदव्यास को बुलाया और जब संविधान बनाना हुआ तो मुझे बुलाया।" धनंजय कीर ने तो संविधान निर्माता के रूप में उन्हें आधुनिक मनु कहा भी है। मनुवाद का विरोध करने वाले व्यक्ति के लिए यह विशेषण रोचक और विडंबनापूर्ण है। अरुंधती राय जब गांधी को संत और अंबेडकर को डॉक्टर कह कर संबोधित करती हैं तो उनका अर्थ झोलाछाप झाड़फूंक वाले फर्जी वैद्य और डिग्री धारी असली डॉक्टर से होता है। वे जब गांधी के इलाज को प्लेसिबो इफेक्ट से जोड़ती हैं तो वे अंबेडकर को वैज्ञानिक प्रभाव वाला व्यक्ति बताते हैं। लेकिन वे अल्पसंख्यकों की समस्या के बारे में अंबेडकर के विचारों पर कुछ नहीं कहतीं। जबकि अंबेडकर के धर्मनिरपेक्ष अनुयायियों को भी उनके यह विचार अच्छे नहीं लगते। लेकिन उससे भी आगे अंबेडकर के चिंतन में औपनिवेशिक विमर्श की अनुपस्थित बहुत अखरती है। "वे (अंग्रेज) जल्दी आए और जल्दी चले गए" जैसा कथन अंग्रेजों की गुलामी को सही बताने की दिशा में जाता है। संभव है अंबेडकर का दलित राष्ट्रवाद भारत को नए चश्मे से देखने का हिमायती हो और उसकी विस्तृत व्याख्या वे लोग करने की कोशिश करते हैं जो दलित देशीयता की बात करते हैं। अंग्रेजों के साथ खड़े होने की यह राजनीति गांधी के बरक्स तो एक हद तक मजबूती से खड़ी हो जाती है लेकिन उन आदिवासियों और क्रांतिकारियों के संघर्ष के सामने कमजोर लगती है जिन्होंने अंग्रेजों से युद्ध किया और शहीद हुए। सत्तावन के अनुभव से भयभीत महात्मा गांधी अहिंसा के हथियार से औपनिवेशिक गुलामी, हिंदू-मुस्लिम एकता और अस्पृश्यता उन्मूलन के सवालों पर एक साथ लड़ते हैं और कई मतभेदों के बावजूद अपने समर्थकों को बदलने और लड़ाई लड़ने की कोशिश करते हैं। संत और डॉक्टर का यह विरोधाभास लेखों में तो गांधी पर वार करता दिखता है लेकिन समाज की सम्यक लड़ाई में यथार्थ की जमीन पर गांधी को कटघरे में नहीं खड़ा कर पाता। ज्यादा से ज्यादा यह अंतर्विरोध भारतीय इतिहास की दो जरूरी धाराओं का अंतर्विरोध लगता है और जिनकी एकता असंभव लेकिन अपरिहार्य लगती है। गांधी और अंबेडकर को अपनी इन बदलती भूमिकाओं को देखते हुए पंडित सुंदरलाल का वह कथन याद आता है जो उन्होंने गांधी और माओ के बारे में कहा था। उन्होंने कहा था कि माओ के हाथ में लाठी दे दो तो वे गांधी लगेंगे और गांधी के हाथ में बंदूक दे दो तो माओ लगेंगे। सवाल उठता है कि क्या भारतीय समाज गांधी और अंबेडकर की भूमिकाओं को बदलकर द्वंद्व के साथ राजनीतिक आजादी और सामाजिक आजादी के रूप में बनी इतिहास की खाई को पाट पाएगा?

सन्दर्भ

1. धनंजय कीर, डॉ. बाबा साहेब अंबेडकर : जीवन चरित
2. एनीहिलेशन आफ कास्ट
3. वर्शिपिंग फाल्स गाड
4. धनंजय कीर, डॉ. बाबासाहेब अंबेडकर, जीवन चरित, पृष्ठ 163—166
5. वही
6. डॉ. सूर्यनारायण रणसुभे, डॉ. भीमराव अंबेडकरः व्यक्तित्व विकास, पृष्ठ संख्या - 49
7. राजमोहन गांधी, मोहनदास, पृष्ठ संख्या - 360, पेंग्यून बुक्स
8. वही, पृष्ठ संख्या - 361, पेंग्यून बुक्स
9. राजमोहन गांधी, मोहनदास- असाल्ट विथ साल्ट, पेंग्यून बुक्स
10. राजमोहन गांधी, मोहनदास, पेंग्यून बुक्स
11. डॉ. भीमराव अंबेडकर, जातिभेद का बीजनाश, अनुवादकः डॉ. अनिल गजभिए, सम्यक प्रकाशन
12. वही
13. धनंजय कीर, डॉ. बाबा साहेब अंबेडकर : जीवन चरित, पृष्ठ 329
14. वही
15. डॉ. सूर्य नारायण रणसुभे, बाबा साहेब अंबेडकर
16. वही
17. धनंजय कीर, वही
18. राजमोहन गांधी, कास्ट एंड आउटकास्टः द गुड बोटमैन
19. वही
20. वही
21. वही
22. गेल आम्वेट, दलित एंड न्यू डेमोक्रेटिक रिवल्यूशन
23. धनंजय कीर, डॉ. अंबेडकरः जीवन चरित

(अरुण कुमार त्रिपाठी इंडियन एक्सप्रेस, जनसत्ता, हिंदुस्तान में वरिष्ठ पदों पर रहें हैं। माखनलाल चतुर्वेदी राष्ट्रीय पत्रकारिता विश्वविद्यालय भोपाल और महात्मा गांधी अंतर्राष्ट्रीय हिंदी विश्वविद्यालय वर्धा में प्रोफेसर एड्क्टजं ***के साथ कई पुस्तकों के लेखक है।)***

दलित चेतना और गांधी

- अरविन्द मोहन

जन कवि नागार्जुन ने बेलछी नरसन्हार के बाद एक विलक्षण कविता लिखी 'हरिजन गाथा'। हिन्दी या सम्भवत: किसी भी भारतीय भाषा में ऐसी कविता नहीं होगी और उसमें स्वामी विवेकानन्द के इस उद्घोष की प्रतिध्वनि सुनी जा सकती है जिसमें उन्होने कहा था कि भारत शूद्रों का होगा। बाबा नागार्जुन ने इस सीधी भविष्यवाणी के साथ-साथ वह पूरा खाका भी उपस्थित किया है जो श्यामवर्ण हरिजन शिशु के साथ पूरी भारतीय परम्परा के श्रेष्ठ तत्वों के आ जुटने की कल्पना के साथ बनता है- उस बच्चे की अभी की कमजोरी और बेचारगी तो है ही। पर हमारे अधिकांश दलित बौद्धिकों को यह कविता मुख्य रूप से इसी चलते नापसन्द है कि इसमें बाबा ने दलित की जगह हरिजन शब्द का प्रयोग किया है. एक तो यह शब्द अगर संवैधानिक नहीं है तो असंवैधानिक भी नहीं है। दूसरे दलित शब्द का प्रचलन हाल का है- बेलछी कांड के दिनों में तो यह हिन्दी पट्टी में सुना भी नहीं गया होगा। बिहार समेत काफी बड़े इलाके में यह हरिजन शब्द आज भी प्रचलन में है और इसे गांधी के दलित प्रेम का प्रसाद ही माना जाता है। खैर, दलितों का यह हरिजन बैर अकारण हो ऐसा भी नहीं है- बल्कि उसकी जड़ें और ज्यादा गहरी हैं। गांधी बाबा ने उनका कुछ बिगाड़ा या बनाया यह बहस का विषय हो न हो पर गांधी के हरिजन प्रेम पर आपत्ति करने का हक उनको तो है ही। गांधी ने अपनी ओर से प्रेम से या राजनैतिक-सामाजिक जरूरत के लिहाज से उनको अपनाया या उनके प्रेम का दिखावा किया यह भी बहस का मुद्दा हो सकता है पर जिनको यह 'सुधार' और प्रेम दिया गया उनको भी तो कोई राय रखने का अधिकार है। गांधी के हरिजन उद्धार से दलितों को क्या मिला इसका मूल्यांकन करने का सर्वाधिक अधिकार तो उनको ही है। दूसरी ओर यह भी सही है कि गांधी ने अगर अपने आन्दोलन को व्यापक किया और अहिंसक ढंग से दुनिया की सबसे बडी सैनिक सत्ता को पछाड़ दिया तो यह काम तभी सम्भव हुआ जब आन्दोलन में दलितों, आदिवासियों,

पिछड़ों और औरतों ने बडे पैमाने पर हिस्सा लिया। अगर मुल्क का एक और विभाजन नहीं हुआ तो उसका श्रेय बाबा साहब अंबेडकर को भी उतना ही (अगर ज्यादा न हो तो) देना होगा जितना गांधी को। जाहिर तौर पर यह काम न तो जादू से हुआ न अंगरेजी कृपा से। हजारों साल से शोषित और अपमनित दलितों , आदिवासियों, पिछड़ों और महिलाओं को आजादी की लड़ाई में हिस्सेदारी लायक बनाना भी एक बड़ा काम था और गांधी बाबा इस मोर्चे पर भी लड़ें, सचेत रहे। उन्होने समाज के इन वर्गों के साथ संबाद बनाया और उनको जोड़ा। गांधी के अनेक सबसे प्रिय और भरोसेमन्द लोग पूरा जीवन लगाकर यही काम करते रहे और यह क्रम गांधी के बाद तक चला। ठक्कर बापा और नारायण दास, केवल रतन मलकानी जैसे नाम ऐसे ही हैं जिन्होने गांधी के इन्हीं कामों में जीवन लगा दिया। गांधी के आन्दोलन ने खादी, ग्रामोद्योग, देसी इलाज पद्धतियों समेत अनेक उन क्षेत्रों में भी उसी तत्परता से ध्यान दिया जितना राजनैतिक आजादी के सवाल पर। दलित चेतना जगाने और जैसा भी हो अंगरेजों द्वारा लाये पहली बार किसी कायदे कानून का राज कायम होने का लाभ अपने समाज को दिलाने में बाबा साहब अंबेडकर समेत अनेक दलित और द्विजेतर नेता भी लगे रहे। इस प्रयास को आज भी अनेक लोग अंगरेजी हुकुमत के पक्ष में खड़ा होना करार देने की गलती करते है।

तब अलग-अलग तरफ से हुई कोशिशों और आजाद भारत के संवैधानिक प्रावधानों और अपने दम पर खड़ा दलित आन्दोलनों के चलते समाज के इन सबसे कमजोर वर्गों में आये बदलावों (अभी काफी बदलाव और आने चाहिये) के लिये गांधी, अंबेडकर, मलकाणी जैसे महापुरुषों के काम-काज का लेखा-जोखा लेने की जरूरत यहाँ नहीं है पर कहीं न कहीं बात गांधी बनाम अंबेडकर की बहस पर आकर ठहर सी गई है, खास कर सचेत दलित जमातों में। निस्सन्देह उनके मूल्यांकन में बाबा साहब आगे होंगे, उनकी नजर में बाबा साहब का दर्जा बहुत ऊपर होगा (एनसीआरटी पाठ्य पुस्तक वाली बहस में तो दलित बौद्धिकों का एक समूह उन्हें देवता ही बताने में जुटा था)। दूसरी तरफ यह भी हुआ है कि स्वच्छ ढंग से मानव मल का निपटान करने में सुलभ जैसे समूह को छोड़ दें तो औरत, दलित, आदिवासी मोर्चे पर ही नहीं खादी, ग्रामोद्योग, शराबबन्दी और प्राकृतिक चिकित्सा जैसे प्रभावी गांधीवादी मोर्चों पर काम बन्द सा ही है। उधर अंबेडकर की पूरी सोच की राजनीति न सही, खालिस दलित राजनीति का, दलित लेखन का सिक्का बुलन्द हुआ है। संविधान, जिसे दलित जमात सिर्फ और सिर्फ बाबा साहब का बनाया मानते हैं, से दिये गये अधिकारों को पाकर भी साठ-पैंसठ वर्षों में दलितों की अच्छी-खासी आबादी ठीक-ठाक स्थिति में आ गई है- पहले से बेहतर हाल तो और भी ज्यादा लोगों का हुआ है। गांधी के अनुयायियों और उनके आन्दोलनों के इस हाल और बाबा साहब के विचारों

और सामाजिक भेदभाव विरोधी आक्रोश के मौजूदा परिणामों के बारे में बात करनी हो तो काफी विस्तार में जाने की जरूरत होगी, लेकिन इतना कहने में हर्ज नहीं है कि अकेले दलितों के जीवन में बदलाव और प्रभाव का पैमाना हो तो 30 जनवरी, 1948 तक गांधी और अंबेडकर के प्रभावों में कोई तुलना नहीं की जा सकती। पूरे हिन्दी प्रदेश में और महाराष्ट्र से इतर भारत में तब दलितों में से ही कितने होंगे जिन्होने बाबा साहब का नाम भी सुना होगा। और जिन्होने सुना भी होगा उन्हें सुनने लायक बनाने में गांधी के आन्दोलन की कितनी बड़ी भूमिका होगी यह हिसाब लगाना और भी मुश्किल है। राष्ट्रीय आन्दोलन के गर्भ से निकले संविधान को बनाने में बाबा साहब की भूमिका काफी बड़ी थी पर वह भूमिका देने से लेकर अधिकांश प्रावधानों पर गांधी के राष्ट्रीय आन्दोलन का कितना प्रभाव था और गांधी को क्यों राष्ट्रपिता का दर्जा दिया गया यह सब गिनवाने की जगह यह नहीं है। ऐसे में यह चीज हैरान करने वाली है कि जब बाबा साहब का प्रभाव बढता गया, दलित शिक्षित और संगठित हुये, उनका अन्दोलन पूरे मुल्क में प्रभावी हुआ तब बाकी लोग जो भी मानें लगभग पूरा का पूरा सचेत दलित समाज गांधी को अपना दुश्मन मानने लगा. पूना पैक्ट को दलित विकास की सबसे बड़ी-बड़ी कहा जाने लगा, और हरिजन शब्द को अपमानजनक करार दिया जा रहा है। गांधी के बाद दलितों और कमजोर वर्गों में काम करने वाले गांधीवादी कार्यकर्ताओं की कोताही, गांधी का नाम जपने वाली सरकारों के एजेंडों से हरिजन उद्धार समेत रचनात्मक कामों का गायब होते जाना और समाज में दलित विरोधी व्यवहारों का जारी रहना जैसे कारण तो असानी से समझ में आते हैं पर इस दौरान सामाजिक अन्याय के प्रति बाबा साहब की तरह का आक्रोश अधिक दलितों के मन में आना भी बड़ा कारण है। आरक्षण समेत अन्य कई प्रावधान राष्ट्रीय आन्दोलन की गर्भ से निकले हों या बाबा साहब के दिमाग से, इन्होंने भी धीरे-धीरे लाभ पहुंचाना शुरु कर दिया है। अक्सर लाभ पाने वाला तबका अपने समाज से कटने की कोशिश करता है, लेकिन कुछ लोग जरूर हैं जिन्हे अपने समाज के सुख-दुख की चिंता है। कांसीराम जैसे लोग उनमें अग्रणी हैं जो पूरी तरह बाबा साहब की लाइन पर न चलते हुये भी दलित समाज (और सही अर्थ में पूरे समज के लिये) काफी बड़ा काम कर गये। दलितों की स्थिति सुधारने और उनके मन में जगह बनाने में गांधी और उनके आन्दोलन की भूमिका पर नये संदार्भों में कभी बात नहीं होती- पहले सिर्फ जय-जय होता था। यह चर्चा जरूर होनी चाहिये। उनके योगदान का निरपेक्ष मूल्यांकन भी होना चाहिये। पर बहुत साफ लगता है कि दलितों की स्थिति को युगों-युगों से बदहाल रखने वाली जाति-व्यवस्था पर चोट न करना और समय-समय पर भंगियों समेत सभी दलितों को अपनी जाति से जुड़े पेशे को करते रहने के पक्ष में बयान देकर गांधी ने उनकी नाराजगी को बढ़ाया है और यही दो चीजें उनके सभी बाकी कामों पर

भारी पड़ गई हैं। अब जो बात सही लगे उसे न कहने की चालाकी अगर गांधी जैसा आदमी करता तो उसकी महानता क्या रहती पर जिन्हें जन्म-जन्म से जाति व्यवस्था के दुष्परिणाम भुगतना पड़ रहा हो उनको ये कथन तो जले पर नमक जैसे ही लगते होंगे।

गांधी ने ये बयान बिना सोचे-समझे नहीं दिये होंगे और ना ही यह बात छुपी हुई है कि वे जाति-व्यवस्था को मानते थे। एक दौर में जरूर वे अंतर-जाति विवाह को बढ़ावा देने लगे थे, पर लगता है कि उन्हें जल्दी ही समझ में आ गया कि जिस जाति ने बुद्ध के आन्दोलन को निगल लिया (स्वयं अंबेडकर भी इससे मुक्ति के लिये बौद्ध बने पर वहाँ भी नव बौद्धों की एक नई जाति बन गई) उससे टकराने का मतलब राष्ट्रीय आन्दोलन की बाकी बातों को भूल जाना होगा। जाति के सवाल से शंकराचार्य भी टकराये थे जिन्होंने हिन्दू समाज या सनातनी हिन्दू स्माज को एकजुट करने का भारी काम किया। लेकिन जल्दी ही उन्होंने इसे माया बताकर कन्नी काट ली थी। लगता है कि गांधी भी यही कर रहे थे। वे जाति की जगह इसके भेदभाव को हटाकर काम निकालना चाहते थे। काश, ऐसा होता! पर सामाजिक श्रेणी रहे, ऊंच-नीच रहे और भेदभाव न हो यह कैसे सम्भव है। यह भी हो सकता है कि गांधी जाति को श्रम के बंटवारे से जोड़ते हों और जातिगत ऊंच-नीच को नहीं मानते हों। खुद उनका और उनके आन्दोलन का आचरण तो यही कहता है। शौचालयों की सफाई और मृत पशुओं के चर्म से अहिंसक चर्मकारी से लेकर गांव की गन्दगी हटाने का काम हर कांग्रेसी कार्यकर्ता ने खुशी-खुशी किया।

गांधी सफाई के काम को बहुत ऊंचा मानते थे। उनका मानना था कि ब्राह्मण और भंगी दोनों ही सफाई का काम करते हैं। ब्राह्मण ज्ञान से यह करता है और भंगी श्रम से। इनमें से कोई भी अपना काम छोड़ दे तो हिन्दुत्व गायब हो जायेगा। एक जगह वे कहते हैं (यंग इंडिया, 13/8/25) कि गैर-बराबरी की अवधारणा में दोष है- वर्णाश्रम संकीर्ण अवधारणा नहीं है। नवजीवन के 11 जनवरी, 1925 के अंक में (छुआछूत सम्बन्धी उनकी ज्यादातर बातचीत और लेखन इसी दौर का है) उनकी यह चर्चित कामना छपी है कि मैं अगला जन्म भंगी के रूप में लेना चाहता हूँ। एक जगह पर वे यह भी कहते हैं कि मैं सफाई को सबसे सम्मानित काम मानता हूँ (हरिजन, 10/1/34). एक अन्य जगह वे कहते हैं कि मैं जन्म से गैर-ब्राह्मण हूँ लेकिन कर्म से भंगी या सफाई का काम करनेवाला हूँ। जब मान्यता, निजी आचरण, अपने आन्दोलन के पक्के लोगों के आचरण और आन्दोलन के प्रवाह में थोडे बड़े समाज में सफाई का काम करा लेने का हो तो हमें गांधी सफल और सही दिखते हैं। इन कामों के साथ अपने कार्यकर्ताओं को गन्दी बस्तियों, खासकर दलित बस्तियों में लगाना, उनकी सफाई, स्वास्थ्य, शिक्षा को प्राथमिकता बनाना, उनकी शराबखोरी-नशाखोरी और गन्दी आदतों पर चोट करने का काम भी गांधी के आन्दोलन में हुआ। इन सबसे दलित

समाज की जड़ता टूटी, उनमें वोट के अधिकार से लेकर कई अन्य सवालों पर चेतना बनी जो आगे चलकर उनके उभार और जाति-व्यवस्था पर चोट करने वाला साबित हुई।

इसलिये जब आन्दोलन उतार पर आया तो सबसे अधिक और प्रभावी जड़ता दलितों के जीवन में ही लौटी। इसका कारण शायद यह था कि वही सबसे कमजोर थे। गांधी और उनके आन्दोलन ने ब्राहमण और भंगी के काम को एक समान महत्त्व देने की बात की, पर कितना बराबर व्यवहार किया, इस पर सवाल उठाये जा सकते हैं। लेकिन हर व्यक्ति के श्रम की कीमत में क्या और क्यों अंतर रहें इस पर बात न करने से लेकर सामाजिक मानकों पर बराबरी की बात न करने से इसका सारा प्रभाव जल्दी ही उतर गया। डॉक्टर की मजदूरी ज्यादा हो और सफाई कर्मचारी की कम , डॉक्टर की सामाजिक हैसियत ज्यादा हो और दूसरे का कुछ भी नहीं यह सवाल गांधी ने नहीं बनाया। शायद वे चीजों को इस नजरिये से देखते-सोचते ही नहीं थे। लेकिन जब जरूरत हुई तो उन्होंने कुछ ऐसे बचाव किये और जाहिर है ऐसा आचरण भी किया ही होगा जिसकी हमारी व्याख्या भी गांधीवादी नहीं हो सकती। और उसके आधार पर दलित उनको अपना विरोधी या दुश्मन मानने लगें तो उनके व्यवहार में कोई गलती नहीं दिखेगी। 20/4/46 के 'हरिजन' अंक में वे सफाई कर्मचारियों की हड़ताल को गलत बताते हुये कहते हैं कि माँ और सफाई कर्मचारी हड़ताल कर ही नहीं सकते.एक मायने में यह बहुत बड़ा बयान है, लेकिन मजदूरी और रोजगार के मामले में सबसे निचले पायदान पर रहने वाले सफाई कर्मचारी की यथार्थवादी स्थिति से देखें तो गांधी बाबा 'दोषी' नजर आयेंगे। गांधी वर्ण व्यवस्था का समर्थन इस हद तक करते हैं कि शूद्रों को सेवा की ड्यूटी पकडातें ही हैं, वे यह भी कहते हैं कि अगर वे अपना काम पूरी निष्ठा से करते हैं तो भगवान उन्हें काफी कुछ देगा (यंग इंडिया, 21/1/21)। हम जानते हैं कि कई धर्मशास्त्र (सौभाग्य से हिन्दुओं का कोई एक धर्म शास्त्र नहीं है) शूद्र को सम्पत्ति रखने का अधिकार नहीं देते। अगर बीसवीं सदी में आकर कोई इस हद तक वर्ण-व्यवस्था को समर्थन करेगा तो हर दिन, हर पल अपमान और जलालत झेलने वाले समाज के लोग उसको अपना 'बापू' और राष्ट्रपिता मानने से हिचकें, इसमें कुछ भी अस्वाभाविक नहीं है। गन्दा साफ करना, झाडू लगाना, मरे मवेशियों को ठिकाने लगाना किसी भी सामान्य व्यक्ति के लिये अपने से चुना हुआ विकल्प नहीं हो सकता। ज्यादा सम्भव यही है कि मजबूरी में या लगभग पीट-पीटकर उन लोगों को इस काम में जोत दिया गया होगा। गांधी के दौर तक कई राज्यों में कानून थे सफाई कर्मी को वह काम करना ही होता था। काम न करने पर उन्हें जुर्माना और सजा होती थी। इसका विरोध हुआ। इन सबके बाद जब गांधी खुद को शूद्र कहते थे, सफाई को सबसे प्रिय काम बताते थे, अगले जन्म में भंगी के घर जन्म लेने की सार्वजनिक कामना करते थे तो सबको न सही दलितों के एक वर्ग को यह सब जले

पर नमक छिड़कने वाला लगता हो तो इसमें कुछ भी गलत नहीं माना जा सकता. और इन स्ब मामलों में स्पष्ट कानूनी प्रावधान कराने और संगठित ढंग से उन्हें हासिल करने का प्रयास करने वाले बाबा साहब धीरे-धीरे इस मुल्क के दलितों के प्रेरणा पुरुष बन जायें तो इसमें हैरान होने वाली बात कौन सी है। बाबा साहब अंबेडकर का अपना जीवन संघर्ष ही उन्हें काफी समझ दे चुका था। कमजोर आर्थिक-सामाजिक हैसियत एक स्तर पर असुरक्षा का बोध भी देती है। कारण चाहे जो हों वे समाज के खुद से अपना नैतिक सुधार करने, आत्मपरिवर्तन और दिल बदलने जैसी चीज से दलितों की स्थिति सुधर जाने की बातों में भरोसा नहीं करते थे। इसकी जगह वे लिखत-पढत वाली व्यवस्थाओं के हिमायती थे, कानून बनाने के पक्षधर थे। उन्होने यह किया भी और अनेक मामलों में दूरगामी प्रभाव वाले फैसले किये, कराये, कानून बनाये। उनकी तुलना में गांधी नैतिक बल पर ज्यादा जोर देते थे। सामाजिक सुधार और उसमें भी दलितों की स्थिति के बारे में तो उनका जोर समाज के स्वयं सुधार करने का था। उनके प्रयासों से जब छुआछूत दूर करने की मुहिम चली, मन्दिर प्रवेश आन्दोलन चला, तो यह चीज साफ दिखी। पुणे, बनारस और देवघर के पंडित-पंडों को छोडकर बाकी समाज का व्यवहार ऐसा था मानो गांधी उसके सीने से कोई बोझ उतार रहे हों। हिन्दी भाषी क्षेत्र में जहाँ बबा साहब का खास प्रभाव न था और गांधी ही सब कुछ थे, छुआछूत कुछ खास दूर तो नहीं हुआ (कई बार यह आज भी दिखता है) पर सार्वजनिक तौर पर इसका बचाव करने का दुस्साहस शायद ही कोई कर सकता हो। पर हम पाते हैं कि समय बीतते जाने के बाद गांधी सिर्फ नैतिक बदलाव, समाज के आत्म सुधार और पाप-पुण्य विवेक की जगह कानूनी इंजाम करने में भी कोई हर्ज नहीं देखते थे. छुआछूत विरोधी कानून, जातिगत भेदभाव बरतने पर सजा वाला कानून हो या दलितों-आदिवासियों को आरक्षण देने की व्यवस्था, यह सब राष्ट्रीय आन्दोलन की ही पैदाइश हैं और ये उसी प्रमुखता से हमारे संविधान में दर्ज हुई जैसे कि आजादी, धर्मनिरपेक्षता, सार्वभौम वयस्क मताधिकार, संघीय शासन प्रणाली और मौलिक अधिकार वगैरह। गांधी ने अंत तक व्यक्ति और समाज के अपने विवेक से बदलाव पर अविश्वास नहीं किया और स्थायी बदलाव के लिये इन्हें भी जरूरी मानते रहे लेकिन कानूनी इंतजाम से भी उन्हें परहेज नहीं रह गया था। दूसरी ओर हम पाते हैं कि जो अंबेडकर समाज और व्यक्ति के अपने मन के बदलाव और सुधार पर अविश्वास करते थे और लिखत-पढत की बातों पर भरोसा करते थे बाद में जाति व्यवस्था से तंग आकर बौद्ध बन गये। यह लिखत-पढत और कानूनी बदलाव की बात पर अविश्वास हो न हो लेकिन अपने अन्दर के बदलाव से चीजों के बदलने की बात पर भरोसा करना तो था ही।

बहरहाल गांधी ने सामाजिक भेदभाव मिटाने को सर्वोच्च प्राथमिकता नहीं बनाया, हर बात के लिये कानून की वकालत नहीं की, दलित समाज जितनी तल्खी और बेचैनी से जातिगत भेदभाव, अपमान और अभाव को महसूस नहीं किया और कई बार वर्णाश्रम धर्म जैसी पुरानी और अनेक अर्थों में भेदभावपूर्ण व्यवस्था के पक्ष में खुले बयान दिये, लेकिन इन सबको अनिवार्यत: ऐसा दलित विरोधी काम मान लिया जाय जिसके लिये वह समाज उन्हे अपना दुश्मन माने तो यह उनके साथ सरासर अत्याचार होगा। हम गांधी के काम को, सोच को, दर्शन को देखते हैं तो साफ लगता है कि वे एकसाथ सैकड़ों मोर्चों पर लड रहे थे, जरूरत के हिसाब से प्राथमिकतायें बदल रहे थे और समाज की एकदम अलग अवधारणा से काम कर रहे थे। खादी का मामला इसका सबसे अच्छा गवाह है, जब उन्होंने कई सौ साल पुरानी तकनीक वाले चरखे से मैंचेस्टर की आधुनिक फैक्टरियों को पछाड़ने के साथ इस मुल्क में सामाजिक-आर्थिक-राजनैतिक क्रांति की। जिस राजनीति को सारे दार्शनिक नैतिकता से दूर की चीज मानते थे उसमें नैतिकता की स्थापना को ही गांधी ने मुख्य राजनैतिक काम माना और स्थापित किया। जिस व्यापार को मुनाफा और मौके के अनुसार ज्यादा धन कमाने के दर्शन से दुनिया देखती आई है, उस अर्थशास्त्र में भी प्रेम, करुणा और नैतिक मूल्य स्थापित करना उनका काम था. जिस विभाजन को वे अपनी लाश पर होने की बात करते थे, उसे अगर उन्होंने माना तो सिर्फ इस विश्वास पर कि पहले अंग्रेज जाय, बाद में वे दोनों नाराज कौमों और मुल्क को वे साथ काम करने के लिये राजी कर लेंगे। दलितों के मामले में उनकी नैतिक स्थापनाओं, घोषित मान्यताओं, कार्यक्रमों और राष्ट्रीय आन्दोलन से निकले कानूनों में कोई कमी रह गई हो तो उसे उनका कोई षडयंत्र मानने की जरूरत नहीं है। इसमें प्राथमिकता और कामों के आगे-पीछे हो सकने का भरोसा होगा। गांधी रहते तो क्या होता, उनका आन्दोलन उसी रफ्तार में चलता तो क्या होता, यह सब अटकल लगाने की चीजें है। पर गांधी ने जो बोला, जो किया और उनके कर्म-वचनों से जो परिणाम निकला उसके आधार पर भी वे पूरे इतिहास में सबसे बड़े दलित हितैषी ठहरते हैं। आज सौ साल बाद खड़े होकर हम उनके ही कन्धों पर बैठकर कुछ कमियों को देखते-बताते हैं तो यह सब करने की अक्ल बनाने में उन्हीं का सबसे बड़ा योगदान है।

(अरविन्द मोहन वरिष्ठ पत्रकार हैं। जनसत्ता, इंडिया टुडे, हिंदुस्तान और अमर उजाला में वरिष्ठ पदों पर रहने के साथ गांधी अध्येता हैं। मोहन की कई पुस्तकें प्रकाशित हैं ।)

गांधी युग में ही पैदा हो सकते थे अंबेडकर

- उपेन्द्र प्रसाद

महात्मा गांधी का भारतीय राजनीति में पदार्पण भारत के इतिहास की सबसे कुछ बड़ी घटनाओं में से एक है। दक्षिण अफ्रीका में अपने सत्याग्रह की सफलता के बाद उन्होंने भारत में अपनी राजनैतिक गतिविधियां शुरू की और उसके आगे का भारत बिल्कुल बदल गया। एक सोया हुआ समाज जागने लगा। देश के लोगों में हलचल होने लगी। भारतीय समाज की एक विशेषता यह थी कि यह समाज अपने ज्ञात इतिहास में कभी भी राजनैतिक नहीं रहा था। इसका एक छोटा हिस्सा ही राजपाट से संबंध रखता था। वे ही आपस में लड़ भिड़ कर सत्ता में बारी-बारी से आते थे। भारत के एक औसत व्यक्ति की सत्ता से विमुखता का ही नतीजा था कि विदेशी सेना भारत में आती थी और स्थानीय राजाओं को हराकर सत्ता पर कब्जा कर लेती थी और उन्हें जनता की ओर से किसी प्रकार के प्रतिरोध का सामना नहीं करना पड़ता था।

गांधी की भूमिका यही थी कि उन्होंने राजनीति को आम लोगों के बीच उतार दिया। उनके आने के पहले भी देश की आजादी के लिए आंदोलन हो रहे थे, लेकिन वे कुछ आभिजात्य समुदाय तक ही सीमित थे। बिरसा मुंडा जैसे आदिवासियों ने भी अंग्रेजी सत्ता के खिलाफ विद्रोह किया था, लेकिन वह विद्रोह छिटपूट था और स्थानीय स्तर पर ही था। लेकिन गांधी ने राजनीति को आम जनता के बीच उतार दिया और उसके बाद देश पूरी तरह से आंदोलित होने लगा। जो मूक थे, उनके मुँह में जुबान आ गई। जिन्होंने गुलामी और बदहाली को अपनी किस्मत मान रखा था, उन्हें लगने लगा कि वे भी अपनी किस्मत बदल सकते हैं। आजादी की इच्छा पहले कुछ आभिजात्य लोगों के मन में ही थी। गांधी के आंदोलन में आते ही यह इच्छा देश के लोगों की इच्छा होने लगी।

यह भारतीय इतिहास के गांधी युग की शुरुआत थी। इसके प्रभाव बहुत ही व्यापक हुए। जो चुप थे, वे बोलने लगे। वे राजनैतिक गुलामी ही नहीं, बल्कि सामाजिक गुलामी के खिलाफ भी बोलने लगे। जाति की गुलामी के खिलाफ ज्योतिराव फुले जैसे सुधारवादियों ने भी आवाज उठाई थी, लेकिन वह भी नीचे उन लोगों तक नहीं उतर पायी, जिनकी गुलामी को लेकर फुले चिंतित थे। यह काम किया महात्मा गांधी ने। उन्होंने छुआछूत और जाति भेद के खिलाफ भी बहुत बड़ा आंदोलन चलाया। वह अपने किस्म का पहला आंदोलन था। उस आंदोलन के कारण ही भीमराव अंबेडकर जैसे दलित नेता जाति उत्पीड़न के खिलाफ सक्रिय हो गए।

यह मानना गलत नहीं होगा कि यदि गांधी नहीं होते तो अंबेडकर भी नहीं होते। भारत में जाति भेद सैंकड़ों सालों से रहा था। छुआछूत भी पहले से ही था। चंपारण और खेड़ा के किसान आंदोलनों की सफलता के बाद महात्मा गांधी के नेतृत्व में देशव्यापी सहयोग आंदोलन हो चुका था, जिसे चौराचौरी कांड के बाद गांधी ने खुद वापस ले लिया। वे सारे आंदेलन अंग्रेजों के खिलाफ थे। लेकिन असहयोग आंदोलन के बाद गांधी के नेतृत्व में एक और बड़ा सत्याग्रह हुआ, जिसकी चर्चा कम ही हुई है। दलित आंदोलन से जुड़े लोग भी उस आंदोलन को कम ही जानते हैं। वह सत्याग्रह वायकम सत्याग्रह के नाम से जाना जाता है। वायकम केरल में एक जगह है, जो उस समय त्रावणकोर राज्य का हिस्सा था। वहां एक शिव मंदिर था। वह आज भी है। उस शिव मंदिर में प्रवेश तो दूर, उसके पास वाली सड़कों तक पर दलित व अन्य पिछड़ी जातियों का प्रवेश वर्जित था, हां, ईसाई और मुसलमान उस रास्ते से जा सकते थे। हिन्दुओं मे सिर्फ ब्राह्मण और उस समय की सामंती जाति नायर ही मंदिर में प्रवेश कर सकते थे और उसके पास की सड़क चल सकते थे।

क्ेरल में उस समय नारायण गुरु के नेतृत्व में लोग आंदोलित से हो रहे थे, लेकिन नारायण गुरु पहले के मंदिरों में प्रवेश की लड़ाई लड़ने से बेहतर नया मंदिर बनाने में विश्वास करते थे। उन्होंने दर्जनों मंदिर बनवा दिए और कहा कि हमारा मंदिर सबके लिए खुला है। मंदिर की मूर्ति में प्राण प्रतिष्ठा भी खुद नारायण गुरु ही करते थे, इसलिए उनका विरोध भी सामंती तत्व करते थे, लेकिन वे मंदिर बनाते रहे। उनकी इड़वा जाति के लोगों की संख्या बहुत ज्यादा थी। वे अभी केरल की कुल आबादी के 20 फीसदी हैं। जाहिर है कुल हिन्दू आबादी की 40 फीसदी होंगे। इसलिए गुरु को सामाजिक समर्थन भी मिल जाता था और वे उस समय केरल के सबसे प्रतिष्ठित लोगों में से एक थे।

एक बार गुरु एक रिक्शे में बैठकर मंदिर के पास से गुजर रहे थे, तो कुछ नायर और ब्राहमण युवकों ने न केवल उनको रोका, बल्कि उनके साथ गाली-गलौज भी की। इसके बाद तो उनके अनुयायी बहुत उत्तेजित हो गए थे। उसी माहौल में वहां के कांग्रेसी नेता

माधवन ने गांधीजी से संपर्क किया और मंदिर के रास्ते खुलवाने के लिए सत्याग्रह की अपील की। गांधीजी चाहते थे कि मंदिर में भी प्रवेश का आंदोलन क्यों न चलाया जाय, लेकिन स्थानीय नेताओं ने कहा कि हम अभी रास्ते को खुलवाने में ही दिलचस्पी रखते हैं। गांधीजी के नेतृत्व में कांग्रेस ने वायकम में रास्ता खुलवाने के लिए 1924 में एक आंदोलन किया, जिसे वायकम आंदोलन कहते हैं। यह 18 महीने तक चला। यानी 1924 से शुरू हुआ यह आंदोलन 1925 में समाप्त हुआ और सत्याग्रहियों की मांग पूरी हुई।

यह कठिन आंदोलन था। गांधीजी ने अहिंसा का प्रयोग इसमें किया। रणनीति के तहत एक दलित या पिछड़ा व्यक्ति को दो ब्राह्मण या नायर को अपने साथ लेकर मंदिर की ओर बढ़ता था। दलित को रोके जाने पर दोनों नायर या ब्राह्मण कसकर उसका हाथ पकड़ते थे और जबर्दस्ती वर्जित रास्ते की ओर बढ़ते थे। वे पुलिसिया हिंसा के शिकार होते थे, लेकिन खुद हिंसा नहीं करते थे। गांधी के नेतृत्व के कारण उस सत्याग्रह को अंतरराष्ट्रीय ख्याति प्राप्त हुई। पूरे देश भर से और विदेशों से भी वहां लोग उस सत्याग्रह में हिस्सा लेने के लिए आए, लेकिन गांधी ने कहा कि इस लड़ाई को स्थानीय लोगों द्वारा ही लड़ने दिया जाय।

वायकम सत्याग्रह के 18 महीनों के दौरान भारत में छुआछूत की समस्या पर पूरी दुनिया की नजर गई अब छुआछूत एक बड़ा राष्ट्रीय मुद्दा बन गया था। जाहिर है, अंबेडकर के लिए माहौल तैयार हो गया था। अंबेडकर वायकम सत्याग्रह मे हिस्सा लेने के लिए नहीं पहुंचे, क्योकि गांधी चाहते थे कि केरल के लोग ही उस लड़ाई में हिस्सा लें और जीतें। लेकिन 1924 में ही अंबेडकर ने बहिष्कृत हितकारिणी सभा का संगठन बनाया। गांधी के नेतृत्व में हुए वायकम आंदोलन का वह प्रभाव था। इस तरह से गांधी ने एक अंबेडकर को पैदा कर दिया।

सत्याग्रह तो गांधीजी का दिया हुआ शब्द है। उनके आंदोलनों को ही सत्याग्रह कहा जाता था। बाद में गांधी से प्रभावित अन्य लोग भी अपने आंदोलनों को सत्याग्रह कहने लगे। अहिंसा उस आंदोलन की एक विशेष शर्त होती थी। अंबेडकर ने 1927 में महाड़ जल सत्याग्रह किया। वहां के एक सार्वजनिक तलाब से अछूत पानी नहीं ले सकते थे। उस वर्जना को तोड़ने के लिए अंबेडकर ने तालाब के पास ही एक सभा की। उसका नाम रखा गया महाड़ सत्याग्रह। जाहिर है, वह आंदोलन गांधीवादी अहिंसक आंदोलन था। छुआछूत के शिकार लोग इतने दबे और प्रताड़ित थे कि उन्हें सत्याग्रह के लिए एक स्थान पर जमा करना भी एक चुनौती थी। उस चुनौती का सामना अंबेडकर ने किया और मंच स्थल पर गांधी की तस्वीर भी टांग दी, ताकि लोग अपने को सुरक्षित महसूस कर सकें। उस महाड़ जल सत्याग्रह में लोग आए और तालाब का पानी भी पीया। उसके बाद उन पर हमले भी हुए, लेकिन चूंकि वह एक गांधीवादी सत्याग्रह था, इसलिए सत्याग्रहियों ने

हिंसा का जवाब हिंसा से नहीं दिया। अंबेडकर के उस महाड़ जल सत्याग्रह को गांधीजी का समर्थन प्राप्त हुआ। उन्होंने अपनी पत्रिका में उसके पक्ष में संपादकीय लिखे और सत्याग्रहियों की मांग का समर्थन किया। अंबेडकर ने गांधी के उस समर्थन के लिए आभार भी व्यक्त किया।

वायकम सत्याग्रह के बाद अंबेडकर गांधी के रास्ते पर ही चल रहे थे, हालांकि वे कांग्रेस में शामिल नहीं हुए थे। लेकिन इस बीच उन्हें महसूस हुआ कि कांग्रेस के साथ जाने से बेहतर है ब्रिटिश सरकार के साथ अच्छा संबंध बनाकर रहना। जब कांग्रेस ने भारत में साइमन आयोग का विरोध किया, तो अंबेडकर ने साइमन का बहिष्कार नहीं किया। उस बीच अंग्रेजी हुकूमत अंबेडकर पर डोरे डालने लगी। उन्हें बॉम्बे विधान परिषद का सदस्य नामित किया गया और "फूट डालो और राज करो" की अपनी नीति पर अंबेडकर को हर तरह से प्रमोट करना शुरू कर दिया। कांग्रेस साइमन कमीशन का इसलिए विरोध कर रही थी, क्योंकि अंग्रेजों की सरकार ने साइमन कमीशन के गठन में अपने पुराने वायदे को पूरा नहीं किया था। वायदा था कि भारत के संविधान के निर्माण में भारतीयों को भी रखा जाएगा। साइमन कमीशन का गठन उसी के लिए किया गया था, लेकिन उसमें कोई भारतीय नहीं थे। इसलिए कांग्रेस उसका बहिष्कार कर रही थी और दूसरे लोगों को भी बहिष्कार करने के लिए कह रही थी, लेकिन अंबेडकर ने उस समय अंग्रेजों का साथ दिया और उसके बाद अंग्रेजों के भारत से जाने के समय तक अंग्रेजो के साथ ही बने रहे। वे आजादी की लड़ाई में कभी शामिल नहीं हुए। उलटे जरूरत पड़ने पर वे अंग्रेजों का ही साथ देते थे।

मुस्लिमों और ईसाइयों की तर्ज पर अंग्रेज दलितों को भी कम्युनल अवार्ड के तहत सेपेरेट एलेक्टोरेट देना चाहते थे। उन्हें कम्युनल अवार्ड दे भी दिया गया। अंबेडकर इस मसले पर भी अंग्रेजों के साथ थे, लेकिन हिन्दू महासभा इसका विरोध कर रही थी। कांग्रेस भी इसके पक्ष में नहीं थी। गांधी ने महसूस किया कि इससे आजादी का आंदोलन कमजोर होगा। अंग्रेज हिन्दू-मुस्लिम दंगे तो करवा ही रहे थे, दलितों को कम्युनल अवार्ड मिलने के बाद दलितों और गैर-दलित हिन्दुओं के बीच भी दंगे होते। हिन्दू-मुस्लिम दंगे में दोनों पक्ष लगभग बराबरी पर हुआ करते थे। लेकिन दलितों और गैर-दलित हिन्दुओं के बीच यदि दंगे होते, तो वह बिलकुल एकतरफा होते, क्योंकि जिन दलितों को कम्युनल अवार्ड देने की मांग हो रही थी, उनकी आबादी मात्र 9 फीसदी ही थी। वे संख्या में ही नहीं, बल्कि सभी तरह से निर्बल थे। वे भूमिहीन मजदूर थे। कुछ अपवादों को छोड़कर वे निररक्षर ही थे। अपनी सुरक्षा करने में भी वे समर्थ नहीं थे। और अंग्रेज उन्हें ताकतवर हिन्दुओं के खिलाफ भिड़ाना चाह रहे थे।

यही कारण है कि गांधी ने कम्युनल अवार्ड का विरोध किया। उस समय वे पूना जेल में बंद थे। वहीं आमरण अनशन करना शुरू कर दिया। अंबेडकर को लगा कि कहीं महात्मा जी की अनशन से मौत न हो जाए, तो उन्होंने कम्युनल अवार्ड का अपना हठ त्याग दिया और गांधी के बताए फॉर्मूले पर एक समझौते पर हस्ताक्षर किया, जिसे पूना पैक्ट कहते हैं। उस पैक्ट पर अंबेडकर ने दलित हिन्दुओं के प्रतिनिधि के रूप में दस्तखत किया। पैक्ट के दस्तावेज में अंबेडकर का यही पदनाम लिखा हुआ है। पैक्ट पर दस्तखत करने वाले दूसरे व्यक्ति मदन मोहन मालवीय थे, जो उस समय कांग्रेस के नेता थे और साथ ही हिन्दू महासभा के अध्यक्ष भी। यहां यह बताना जरूरी है कि उस समय हिन्दू महासभा कांग्रेस से अलग नहीं थी। कांग्रेस से अलग वह बाद में हुई।

पूना पैक्ट में गांधीजी ने दलितों को दुगना दिलवा दिया। यानी कम्युनल अवार्ड के तहत जितनी सीटें दलितों को मिलती पूना पैक्ट के तहत उन्हें उससे दुगनी सीट मिल गयी। हां, पृथक निर्वाचन मंडल नहीं मिला। लेकिन इसका फायदा संविधान बनाते समय अंबेडकर ने उठाया। संविधान सभा के अधिकांश लोग आरक्षण के पक्ष में नहीं थे। जिस उपसमिति ने आरक्षण की सिफारिश की, उसके अध्यक्ष सरदार बल्लभ भाई पटेल थे। उस समिति के अधिकांश सदस्य आरक्षण के खिलाफ थे। उस समय तक गांधी की मौत भी हो चुकी थी। तब अंबेडकर ने गांधी और पूना पैक्ट की याद दिलाकर सरदार बल्लभ भाई पटेल से आरक्षण का प्रस्ताव पारित करवाया। एक जगह अंबेडकर ने खुद लिखा है कि समिति के अधिकांश लोग आरक्षण के खिलाफ थे। लेकिन उन्हें पता था कि सरदार पटेल की कमजोरी गांधी थी और गांधी का नाम लेकर उनसे कुछ भी कराया जा सकता था। उन्होंने पटेल को कहा कि यदि आरक्षण नहीं मिला, तो यह महात्मा गांधी की इच्छा के विरूद्ध जाना होगा, क्योंकि पूना पैक्ट गांधी द्वारा करवाया गया पैक्ट था। वह दलितों को गांधी द्वारा दिया गया गिफ्ट था। यदि उसे संविधान में जारी नहीं रखा जाता है, तो वह गांधी के साथ ज्यादती होगी। अंबेडकर खुद कहते हैं कि वैसा कहकर उन्होंने पटेल को आरक्षण का पक्षधर बना लिया।

इतना तो तय है कि पूना पैक्ट करवाकर गांधी ने यह सुनिश्चित करवा दिया था कि आजादी के बाद संविधान में भी वह रखा जाएगा। कम्युनल अवार्ड अंग्रेजों द्वारा दिया जा रहा था, लेकिन पूना पैक्ट का प्रस्ताव कर और उस पर मदन मोहन मालवीय का दस्तखत करवाकर गांधीजी ने आरक्षण पर आजादी के राष्ट्रीय आंदोलन पर मुहर लगवा दी।

अंबेडकर ने अपना रास्ता गांधी से अलग कर लिया था। वे अंग्रेज के साथ थे, जबकि गांधीजी अंग्रेजों के खिलाफ आंदोलन का नेतृत्व कर रहे थे। गांधी जल्द से जल्द अंग्रेजों को देश की सत्ता से हटाना चाहते थे, जबकि अंबेडकर चाहते थे कि अंग्रेज का शासन

भारत में अभी और रहे। इस सबके बावजूद गांधी ने अंबेडकर को प्रमोट करना जारी रखा। 'जाति के विध्वंस' की पुस्तक को अपनी पत्रिका में पूरा का पूरा छापकर गांधी ने अंबेडकर के विचारों को एक बड़ा मंच दिया। गांधी ने खुद उसके कई विचारों से अपनी असहमति दिखाई। लेकिन इससे तो कोई इनकार नहीं कर सकता कि गांधी ने अंबेडकर के विचारों को अपनी पत्रिका पढ़ने वाले लोगों के समक्ष प्रस्तुत किया। यह गांधी ही कर सकते थे। गांधी ऐसा कर सकते थे, क्योंकि वे खुद हरिजनों के उत्थान में लगे हुए थे और छुआछूत के खिलाफ देशभर मे अपने अनुयाइयों के साथ अभियान चला रहे थे। अंबेडकर की उस पुस्तक को उन्होंने अपनी पत्रिका में छापकर अपने हरिजन उत्थान का हिस्सा बना लिया।

यदि गांधी नहीं होते तो अंबेडकर भी नहीं होते। यह सिर्फ वायकम आंदोलन के उदाहरण से ही साबित नहीं होता, बल्कि अंग्रेजों के भारत छोड़ने के पहले अंबेडकर को कांग्रेस में प्रतिष्ठा के साथ शामिल कराने में भी गांधी ने महत्त्वपूर्ण भूमिका निभाई। उन्होंने कांग्रेस के तीनो बड़े नेताओं- नेहरू, पटेल और राजेन्द्र प्रसाद से पैरवी की, कि वे न केवल अंबेडकर को कांग्रेस में शामिल करें, बल्कि मंत्री भी बनाएं और संविधान सभा की ड्राफ्टिंग कमिटी का अध्यक्ष भी बनायें।

प्रख्यात पत्रकार अरुण शौरी ने अपनी एक पुस्तक में लिखा है कि जवाहरलाल नेहरू की सरकार के गठन के बाद अंबेडकर बाबू जगजीवन राम की पत्नी इन्द्राणी देवी के पास पहुंचे। उन्होंने इन्द्राणी देवी को कहा कि महात्मा गांधी आपको बहुत मानते हैं और आपकी बात नहीं टाल सकते। आप उनके पास जाकर मेरी पैरवी कीजिए। यदि गांधीजी जवाहरलाल नेहरू को कह दें कि अंबेडकर को अपनी सरकार में ले लें, तो फिर नेहरूजी मना नहीं कर पाएंगे। उस समय जगजीवन राम नेहरू सरकार में मंत्री थे। इन्द्राणी देवी ने बाबू जगजीवन राम को अंबेडकर की बात बताई। बतौर अरुण शौरी बाबू जगजीवन राम इन्द्राणी देवी के साथ गांधीजी से मिले और अंबेडकर को नेहरू मंत्रिमंडल में शामिल करवाने का आग्रह किया। गांधी जी हरिजन उत्थान में लगे हुए ही थे। यह जानते हुए भी कि अंबेडकर उनके विरोधी हैं और उनके खिलाफ लिखते रहते हैं गांधीजी ने नेहरूजी को अंबेडकर को अपने मंत्रिमंडल में शामिल करने को कहा और नेहरू ने उन्हें कानून मंत्री बना दिया। कानून मंत्री का पद पहले डॉक्टर राजेन्द्र प्रसाद के पास था, लेकिन संविधान सभा के अध्यक्ष बनने के बाद उन्होंने उस पद से इस्तीफा दे दिया था।

कहने का मतलब गांधी ने हर संभव कोशिश की अंबेडकर को प्रमोट करने की। वैचारिक मतभेद कभी भी अंबेडकर के लिए गांधी की अरुचि के कारण नहीं बने। अंबेडकर

गांधी के बड़े आलोचक थे और दलित राजनीति में उन्हें अपना प्रतिद्वंद्वी मानते थे, लेकेन गांधी ने अंबेडकर को कभी भी अपना प्रतद्वंद्वी नहीं माना।

अंबेडकर संविधान सभा के सदस्य बंगाल प्रांत से बने थे, लेकिन भारत पाकिस्तान के विभाजन के कारण संविधान की उनकी सदस्यता समाप्त हो रही थी। यानी यदि वे दुबारा संविधान सभा के सदस्य नहीं बनते थे, तो फिर संविधान सभा से ही बाहर हो जाते। गांधी ने उन्हें यहां भी सहायता की। बॉम्बे प्रांत से संविधान सभा की एक सीट मावलंकर ने अपने लिए खाली करवाई थी। मावलंकर एक अनुयायी ने उनके लिए वह सीट खाली की थी। लेकिन गांधीजी के कहने पर डॉक्टर राजेन्द्र प्रसाद ने बॉम्बे प्रांत के प्रधानमंत्री (तब प्रांत के मुख्यमंत्री को प्रधानमंत्री ही कहा जाता था) को कहा कि उसी सीट से अंबेडकर को कांग्रेस के टिकट पर चुनकर भेजा जाय। मावलंकर बहुत नाराज हुए। तब मावलंकर को सरदार पटेल ने समझाया कि आप इस सीट को अंबेडकर के लिए छोड़ दीजिए। आगे जब भी कोई सीट खाली होगी, आपको उस सीट से निर्वाचित कर संविधान सभा में लाया जायेगा। इस प्रकार अंबेडकर दुबारा संविधान सभा की सदस्यता पाने में सफल हुए और ड्राफ्टिंग कमिटी का चेयरमैन बनकर संविधान का लेखक होने का गौरव प्राप्त किया।

जो अंबेडकर को गांधी के खिलाफ खड़ा करते हैं, वे वस्तुतः इतिहास के साथ अन्याय करते हैं। अंबेडकर गांधी के प्रतिद्वंद्वी कभी भी नहीं थे। हम उन्हें गांधी के पूरक कह सकते हैं। गांधी के हरिजन उत्थान कार्यक्रम को अंबेडकर की रचनाओं से बल मिलता था। वे अंबेडकर के दलित आक्रोश को लोगों को दिखाते थे और उन्हें एहसास कराते थे कि वे उनके साथ अच्छा नहीं कर रहे हैं। जाहिर है, यदि अंबेडकर गांधी युग की देन थे, तो वे गांधी के छुआछूत विरोधी अभियान को हवा देने वाले भी थे।

(उपेंद्र प्रसाद, नवभारत टाइम्स में पटना और दिल्ली में सम्पादक रह चुके है और इस समय स्वतंत्र लेखन करते हैं।)

अंबेडकर के लोकतांत्रिक समाजवाद से क्यों असहमत थी संविधान सभा?

- कंवल भारती

डॉ. अंबेडकर ने 15 मार्च 1947 को संविधान में कानून के द्वारा 'राज्य समाजवाद' को लागू करने के लिए संविधान सभा को ज्ञापन दिया। उन्होंने मांग की थी कि भारत के संविधान में यह घोषित किया जाए कि उद्योग, कृषि, भूमि और बीमा का राष्ट्रीयकरण होगा तथा खेती का सामूहिकीकरण। लेकिन संविधान सभा ने ऐसा होने नहीं दिया।

डॉ. अंबेडकर (14 अप्रैल, 1891 - 6 दिसंबर, 1956) दुनिया भर के संविधान के ज्ञाता थे और मानते थे कि किसी भी देश की प्रगति में उस देश के संविधान की बड़ी भूमिका होती है। संविधान की भूमिका को रेखांकित करते हुए वे एक जगह लिखते हैं- "सारी सामाजिक बुराईयां धर्म–आधारित होती हैं। एक हिन्दू स्त्री या पुरुष, वह जो कुछ भी करता है, अपने धर्म का पालन करने के रूप में करता है। एक हिन्दू का खाना, पीना, नहाना, वस्त्र पहिनना, जन्म, विवाह और मरना सब धर्म के अनुसार होता है। उसके सारे कार्य धार्मिक हैं। हालांकि धर्मनिरपेक्ष दृष्टिकोण से वे बुराइयां हैं, पर हिन्दू के लिए वे बुराइयां नहीं हैं, क्योंकि उन्हें उसके धर्म की स्वीकृति मिली हुई है। यदि कोई हिन्दू पर पाप करने का आरोप लगाता है, तो उसका उत्तर होता है, 'यदि मैं पाप कर रहा हूं, तो धर्म के अनुसार कर रहा हूं।'"

"समाज हमेशा अनुदार और रूढ़िवादी होता है। यह तब तक नहीं बदलता है, जब तक कि इसे बदलने के लिए बाध्य नहीं किया जाता है और वह भी धीरे–धीरे। जब भी परिवर्तन शुरू होता है, तो हमेशा पुराने और नये के बीच संघर्ष होता है, और इस संघर्ष में अगर नये को बचाने के लिए उसका समर्थन न किया जाय तो नये के खत्म होने का हमेशा खतरा बना रहता है। सुधार के माध्यम से एक निश्चित तरीका से उसे कानून द्वारा समर्थन देना है। कानून की सहायता के बिना, कभी भी किसी बुराई को नहीं सुधारा जा सकता। और जब बुराई धर्म पर आधारित हो, तो कानून की भूमिका बहुत बड़ी होती है।"[1]

संविधान दिवस (26 नवंबर, 1949) के ठीक एक दिन पहले 25 नवंबर, 1949 संविधान सभा को संबोधित करते डॉ. भीमराव अंबेडकर ने कहा था कि- "हिन्दू समाज की बहुत सी बुराइयां बेहद अमानवीय थीं, जो ब्रिटिश काल में कानून के दबाव से धीरे-धीरे समाप्त हुईं। परन्तु क्या कारण है कि दलितों के प्रति अस्पृश्यता और भेदभाव की बुराई खत्म नहीं हुई। डॉ. अंबेडकर ने इसका कारण यह बताया कि जो बुराइयां दूर हुई, उन्हें हिन्दू स्वयं दूर करना चाहते थे, क्योंकि वे हिन्दू परिवार की बुराइयां थीं, जिनमें सती प्रथा, विधवा पुनर्विवाह, स्त्री शिक्षा आदि थीं। किन्तु अस्पृश्यता की बुराई हिन्दू समाज की संरचनात्मक व्यवस्था है, जिसे हिन्दू आज भी सही मानते हैं और खत्म करना नहीं चाहते।"[2]

डॉ. अंबेडकर ने महसूस कर लिया था कि हिन्दू अपनी जाति व्यवस्था का त्याग नहीं कर सकते, और कानून बन जाने के बावजूद वे दलित वर्गों की प्रगति में बाधक बने रहेंगे। इसलिए, वे कानून की, ऐसी अवधारणा पर विचार कर रहे थे, जहां अल्पसंख्यक वर्ग स्वतंत्र भारत के संविधान में अपने अधिकारों को सहजता से प्राप्त कर सकें। भारत स्वतंत्र हो चुका था और स्वतंत्र भारत के संविधान का निर्माण होने जा रहा था। ऐसी स्थिति में डॉ. अंबेडकर की चिन्ता बढ़ गई थी, क्योंकि शासन सत्ता कांग्रेस के हाथों में आई थी, जिसमें ब्राह्मणों का वर्चस्व था। वे महसूस कर रहे थे कि 'भारत सम्पूर्ण रूप से हिन्दुओं की मुट्ठी में है, उस पर उनका एकाधिकार है। ऊपर से नीचे तक सब उन्हीं के नियन्त्रण में है। ऐसा कोई विभाग नहीं है, जिस पर वे हावी न हों। पुलिस, अदालत तथा सरकारी सेवाएं, दरअसल प्रशासन की प्रत्येक शाखा उनके कब्जे में है। परिणाम यह है कि अछूत लोग एक ओर हिन्दू जनता, तो दूसरी ओर हिन्दू बहुल प्रशासन नामक दो पाटों के बीच में पिस रहे हैं, एक उन पर अत्याचार करता है, तो दूसरा उनकी मदद करने के बजाय, अत्याचार करने वालों को सुरक्षा और संरक्षण प्रदान करता है।'[3]

ऐसी स्थिति में डॉ. अंबेडकर ने संविधान के एक ऐसे मॉडल पर विचार किया, जो समाजवादी था। उनका विश्वास था कि समाजवादी मॉडल को स्वीकार किए बिना भारत के अछूतों की दशा को नहीं सुधारा जा सकता, क्योंकि किसी का भी सामाजिक स्तर तभी ऊंचा उठता है, जब उनका आर्थिक स्तर सुधरता है। आर्थिक स्तर सरकार के नियन्त्रण वाली व्यवस्था से ही सुधर सकता है, निजीकरण की व्यवस्था से नहीं। इसलिए वे समाज कल्याण के यूरोपीय मॉडल को पसन्द नहीं करते थे, जिसके तहत सरकारें यह मानकर चलती हैं कि अधिकांश लोगों को सरकारी सुविधाओं की जरूरत नहीं है, बस थोड़े से गरीब लोग हैं, जिन्हें सुविधाएं चाहिए। सरकारों की लोकलुभावन योजनायें इसी मॉडल के तहत आती हैं। यह मॉडल दलित वर्गों का भला नहीं कर सकता, हालांकि आज की सरकारें इसी मॉडल पर काम कर रही हैं, और गरीबों की स्थिति जस की तस बनी हुई है। यह पूंजीवादी मॉडल है। इसलिए डॉ. अंबेडकर ने यह मानते हुए कि पूंजीवाद अमीरों का दर्शन है, गरीबों के हित में और देश के औद्योगिक विकास के हित में समाजवाद को

आवश्यक माना। 17 दिसम्बर, 1946 को उन्होंने संविधान सभा में पंडित नेहरू के प्रस्ताव पर बोलते हुए साफ-साफ शब्दों में कहा था कि 'भारत को लोकतान्त्रिक गणराज्य बनाने के लिए संविधान में कैसे प्रावधान किए जायें, इसका कोई जिक्र पंडित नेहरू के प्रस्ताव में नहीं है। इसलिए मैं कुछ ऐसे प्रावधानों को रखना चाहूंगा, जो वास्तव में भारत में आर्थिक, सामाजिक और राजनीतिक न्याय स्थापित करेंगे। इस दृष्टि से यह तभी सम्भव होगा, जब देश में उद्योग और भूमि का राष्ट्रीयकरण किया जायेगा। मैं नहीं समझता कि किसी भी भावी सरकार के लिए अपनी अर्थव्यवस्था को समाजवादी बनाए बगैर सामाजिक, आर्थिक और राजनीतिक न्याय में विश्वास करना सम्भव हो सकता है?'[4]

डॉ. अंबेडकर ने 15 मार्च, 1947 को संविधान में कानून के द्वारा 'राज्य समाजवाद' को लागू करने के लिए संविधान सभा को ज्ञापन दिया।[5] इस ज्ञापन में उन्होंने मांग की कि भारत अपने संविधान के कानून के अंग के रूप में यह घोषित करे कि उद्योग, कृषि, भूमि और बीमा का राष्ट्रीयकरण तथा खेती का सामूहिकीकरण हों।[6]

इस ज्ञापन को पढ़कर कांग्रेस को लगा कि यदि संविधान के निर्माण में डॉ. अंबेडकर की सेवाएं नहीं ली गईं, तो यह व्यक्ति भारत में क्रान्ति पैदा कर देगा, जिसे संभालना मुश्किल हो जायगा। अतः कांग्रेस और गांधी जी ने डॉ. अंबेडकर को, जिन्हें वे सदन में देखना नहीं चाहते थे, और जिन्हें बंगाल से चुनकर आना पड़ा था, बम्बई से तुरन्त चुनकर भेजने के लिए 30 जून, 1947 को डॉ. राजेन्द्र प्रसाद ने बम्बई के प्रधानमंत्री बी. जी. खेर को पत्र लिखा। फलतः वे बम्बई से चुनकर सदन में पहुंचे, क्योंकि विभाजन के बाद बंगाल की उनकी सीट समाप्त हो गई थी। अतः तुरंत ही पंडित नेहरू ने उन्हें 15 अगस्त, 1947 को स्वतंत्र भारत का प्रथम कानून मंत्री और संविधान की प्रारूप समिति का अध्यक्ष बना दिया। संविधान सभा में 296 सदस्य थे, जिन्होंने विभिन्न समितियों के द्वारा तैयार किए गए, संविधान के प्रारूप को संविधान सभा में भारी वाद-विवाद के बाद पास किया था। अतः दलित वर्गों के लोग ऐसा सोचते हैं कि वर्तमान संविधान डॉ. अंबेडकर के मनमाफिक संविधान हैं, तो गलत सोचते हैं। अगर संविधान डॉ. अंबेडकर मनमाफिक बना होता तो उसमें 'राज्य समाजवाद' की व्यवस्था को संविधान में कानूनी प्रावधान के रूप में जरूर शामिल करते, जिसे उन्होंने ज्ञापन में प्रस्तुत किया था। पर, संविधान में राज्य समाजवाद का कहीं भी प्रावधान नहीं है। इसके विपरीत, जैसा कि डॉ. राजाराम कहते हैं, 'भारतीय संविधान में मूल अधिकारों में संपत्ति का व्यक्तिगत स्वामित्व जोड़कर वर्ण–व्यवस्था को ही कायम किया गया, जिससे संपत्ति का बंटवारा न हो, और न उस पर किसी तरह का अंकुश हो। ये मूल अधिकार अनुच्छेद 12 से 35 में आते हैं। संपत्ति के अधिकार को कड़ाई से स्थापित करने के लिए मूल अधिकारों में अनुच्छेद 19 च, छ और अनुच्छेद 31 यानी दो अनुच्छेद भी इसमें जोड़े गए। अनुच्छेद 19 च और छ में अपनी संपत्ति को इकट्ठा करने, उसका व्यापार आदि कुछ भी करने की पूर्ण

स्वत्रन्त्रता दी गई है। धन खर्च करने की कोई सीमा नहीं, कोई कितना भी खर्च कर सकता है। अनुच्छेद 31 एक स्वतन्त्र अनुच्छेद है, जिसमें संपत्ति का व्यक्तिगत स्वामित्व रखा गया है। सार्वजनिक उद्देश्य के लिए सरकार किसी की भी संपत्ति को ले सकती है, परन्तु उसका मुआवजा दिए बिना नहीं। मूल अधिकारों को पवित्र और अपरिवर्तनीय बना दिया गया, ताकि उससे छेड़छाड़ न हो। इसलिए अलग से एक अनुच्छेद 13 मूल अधिकारों में रखा गया है। मूल अधिकारों के हनन पर अनुच्छेद 32 रखा गया है, जिसके द्वारा मूल अधिकार के हनन के विरुद्ध न्यायालय में शिकायत दर्ज हो सकती है। ये मूल अधिकार संविधान की तीसरी सूची में दर्ज है।'[7]

क्या यह डॉ. अंबेडकर की इच्छा से हुआ था। राज्य समाजवाद की वकालत करने वाले डॉक्टर क्या निजी संपत्ति का कानून बना सकते थे? उत्तर है, कदापि नहीं। स्वयं भी संपत्ति को मूल अधिकार बनाने के पक्ष में नहीं थे। पर, सदन में बहुमत उन्हीं लोगों का था, जिनके पास भारी संपत्तियां थीं। वे अपनी संपत्ति को खोना नहीं चाहते थे। इसलिए उन्होंने समाजवाद को अपने पास तक नहीं फटकने दिया। उन्होंने न उद्योगों का राष्ट्रीयकरण होने दिया और न भूमि का। उन दिनों बालिग मताधिकार नहीं था। केवल वही लोग वोटर हुआ करते थे, जो शिक्षित होते थे या जिनके पास इतनी कर योग्य संपत्ति होती थी। जाहिर है कि ऐसे लोगों से, जिनमें ज्यादातर राजे-महाराजे, नवाब और जमींदार ही थे, समाजवाद के समर्थन की आशा नहीं की जा सकती थी। इसलिए भूस्वामियों को मुआवजा देकर उनसे जमीन लेने के सवाल पर जब संविधान सभा में अनुच्छेद 31 पर बहस चल रही थी, तो सदन में अकेले डॉ. अंबेडकर ही उसके विरोध में बालने वाले थे। डॉ. अंबेडकर ने कहा था कि "यह उनका ड्राफ्ट नहीं है। उनके अनुसार, जब अनुच्छेद 31 बनाया जा रहा था, तो उसको लेकर कांग्रेस में तीन गुट हो गए थे। जवाहर लाल नेहरू, सरदार पटेल और जी. बी. पन्त में गहरे मतभेद थे। किन्तु, इस विवाद का निपटारा भूमि सुधारों की हत्या पर हुआ। तब डॉ. अंबेडकर ने कहा था कि यह अनुच्छेद इतना बदसूरत है कि 'मैं उसकी तरफ देखना भी पसन्द नहीं करता।"[8]

डॉ. अंबेडकर पूंजीवादी संसदीय लोकतंत्र को आदर्श व्यवस्था नहीं मानते थे। राज्य के नीति-निर्देशक तत्व भी, जो संविधान की चौथी सूची में हैं, डॉ. अंबेडकर के विचारों के अनुरूप नहीं है। ये अनुच्छेद 36 से 51 के अंतर्गत आते हैं। ये सिद्धांत राज्यों को कल्याणकारी राज्य बनाने के लिए राज्यों को कानून बनाने का निर्देश देते हैं, परन्तु अनुच्छेद 37 में यह प्रावधान है कि राज्य द्वारा बनाए गए कानून को न्यायालय में मान्यता प्राप्त नहीं है। ये वैसे ही हैं, जैसे बिना दांत और नाखून वाला शेर। ये तत्व समाजवाद का दिखावा हैं, जबकि असल में ये पूंजीवाद के ही उपक्रम हैं।

इसीलिए डॉ. अंबेडकर ने 25 नवम्बर, 1949 को संविधान सभा में संविधान पर अपने ऐतिहासिक भाषण में कहा था कि जिस व्यक्ति को वास्तव में इस संविधान का ड्राफ्ट तैयार

करने का श्रेय दिया जाना चाहिए, वह बी. एन. राव हैं। इसके बाद जिसे सबसे ज्यादा श्रेय मिलना चाहिए, वह संविधान के मुख्य शिल्पी एस. एन. मुखर्जी है।[9] इससे यह बेहतर समझा जा सकता है कि अकेले डॉ. अंबेडकर ने संविधान नहीं लिखा था, बल्कि उसके तैयार करने में ब्राह्मणों का हाथ और हित सर्वोपरि था। इसलिए इसी भाषण में उन्होंने कहा था- "26 जनवरी को हम विरोधाभासी जीवन में प्रवेश कर रहे हैं। राजनीति में हमें समानता प्राप्त होगी, परन्तु सामाजिक और आर्थिक जीवन में हम असमानता से होंगे। राजनीति में हमारी पहचान एक व्यक्ति एक वोट और एक वोट एक मूल्य की होगी, परन्तु हम अपने सामाजिक और आर्थिक जीवन में एक व्यक्ति एक मूल्य के सिद्धांत को अस्वीकार करते रहेंगे, जिसका मुख्य कारण संविधान का सामाजिक और आर्थिक ढांचा है। अग़र हमने इस विरोधाभास को लम्बे समय तक बनाए रखा, तो राजनीतिक लोकतन्त्र खतरे में पड़ जायेगा।"[10]

दरअसल, डॉ. अंबेडकर अपने राज्य समाजवाद की क्रान्ति को संविधान में शामिल नहीं कर सके थे। हम इसके पीछे की राजनीतिक परिस्थितियों को समझते हैं। डॉ. अंबेडकर के साथ बहुमत नहीं था। उस समय बहुजन समाज शिक्षित और जागरूक भी नहीं था। किन्तु आज बहुजन समाज शिक्षित भी है और जागरूक भी है। क्या ही अच्छा होगा कि वह राज्य समाजवाद की मांग के लिए आन्दोलन करे और उसे संविधान का अंग बनाने के लिए संसद पर दबाव बनाए।

सन्दर्भ

1. डॉ. बाबासाहेब अंबेडकर: राइटिंग्स एण्ड स्पीचेस, वाल्यमू 12, 1993, 'दि अनटचेबिल्स एण्ड दि पेक्स ब्रिटानिका' पृष्ठ 115
2. वही, वाल्यूम 1, 1989, 'एनिहिलेशन ऑफ कास्ट', पृष्ठ 41-42
3. डॉ. बी. आर. अंबेडकर, राज्य और अल्पसंख्यक दलित, अनुवाद: रामगोपाल आजाद, समता प्रकाशन-समता सैनिक दल, नागपुर, 1998, पृष्ठ 49-50।
4. डॉ. बाबासाहेब अंबेडकर: राइटिंग्स एण्ड स्पीचेस, वाल्यूम, 13, 1994, पृ. 9
5. देखिए, 'डॉ. बाबासाहेब अंबेडकर: राइटिंग्स एण्ड स्पीचेस' वाल्यूम 1
6. वही, पृ. 396-397
7. बहुजन वाम शक्ति, आगरा का पम्फ्लेट 'भारत में संविधिक अर्थव्यवस्था बनाम बहुजन वर्ग', पृष्ठ 1 और 2।
8. डॉ. बाबासाहेब अंबेडकर: राइटिंग्स एण्ड स्पीचेस, वाल्यूम, 15, पृ. 948
9. वही, वाल्यूम 13, पृ. 1208-09।
10. वही, वाल्यूम 13, पृ. 1216।

(वरिष्ठ लेखक व चिंतक कंवल भारती का यह लेख उनकी अनुमति से फॉरवर्ड प्रेस से साभार लिया गया है)

गांधी और अंबेडकर के बीच टकराहट का मूल सवाल

- नवल किशोर कुमार

"सत्य को सत्य और असत्य को असत्य जानो"- बुद्ध

भारतीय समाज सामासिक समाज रहा है। जिस तरह की विविधता भारत में दिखती है, वैसी शेष विश्व में नहीं दिखती। फिर यही विविधता कई जटिलताएं भी पैदा करती हैं। ये जटिलताएं समाज के स्तर पर स्पष्ट तौर पर दृष्टिगोचर होता है। भेदभाव एक बेहतर उदाहरण है, जिसे आज भी देखा जा सकता है। फिर यह बहुआयामी भी है। कहने का मतलब यह कि भारतीय समाज में आदमी केवल जातिगत आधार पर ही उंचा-नीचा नहीं होता। यह भी नहीं कि एक जाति के सभी लोग एक जैसे होते हैं। अलगाव की खाई चरण-दर-चरण गहरी होती जाती है। फिर इसके दुष्परिणाम भी होते हैं। एक दुष्परिणाम तो आज हम सभी के सामने है। उत्पादन के संसाधनों पर उत्पादकों की हिस्सेदारी नहीं है। वे आज भी अमानवीय जीवन जीने को मजबूर हैं। इसी वर्ष जब कोरोना के मद्देनजर देश में लॉकडॉउन की घोषणा केंद्र सरकार द्वारा की गयी तब देश के उत्पादक सड़क पर नजर आए। सैकड़ों-हजारों किलोमीटर की दूरी तय कर वे अपने घरों को लौट रहे थे। वे अकेले नहीं थे। उनके साथ उनका परिवार था। एक अहम तथ्य यह कि इन मजदूरों में सबसे अधिक संख्या उन जातियों के लोगों की रही जिनकी चिंता डॉ. भीमराव अंबेडकर ने की थी और महात्मा गांधी भी उनकी चिंता करते रहते थे।

यह एक साझा पहलू है जो गांधी और अंबेडकर को जोड़ता है। दोनों के चिंतन के केंद्र में समाज का आखिरी आदमी है। दोनों चाहते थे कि इस आखिरी आदमी को उसका वाजिब हक-हुकूक मिले। लेकिन दोनों के नजरिए में स्पष्ट रूप से फर्क है। यह फर्क तब और सुस्पष्ट हो जाता है जब दोनों धर्म के बारे में अपनी बात रखते हैं।

वैसे यह कहना अतिश्योक्ति नहीं कि गांधी और अंबेडकर भारतीय राजनीति के दो शीर्ष स्तंभ रहे। दोनों के पास एक विचारधारा थी। यह विचारधारा आयातित नहीं थी। न तो पश्चिम के देशों से और ना ही अतीत के पन्नों से। दोनों ने अपने समय में वर्तमान के सापेक्ष अपनी विचारधारा को विकसित किया और अमल भी किया। दोनों अपने-अपने रास्ते पर दृढ भी रहे। दोनों ने इसकी कीमत भी चुकायी। विचारधारा के कारण गांधी की तो हत्या तक कर दी गयी।

फिलहाल इस आलेख का मकसद यह अध्ययन करना है कि गांधी और अंबेडकर के बीच टकराहट के कौन-कौन कारण थे। यदि इस सवाल पर गौर करें तो हम पाते हैं कि वह धर्म आधारित जातिगत भेदभाव ही था जो गांधी और अंबेडकर को जोड़ता भी था और अलग भी करता था। दोनों चाहते थे कि जातिगत भेदभाव खत्म हो। सभी को सम्मान मिले, सभी को गरिमा मिले। रोजी-रोटी के सवालों पर भी दोनों ने विचार किया।

गांधी और अंबेडकर के विचारों में मौलिक अंतर तब खुलकर सामने आया जब 1936 में अंबेडकर ने "एनिहिलेशन ऑफ कास्ट" पुस्तिका का प्रकाशन किया। दरअसल, यह उनका एक भाषण था, जिसे उन्हें देने ही नहीं दिया गया। दरअसल, जात-पांत तोड़क मंडल, लाहौर के वार्षिक अधिवेशन, 1936 में डॉ. अंबेडकर को अध्यक्षीय व्याख्यान के लिए आमंत्रित किया गया था। इसी खास मौके के लिए उन्होंने अपना व्याख्यान तैयार किया। जब आयोजकों ने उनके व्याख्यान के प्रारूप को देखा तब प्रारूप के कई अंशों को उन्होंने आपत्तिजनक माना। अंबेडकर की जिस बात से उन्हें अधिक ऐतराज था वह यह कि उन्होंने [डॉ. अंबेडकर ने] कहा था कि "एक हिंदू के रूप में मेरा यह आखिरी भाषण है, क्योंकि मैंने धर्म परिवर्तन का निर्णय कर लिया है।" (जाति का विनाश, डॉ. अंबेडकर, 2018, फारवर्ड प्रेस, नई दिल्ली, पृष्ठ - 7)

आयोजकों ने डॉ. अंबेडकर से व्याख्यान के कुछ अंशों को हटा देने का अनुरोध किया, लेकिन उन्होंने स्वीकार नहीं किया। परिणाम यह हुआ कि आयोजकों ने अधिवेशन ही स्थगित कर दिया। फिर यह व्याख्यान डॉ. अंबेडकर ने 15 मई, 1936 को अपने खर्चे से एक किताब के रूप में प्रकाशित कराया। तब से लेकर आजतक यह किताब भारतीय राजनीति व समाज शास्त्र की महत्त्वपूर्ण किताबों में से एक है। यह एक कसौटी की तरह है जिसके आधार पर भारतीय समाज व इससे जुड़ी व्यवस्थाओं के पीछे की विचारधाराओं को समझा जा सकता है, नापा-तोला जा सकता है। इस किताब ने तब महात्मा गांधी का ध्यान भी आकृष्ट किया था। उन्होंने अपने पत्र 'हरिजन' में इस पुस्तक के बारे में दो टिप्पणियां लिखीं। पहली टिप्पणी में उन्होंने लिखा, "कोई भी सुधारक इस व्याख्यान की उपेक्षा नहीं कर सकता। जो रूढ़िवादी हैं, वे इसे पढ़ कर लाभान्वित होंगे। इसका मतलब

यह नहीं है कि व्याख्यान में आपत्ति करने योग्य कुछ भी नहीं है। इसे सिर्फ इसलिए पढ़ना चाहिए कि इस पर गंभीर आपत्ति की जा सकती है। डॉ. अंबेडकर हिंदुत्व के लिए एक चुनौती हैं।" (वही, पृष्ठ-8)

महात्मा गांधी ने अपनी आपत्तियों को विस्तार से लिखा। उन्होंने लिखा कि "डॉ. अंबेडकर हिंदुत्व के लिए एक चुनौती हैं। उनका पालन-पोषण हिंदू के रूप में हुआ है। एक हिंदू संरक्षक ने उनकी पढ़ाई-लिखाई का इंतजाम किया। लेकिन, तथाकथित सवर्ण हिंदुओं ने जो व्यवहार इनके और इनके लोगों के साथ किया है, उससे वे इतने नाराज हैं कि वे न केवल उन्हें, बल्कि उस हिंदू धर्म को ही छोड़ना चाहते हैं, जो डॉ. अंबेडकर की और सवर्ण हिंदुओं की साझा विरासत है। इस धर्म को मानने वालों के एक हिस्से से अपनी नाराजगी को उन्होंने उस धर्म के विरुद्ध मोड़ दिया है।" (हरिजन, जुलाई 2, 1936)

गांधी यह मानते थे कि डॉ. अंबेडकर द्वारा लिखित पुस्तक "जाति का विनाश" हर किसी को पढ़नी चाहिए। इसके लिए वे अपनी संपादकीय में अनुरोध करते हैं कि इस पुस्तक की कीमत आठ आने से घटाकर दो आने नहीं तो कम से कम चार आना जरूर किया जाना चाहिए। गांधी यह मानते थे कि "इसमें अचरज की कोई बात नहीं है। आखिर किसी व्यवस्था या संस्था का मूल्य उसके प्रतिनिधियों के आचरण से ही आंका जा सकता है। इसके अलावा, डॉ. अंबेडकर ने पाया कि सवर्ण हिंदुओं के बड़े हिस्से ने न केवल अपने सहधर्मियों के साथ, जिन्हें उन्होंने अस्पृश्य का दर्जा दिया, अमानवीय व्यवहार किया है, बल्कि उन्होंने अपना यह आचरण शास्त्रों की सत्ता पर आधारित माना है और जब वे खोज करने लगे, तो उन्होंने पाया कि अस्पृश्यता की उनकी धारणा का काफी आधार वहां मिलता है। व्याख्यान के लेखक [डॉ. अंबेडकर] ने अपने तीन-तरफा अभियोग– अमानवीय व्यवहार, अमानवीय व्यवहार करने वालों द्वारा इसका औचित्य सिद्ध करना और बाद का यह आविष्कार कि इस औचित्य का आधार शास्त्रों में मौजूद है– के प्रमाणस्वरूप उद्धरण पर उद्धरण दिए हैं।" (वही)

गांधी ने अपनी टिप्पणी में कुछ अहम बातें भी सामने लाई हैं, जिनसे सवालों की शुरूआत होती है। मसलन वे कहते हैं कि "कोई भी हिंदू, जिसके लिए उसकी आस्था उससे बड़ी चीज है, इस अभियोग के महत्त्व को कम करके नहीं आंक सकता। अपनी इस नाराजगी में डॉ. अंबेडकर अकेले नहीं हैं। वे इनमें सबसे ज्यादा अडिग, विद्वान और योग्यतम व्यक्तियों में से एक हैं। निश्चय ही वे ऐसे व्यक्ति हैं, जो इस मामले में किसी से भी समझौता नहीं कर सकते। ईश्वर की कृपा है कि नेताओं की अग्रिम पंक्ति में वे एकदम अकेले हैं और अभी तक एक बहुत ही छोटे अल्पसंख्यक समूह के प्रतिनिधि हैं।" (वही)

इस टिप्पणी में उल्लेखनीय है कि गांधी अंबेडकर को छोटे अल्पसंख्यक समूह का प्रतिनिधि बताते हैं। संभव है कि उन्होंने यह टिप्पणी इस आधार पर की हो कि उस समय राजनीति में और शासन-प्रशासन में दलितों की हिस्सेदारी न्यूनतम थी और डॉ. अंबेडकर न्यूनतम भागीदारी वाले इसी बहुसंख्यक वर्ग के प्रतिनिधि! अपनी टिप्पणी में गांधी उन सवालों को सामने लाते हैं जो डॉ. अंबेडकर ने खड़े किए। गांधी के मुताबिक, "डॉ. अंबेडकर के अभियोग में ये सवाल शामिल हैं :

शास्त्र क्या हैं?

क्या सभी मुद्रित पुस्तकों को शास्त्रों का अविच्छिन्न अंग मान लिया जाये या उनके किसी हिस्से को अनधिकृत मिलावट मानकर खारिज किया जा सकता है?

अस्पृश्यता, जाति, सामाजिक स्थिति की समानता, अंतरजातीय भोज और अंतरजातीय विवाह के सवाल पर (डॉ. अंबेडकर ने अपने व्याख्यान में इन सब पर विचार किया है) इन स्वीकृत तथा परिशोधित शास्त्रों का जवाब क्या है?" (वही)

गांधी डॉ. अंबेडकर के सवालों का जवाब 18, जुलाई, 1936 को प्रकाशित 'हरिजन' के अंक में अपने संपादकीय टिप्पणी में देते हैं। इस टिप्पणी में वह स्वीकार करते हैं कि वेद, उपनिषद, स्मृतियां और पुराण, रामायण और महाभारत आदि केवल हिंदू शास्त्र नहीं हैं। वे मानते हैं कि "यह सूची यहीं तक सीमित नहीं है। प्रत्येक युग या पीढ़ी ने भी इस सूची को बढ़ाया है। इसका मतलब यह है कि जो भी मुद्रित या हस्तलिखित सामग्री पायी जाती है, वह शास्त्र नहीं है। उदाहरण के लिए, स्मृतियों में बहुत-सी ऐसी चीजें हैं, जिन्हें ईश्वर की वाणी नहीं माना जा सकता।" (हरिजन, 18 जुलाई, 1936)

गांधी आगे कहते हैं कि "इसी तरह डॉ. अंबेडकर द्वारा स्मृतियों से दिये गये अनेक उद्धरणों को प्रामाणिक मानकर स्वीकार नहीं किया जा सकता। जिन्हें शास्त्र कहना उचित होगा कि उनका संबंध सिर्फ शाश्वत प्रकारों से है और वे किसी भी अंत:चेतना यानी हृदय को, जिसकी समझ की आंखें खुली हुई हैं, मान्य होनी चाहिए। ऐसी किसी भी बात को ईश्वर की वाणी कहकर अन्य वर्णों के मुकाबले अपने को उच्चतर मान लेना, इसके नियम को धता बताना है। और वर्ण के नियम में ऐसा कुछ भी नहीं है, जो अस्पृश्यता में विश्वास का आधार बन सके।" (वही)

गांधी मानते हैं कि "मेरी राय में, अपने व्याख्यान में डॉ. अंबेडकर ने जो भारी भूल की है, वह यह है कि उन्होंने ऐसे हिंदू धार्मिक ग्रंथों को चुना है, जिनकी विश्वसनीयता एवं जिनके मूल्य संदिग्ध हैं। इसके साथ ही उन पतित हिंदुओं के जीवन का चुनाव किया है, जो भयानक रूप से गलत तौर पर हिंदू धर्म में आस्था का प्रतिनिधित्व करते हैं। किसी

भी तरीके से इनके जीवन को हिंदुओं का मानक जीवन मानने लायक नहीं है। यह चीज इधर-उधर से कुछ उठा लेना है। डॉ. अंबेडकर के मानक को लागू किया जाये, तो शायद प्रत्येक प्रचलित धर्म विफल साबित होगा।" (वही)

गांधी यही नहीं रूकते। वे डॉ. अंबेडकर से तंजनुमा सवाल करते हैं कि "अपने सक्षम व्याख्यान में, विद्वान डॉक्टर ने अपने पक्ष को जरूरत से ज्यादा प्रमाणित कर दिया है। क्या वह धर्म, जिसके मानने वालों में चैतन्य, ज्ञानदेव, तुकाराम, तिरुवल्लुवर, रामकृष्ण परमहंस, राजा राममोहन राय, महर्षि देवेंद्रनाथ टैगोर, विवेकानंद और सैकड़ों ऐसे रहे हैं, जिनका नाम आसानी से लिया जा सकता है, इतना निकृष्ट हो सकता है, जैसा डॉ. अंबेडकर के व्याख्यान में साबित करने की कोशिश की गयी है? किसी भी धर्म का मूल्यांकन उसके निकृष्टतम नमूनों से नहीं, बल्कि उस सर्वोत्तम से किया जाना चाहिए, जो उसने पैदा किया हो। क्योंकि, यही और सिर्फ यही वह स्तर है, जिसे और ऊंचा उठाने की नहीं तो उस तक पहुंचने की कोशिश की जानी चाहिए।" (वही)

डॉ. अंबेडकर ने गांधी के सवालों का व्यवस्थित जवाब एक विस्तृत पत्र के जरिए दिया है। इस पत्र को उन्होंने "एनिहिलेशन ऑफ कास्ट" में परिशिष्ट के रूप में शामिल किया। इसमें वह गांधी की टिप्पणी पर सवाल उठाते हैं कि "इरादे की बात छोड़ दें, तो अपने व्याख्यान में मैंने जो प्रश्न उठाया है, उस पर महात्मा को क्या कहना है? सर्वप्रथम, जो भी मेरा व्याख्यान पढ़ेगा, उसे यह एहसास होगा कि महात्मा मेरे द्वारा उठाये गये मुद्दों से बचकर निकल गये हैं और जो मुद्दे उन्होंने उठाये हैं, वे मुद्दे नहीं है, जो हिंदुओं पर मेरे अभियोग से– जो संज्ञा मेरे व्याख्यान को देने की उन्होंने कृपा की है –निकलते हैं।" (जाति का विनाश, डॉ. अंबेडकर, 2018, फारवर्ड प्रेस, नई दिल्ली, पृष्ठ - 138)

अंबेडकर अपने पत्र में गांधी के अभियोगों का सरलीकरण इस प्रकार करते हैं -

जाति ने हिंदुओं को बर्बाद कर दिया है।

चातुर्वर्ण्य के आधार पर हिंदू समाज का पुनर्गठन असंभव है, क्योंकि वर्ण व्यवस्था एक ऐसे बर्तन की तरह है, जिसमें छेद है या ऐसे आदमी की तरह, जिसकी नाक बह रही है। यह सिर्फ अपने गुण के आधार पर अपने को बनाये नहीं रख सकती और इसमें जाति व्यवस्था के रूप में पतित होने की अंतर्जात क्षमता है, जब तक इसके साथ कानूनी शक्ति न जोड़ी जाये, जिसे वर्ण का नियम तोड़ने वाले हर आदमी पर लागू किया जा सकता हो।

वर्ण व्यवस्था के आधार पर हिंदू समाज का पुनर्गठन नुकसानदेह है, क्योंकि वर्ग व्यवस्था का परिणाम होता है, जनसाधारण को शिक्षा के अवसरों से वंचित कर उसका निम्नीकरण करना और शस्त्र धारण करने के अधिकार से वंचित कर उसे कायर बनाना।

हिंदू समाज का पुनर्गठन एक ऐसे धार्मिक आधार पर होना चाहिए, जिसमें स्वतंत्रता, समानता और भ्रातृत्व के सिद्धांतों की स्वीकृति हो।

इस उद्देश्य को पाने के लिए जाति और वर्ण को जो धार्मिक मान्यता मिली हुई है, उसे नष्ट करना। ध्यान दिया जाना चाहिए कि महात्मा द्वारा उठाये गये मुद्दे बिल्कुल अप्रासंगिक हैं और व्याख्यान के मुख्य तर्क को वे [गांधी] पकड़ नहीं पाये हैं। (वही)

अंबेडकर लिखते हैं कि "महात्मा का पहला मुद्दा यह है कि मैंने शास्त्रों से जो उद्धरण दिये हैं, वे प्रामाणिक नहीं हैं। मैं स्वीकार करता हूं कि इस विषय पर मेरा अधिकार नहीं है। लेकिन मैं यह बताना चाहता हूं कि मैंने जो भी उद्धरण दिये हैं, वे सभी स्वर्गीय तिलक की किताबों और लेखों से लिये गये हैं, जो संस्कृत भाषा और हिंदू शास्त्रों के अधिकारी विद्वान थे। महात्मा का सारा मुद्दा यह है कि इन शास्त्रों की व्याख्या विद्वानों द्वारा नहीं, बल्कि संतों द्वारा की जानी चाहिए और संतों की समझ के अनुसार, शास्त्र जाति और अस्पृश्यता का समर्थन नहीं करते। पहले मुद्दे के बारे में मैं महात्मा से पूछना चाहता हूं कि इससे किसी को क्या फर्क पड़ता है कि शास्त्रों में मिलावट है या नहीं और कि संतों ने उनकी व्याख्या अलग तरह से की है। जो शास्त्र प्रामाणिक हैं और जिनमें मिलावट है, उन दोनों के बीच जनसाधारण फर्क नहीं करता। जनसाधारण को तो यह भी नहीं पता कि शास्त्र हैं क्या? अनपढ़ होने के कारण उसे मालूम नहीं है कि शास्त्रों में क्या लिखा हुआ है? जो उसे बताया गया है, उस पर उसने विश्वास किया है और उसे जो बताया गया है, वह यह है कि शास्त्रों के अनुसार जाति और अस्पृश्यता का पालन करने को शास्त्रों में धार्मिक कर्तव्य माना गया है।" (वही, पृष्ठ - 139)

अंबेडकर हिंदू धर्म से जुड़े बुनियादी सवालों को सामने लाते हैं। वे वर्चस्ववादी संस्कृति के ध्वजवाहकों पर सवाल उठाते हैं। वे लिखते हैं कि "जहां तक संतों की बात है, तो यह स्वीकार करना होगा कि महज विद्वानों की तुलना में उनकी शिक्षाएं चाहे जितनी भिन्न और उदात्त रही हों, वे शोचनीय रूप से बेअसर रही हैं। उनके बेअसर होने के दो कारण हैं। प्रथम, किसी भी संत (हिन्दू संत) ने जाति प्रथा पर हमला नहीं किया है। इसके विपरीत, वे जाति व्यवस्था के प्रचंड समर्थक थे। उनमें से अधिकांश जिस जाति के थे, उसी जाति में जीये और उसी जाति में मरे। ब्राह्मण के रूप में अपनी हैसियत के प्रति ज्ञानदेव इतने अनुरक्त थे कि जब पैथान के ब्राह्मणों ने उन्हें अपने समुदाय में शामिल करने से मना कर दिया, तब ब्राह्मणों के बीच ब्राह्मण के रूप में मान्यता पाने के लिए उन्होंने जमीन-आसमान एक कर दिये थे। और संत एकनाथ ने भी, जिन्हें नायक के रूप में रखकर 'धर्मात्मा' नाम की फिल्म बनी है, क्योंकि उन्होंने अस्पृश्यों को छूने और उनके साथ भोजन करने का साहस दिखाया था, ऐसा इसलिए नहीं किया कि वे जाति के विरोधी थे, बल्कि इसलिए

किया कि उन्हें लगता था कि इससे जो छूत लगेगी, उसे गंगा नदी के पवित्र जल में एक डुबकी लगाने भर से धोया जा सकता है। (अंत्यजाचा विटाळ ज्यासि। गंगास्नाने शुद्धत्व त्यासि।।, एकनाथि भागवत, अ. 28, ओ.191) जहां तक मेरी जानकारी है, संतों ने कभी भी जाति और अस्पृश्यता के खिलाफ अभियान नहीं चलाया। मनुष्यों के बीच संघर्ष से उन्हें कोई मतलब नहीं था। उनका सरोकार मनुष्य और ईश्वर के बीच संबंध से था। उन्होंने यह सीख नहीं दी कि सभी मनुष्य बराबर हैं। उनकी सीख यह थी कि ईश्वर की नज़र में सभी मनुष्य बराबर हैं– एक निहायत भिन्न और हानि-रहित प्रस्ताव, जिसकी शिक्षा देना किसी के लिए भी कठिन और जिसमें विश्वास करना किसी के लिए भी खतरनाक नहीं हो सकता। संतों की शिक्षाओं के बेअसर होने का दूसरा कारण यह है कि जनसाधारण को यह सिखाया गया है कि संत जाति को तोड़ सकते हैं, पर सामान्य लोग नहीं। इसलिए कोई भी संत अनुकरणीय उदाहरण नहीं बन सका। वह हमेशा एक पवित्र व्यक्ति बना रहा, जिसका आदर किया जाना चाहिए।" (वही, पृष्ठ - 140)

अंबेडकर कहते हैं कि "शास्त्रों की सत्ता को, जो अभी भी जनसाधारण के आचरण को अनुशासित करती है, चुनौती देने के अलावा इस स्थिति का सामना कैसे किया जा सकता है– यह एक ऐसा प्रश्न है, जिस पर महात्मा ने विचार नहीं किया है। लेकिन जनसाधारण को शास्त्रों की शिक्षाओं से मुक्त कराने के प्रभावशाली साधन के रूप में महात्मा जो भी योजना सामने रखते हैं, उन्हें यह स्वीकार करना होगा कि एक नेक आदमी द्वारा जीया जा रहा पवित्र जीवन उसके लिए चाहे जितना उदात्त हो, लेकिन संतों और महात्मा के प्रति जनसाधारण का जो नज़रिया है– आदर करना, पर अनुकरण न करना– उससे बात बनने वाली नहीं है।" (वही)

गांधी द्वारा ज्ञानदेव, तुकाराम, तिरुवल्लुवर, रामकृष्ण परमहंस इत्यादि लोगों को मानक माने जाने संबंधी टिप्पणी पर अंबेडकर कहते हैं "महात्मा के मुताबिक, किसी भी धर्म का मूल्यांकन उसके निकृष्टतम उदाहरणों के आधार पर नहीं, बल्कि जो श्रेष्ठतम उसने पैदा किया हो, उसके आधार पर किया जाना चाहिए। इस वक्तव्य के प्रत्येक शब्द से मैं सहमत हूं। लेकिन यह समझने में मैं बिल्कुल असमर्थ हूं कि यह कहकर महात्मा साबित क्या करना चाहते हैं? यह एकदम सही है कि किसी धर्म का मूल्यांकन उसके निकृष्टतम उदाहरणों से नहीं, बल्कि उसके सर्वश्रेष्ठ से किया जाना चाहिए, लेकिन क्या इतने भर से बात खत्म हो जाती है? मेरा कहना है, बात खत्म नहीं होती। यह सवाल फिर भी बना रह जाता है– निकृष्ट लोगों की संख्या इतनी ज्यादा और उत्कृष्ट लोगों की संख्या इतनी कम क्यों? मेरे विचार से इस प्रश्न के सिर्फ दो उत्तरों की कल्पना की जा सकती है :-

1. जो निकृष्ट हैं, उनमें कुछ ऐसी मौलिक विकृति है कि वे नैतिक शिक्षा ग्रहण ही नहीं कर सकते और इसलिए धार्मिक आदर्श को समझने या उस पर आचरण करने से बहुत दूर रह जाते हैं। अथवा
2. धार्मिक आदर्श एक सर्वथा गलत आदर्श है, जिसने बहुतों के जीवन को एक गलत नैतिक मोड़ दे दिया है और जो उत्कृष्ट हैं, वे इस गलत आदर्श के बावजूद उत्कृष्ट बने हैं– वास्तव में इस गलत मोड़ को एक सही दिशा देकर। इन दोनों व्याख्याओं में से पहली को स्वीकार करने में मैं असमर्थ हूं और मुझे विश्वास है, महात्मा भी इसके विपरीत जाने का आग्रह नहीं करेंगे। मेरे विचार से, दूसरी व्याख्या ही एकमात्र तार्किक और बुद्धिसंगत व्याख्या है– जब तक महात्मा इस बात की व्याख्या करने के लिए कि निकृष्ट इतने ज्यादा और उत्कृष्ट इतने कम क्यों हैं, कोई तीसरा विकल्प प्रस्तुत नहीं करते। यदि दूसरी व्याख्या ही एकमात्र सही व्याख्या है, तो स्पष्टत: महात्मा का यह तर्क कि किसी भी धर्म का मूल्यांकन उसके सर्वोत्तम अनुयायियों से किया जाना चाहिए, हमें उन बहुतों पर दया करने के अलावा और कहीं नहीं ले जाता, जो इसलिए गलत हैं, क्योंकि उन्होंने गलत आदर्शों की पूजा की है।" (वही, पृष्ठ - 140, 141)

बहरहाल, सवाल यही है कि उत्कृष्ट और निकृष्ट की परिभाषा क्या हो? बहुसंख्यक निकृष्ट और अल्पसंख्यक उत्कृष्ट कैसे? यही सवाल गांधी और अंबेडकर के बीच टकराहट का मूल सवाल है और भारतीय समाज का भी। इस पर मंथन जरूरी है।

(लेखक फारवर्ड प्रेस के हिंदी संपादक हैं)

डॉ. भीमराव अंबेडकर को महात्मा गांधी क्यों नहीं समझ पाए?

- डॉ० गुलाब सिंह

समाज विज्ञान जितना सरल दिखता है उतना है नहीं। प्रायः समाज विज्ञान के तथ्यों को स्थापित वर्चस्वशाली नजरिये से पेश किया जाता है, इसलिए प्राकृतिक विज्ञान की तुलना में समाज विज्ञान का दुरुपयोग किये जाने की आशंका बनी रहती है। इसलिए तथ्यों पर कुछ इस तरह के आवरण डाल दिये जाते हैं जिससे सत्य ओझल हो जाता है। इतना ही नहीं असत्य को ही सत्य बनाकर प्रस्तुत किया जाता है और शासन अपने लिए समाज विज्ञान का बेजा इस्तेमाल करने में कामयाब हो जाता है। इस दृष्टिकोण से अगर मोहनदास करमचंद गांधी और डॉ. भीमराव अंबेडकर की वैचारिकी को देखा जाए तो कुछ बातें साफ हो सकती हैं। गांधी का राजनैतिक व्यक्तित्व औपनिवेशिक दासता के खिलाफ भारत के मध्यवर्गीय मानस की सक्रियता का द्योतक है। दरअसल यह एक वृहत आबादी और विविधता वाले मुल्क में यहां के बोदे मध्य वर्ग का प्रतिनिधित्व करता है। बोदा कहने से तात्पर्य यहां के मानस में जाति-पाति, छुआछूत, धार्मिक संकीर्णता, स्थानिक संकीर्णता और पाखंड, आडंबर पोषित धार्मिकता मंडित मानस से है। इसलिए उनका अधिकतम प्रगतिशील नायक गांधी ही हो सकता है। इसलिए तद्युगीन समाज में भगत सिंह व डॉ.भीमराव अंबेडकर के विचारों की स्वीकारोक्ति बेहद आधुनिक व क्रांतिकारी होने के बावजूद अपेक्षित रूप से स्थान नहीं बना पाती।

यहां डॉ. अंबेडकर व गांधी के वैचारिक पहलुओं पर नज़र डालने पर दोनों का भेद साफ दिखाई देता है और इससे उनकी वर्गीय पक्षधरता भी साफ दिखलाई देती है। गांधी जाति को बहुत महत्त्वपूर्ण मानते हैं। बल्कि इसमें मौजूद अर्थव्यवस्था और उत्पादकता को स्थापित करने की भरसक कोशिश करते हैं। वे जाति को भारतीय समाज की अनिवार्यता बताते हुए उसकी प्रासंगिता को सिद्ध करते हैं। इसके विपरीत डॉ. अंबेडकर के लिए

जाति-पांति सबसे ज्यादा उत्पीड़नवादी, तरक्की विरोधी और अन्याय परक है। वे अपने तमाम आधुनिक विचारों की रोशनी में जाति-व्यवस्था के शोषणकारी स्वरूप को उखाड़ फेंकने के लिए अपने राजनैतिक विचारों को निर्मित करते हैं व आधुनिक समाज की पुनर्रचना का विचार रखते हैं। परंपरा के लिहाज से भी गांधी रामराज का 'यूटोपिया' सामने रखते हैं जो इतिहास संगत नहीं है। दूसरा जाति व्यवस्था पोषक है, स्त्री विरोधी है और आर्य विजय और द्रविड़ पराजय की सैद्धांतिकी को स्थापित करते हुए सवर्ण हिंदू मानस की धार्मिक ग्रंथी के अनुकूल पड़ता है। इसके विपरीत डॉ. अंबेडकर स्वयं को बौद्ध परंपरा से जोड़कर इसके ऐतिहासिक सवर्णिम पहलुओं को सामने लाते हैं और आधुनिक समाज में इसके तर्क संगत पहलुओं को स्थापित करने की बात करते हैं। यह विचार उन्हें समता, न्याय और आजादी की आधुनिक धारना के अनुकूल प्रतीत होता है। यह जाति-पांति की कुरीतियों के खिलाफ था और अंधविश्वास और पाखंडों के खिलाफ जनजागरण का द्योतक। डॉ.अंबेडकर इस ज्ञानोदय का नवीन परिस्थितियों में प्रयोग करने की ठोस वकालत करते हैं और भारत को बौद्ध विचार की ओर मोड़ने का आह्वान करते हैं। गांधी की जाति-पांति आधारित संरचना ग्राम आश्रित है जो उत्पादन की पुरानी गैर-बराबरी आधारित व्यवस्था की स्थापना पर आधारित है। यह उत्पीड़नकारी पारंपरिक पेशों से कामगार जातियों की युक्ति की बजाय उसे यथापूर्व बनाए रखने की वकालत करती है। इसके विपरीत डॉ. अंबेडकर दलितों को आह्वान करते हैं कि उन्हें जितना जल्दी हो सकता है गांव छोड़ देना चाहिए क्योंकि उनके दृष्टिकोण में गांव सामंती उत्पीड़न के केंद्र हैं और सामंतवाद को तोड़कर ही नये औद्योगिक समाज की ओर आगे बढ़ा जा सकता है। इस आधार पर भी गांधी और डॉ. अंबेडकर के विचारों की वर्गीय पक्षधरता साफ दिखलाई पड़ती है। गांधी अपने वर्ग के हितों को लेकर प्रयासरत है तो डॉ. अंबेडकर वृहद दलित शोषित वर्गों को गोलबंद करने लिए सक्रिय रहते हैं। गांधी विचार का एक महत्त्वपूर्ण पहलू है, मशीन का विरोध। उनकी नजर में मशीन बेरोजगारी का कारण बनकर अति उत्पादकता पैदा करती है। वे मजूदर वर्ग को कठिन, बोझिल श्रम से मुक्ति के नजरिये से मशीन के महत्त्व को नहीं देखती। मनुष्य की यंत्रजीवी प्राणी की नवधारणा को दरकिनार करते हैं। जबकि डॉ. अंबेडकर आधुनिक मशीनरी और इसके आधार पर उत्पादन बढ़ाने के समर्थक हैं। क्योंकि मशीन से कार्य करने पर पारंपरिक दस्तकार वर्ग कुशल मजदूर बनकर ताकतवर बनेगा और सामंती बेड़ियों को बर्दाश्त नहीं करेगा। जबकि गांधी जिस वर्ग की नुमाइंदगी करते वह श्रम से नहीं जुड़ा है। वह तो श्रम फल को बटोरने वाला - साहुकार, जमींदार और पुरोहित वर्ग है। हाड़तोड़ मेहनत करने वाले दलित कठिन श्रम करने को मौजूद जो है, फिर मशीन की जरूरत क्या है?

अतः दोनों की विचारधारा उसके आधार वर्ग के हितों के मद्देनजर निर्मित होती है। वह उससे अलग हो ही नहीं सकती। चालाक बुर्जआ वर्ग राष्ट्रीय एकता के नाम पर राष्ट्र की

परिधि में रहने वाले जनसमुदाय के मध्य विभाजक रेखा को मानने का विरोध करके ऐसे किसी विभाजन से साफ इंकार करता है। उसे डॉ. भीमराव अंबेडकर नैतिकतावादी धार्मिक व दयावान नजरिये से धूमिल करने की चालें चलता है। जबकि उत्पीड़ित वर्गों का कोई भी प्रतिनिधि उस विभाजक रेखा को साफ तौर पर दिखाता है और इस आधार पर वर्गीय गोलबंदी करने की कोशिश करके उत्पीड़ित वर्गों के हितों के मद्देनज़र समाज की पुनर्रचना की वकालत करता है। इसमें गांधी भी ऊपर वाले वर्ग के पोषक हैं और अंबेडकर बाद व ले वर्ग के हितैषी। गांधी के अहिंसावाद और सत्याग्रह की बात बहुत की जाती है, किंतु डॉ. अंबेडकर शोषणकारी साजाजिक स्थितियों को निर्मूल करके दीर्घकालीन व्यापक हिंसावाद अवैज्ञानिक और भोथरा प्रतीत होता है जो उच्च वर्गीय और उच्च जातीय शोषण में स्थित हिंसा को नज़र अंदाज करता है। सत्याग्रह का इस्तेमाल भी वे अपने उच्च वर्गीय एजेंडे के तहत करते हैं। अंग्रेजी हुकूमत से आज़ादी के समय कम्यूनल अवार्ड, जिसमें दलितों के लिए अधिक प्रतिनिधित्व की गुंजाइश थी का विरोध गांधी इस हद तक करते हैं कि वे कह उठते हैं, "अगर अंग्रेज लोग मुझे आजादी देते हैं और उसमें अछूतों को अधिकार देते हैं तो ऐसी आजादी मुझे नहीं चाहिए।" गांधी विचार में अस्पृश्यता निवारण के ऐजेंडे को जोड़ा गया जो वास्तव में दलित उत्थान अथवा उनके शोषण को खत्म करने की भावना से नहीं जुड़ा। वह तो दलित वर्ग को ऊर्जावान दलित आंदोलन से भटकाने की उनकी नीति का परिणाम है। उनकी आत्मसातीकरण की शासक वर्गीय विचाराधारा का हिस्सा है। डॉ. अंबेडकर हरिजन प्रेम की पोल खोलते हैं और इसके भेदभाव परक स्वरूप की निंदा करते है। अंबेडकर के विचार के तहत गांधी जी के इस ऐजेंडे को बखूबी समझा गया और अंबेडकर के आधार वर्ग ने इसे सिरे से खारिज़ कर दिया। किंतु हमारे तटस्थ व निष्पक्ष समाज वैज्ञानिकों को गांधी का हरिजन प्रेम दिखलाई पड़ता है। इसमें स्थापित दलित द्वेष दिखाई पड़ता है, इसमें स्थापित दलित द्वेष ओझल हो जाता है। इन तमाम बिंदुओ पर विचार करने से साफ जाहिर है कि गांधी और डॉ. अंबेडकर के विचारों में मौजूद विभाजकता किसी व्यक्तिगत द्वेष के कारग नहीं, अपितु उनके वर्गीय दृष्किोण से प्रेरित और संचालित है। वे अपने वर्ग की चिंताओं के कारण ही व्यक्तित्वमान हैं अन्यथा सामान्य नागरिक से भिन्न नहीं। उनका वर्गीय आग्रह ही उनके वैचारिक स्वरूप को निर्मित करता है और उनकी छवि को समाज के समक्ष रखता है। डॉ. अंबेडकर के निम्नवर्गीय आग्रह को गांधी के 'सत्याग्रह' से अपस्थ नहीं किया जा सकता। क्योंकि 'सत्याग्रह' में जुड़ा सत्य प्रश्नांकित किया गया इसका ऊपर घुमा-फिराकर देने की तमाम 'एक्सर्साइज़' उपहासास्पद ही साबित हुई। गांधी जी की वर्गीय पक्षधरता अंबेडकर को समझकर भी उसके न्यायपरक स्वरूप उसके आधुनिक और तरक्की पसंद नज़रिये के विरुद्ध खड़ी होती है।

(लेखक मार्क्सवादी दलित चिंतक एवं एक्टिविस्ट)

गांधी और अंबेडकर:
राष्ट्र निर्माण की दो विश्वदृष्टियों का संघर्ष

- डॉ. अलख निरंजन

महात्मा गांधी और डॉ. अंबेडकर बीसवीं सदी की प्रभावशाली व महान विभूतियों में गिने जाते हैं। महात्मा गांधी और डॉ. अंबेडकर की उम्र में एक पीढ़ी का अंतर था। गांधी 02 अक्टूबर 1869 को पैदा हुए थे और अंबेडकर का जन्म 14 अप्रैल, 1891 को हुआ था। गांधी का ज्येष्ठ पुत्र हीरालाल गांधी का जन्म 23 अगस्त, 1888 में हुआ था। इस प्रकार अंबेडकर, गांधी से उम्र में 22 वर्ष छोटे थे और उनके ज्येष्ठ पुत्र हीरालाल से 3 वर्ष छोटे थे। लेकिन भारत की राजनीति में प्रत्यक्ष हस्तक्षेप दोनों विभूतियों ने एक ही समय किया। जनवरी 1915 में गांधी दक्षिण अफ्रीका से बच्चों की पढ़ाई और अपनी वकालत बंबई में शुरू करने के लिए भारत लौटे। फरवरी 1916 में काशी हिंदू विश्वविद्यालय, वाराणसी के समारोह में सार्वजनिक तौर पर भारत के राष्ट्रवादियों एवं रजवाड़ों के समक्ष गांधी ने अपना विचार व्यक्त किया। इस भाषण में गांधी ने भारत की राजनीति में सक्रिय होने के स्पष्ट संकेत दिए। डॉ. अंबेडकर ने 9 मई 1916 को कोलंबिया विश्वविद्यालय में मानव विज्ञान के सेमिनार में एक शोधपत्र पढ़ा। किसी भी सार्वजनिक मंच पर डॉ. अंबेडकर द्वारा दिया गया यह पहला भाषण था। इस भाषण की विषय-वस्तु और अंबेडकर के तेवर से स्पष्ट था कि वे भारतीय राजनीति में सक्रिय हस्तक्षेप की उद्घोषणा कर रहे हैं। दोनों महापुरुषों के भाषण से श्रोता आश्चर्यचकित थे। गांधी ने अपने भाषण में स्वराज के लिए चल रहे आंदोलन की कड़ी आलोचनात्मक समीक्षा प्रस्तुत की तो अंबेडकर ने भारत में जाति की कड़वी एवं वीभत्स सच्चाई से विश्व के महानतम, बुद्धिजीवियों को अवगत कराया। इसके बाद का इतिहास गांधी और अंबेडकर के विचारों के बीच संघर्ष का इतिहास है। भारत के नवनिर्माण की दृष्टि से दोनों भिन्न-भिन्न विश्वदृष्टियों के प्रतिनिधि हैं। दोनों विश्वदृष्टियां एक-दूसरे की विरोधी हैं। गांधी की दृष्टि में भारत के नवनिर्माण का अर्थ था भारत में वैदिक

संस्कृति के मूल्यों की स्थापना और डॉ. अंबेडकर पाश्चात्य आधुनिक मूल्यों के आधार पर भारत का नवनिर्माण करना चाहते थे और इन मूल्यों को बौद्ध सभ्यता के मूल्यों से जोड़ते थे। भारतीय राजनीति आज भी इन्हीं दोनों दृष्टिकोणों के बीच संघर्ष की राजनीति है। दोनों महापुरुषों की मंजिलें अलग हैं इसलिए रास्ते भी अलग हैं और साधन भी अलग हैं।

गांधी ने अपने जीवन में तीन पुस्तकें लिखीं। 1908 में 'हिंद स्वराज', 1929 में 'सत्य के साथ मेरे प्रयोग या मेरी आत्मकथा' और तीसरी 1948 में 'की आफ हेल्थ।' 'हिंद स्वराज' गांधी की राजनैतिक विचारों की पुस्तक है। इसके अतिरिक्त उन्होंने अपने भाषणों एवं पत्र-पत्रिकाओं में समय-समय पर अपने विचारों को व्यक्त किया। हालांकि गांधी ने मात्र तीन पुस्तकें लिखी लेकिन उनके ऊपर आज की तिथि तक हजारों पुस्तकें लिखी जा चुकी हैं और अभी भी लिखी जा रही हैं। एक हजार से अधिक जीवनियाँ तो मात्र अंग्रेजी भाषा में लिखी गई है। हिंदी, गुजराती, मराठी, फ्रेंच जैसी तमाम देशी और विदेशी भाषाओं में भी अनगिनत जीवनियां लिखी गई हैं। गांधी के भाषण, लेखों और पत्रों के संकलन का 100 खंड प्रकाशित किया जा चुका है। गांधी के जीवन और विचार प्राथमिक शिक्षा के पाठ्यक्रमों से लेकर उच्च शिक्षा के पाठ्यक्रमों में प्रमुखता से शामिल किए गए हैं। इसके विपरीत डॉ. अंबेडकर ने अर्थशास्त्र, राजनीति, समाज, धर्म आदि विविध विषयों पर लगभग 20 पुस्तकें लिखीं और प्रकाशित कराया लेकिन डॉ. अंबेडकर पर सभी भाषाओं में लिखी पुस्तकों की संख्या अभी सैकड़ों में ही होगी। उनकी जीवनियों की संख्या भी शायद ही दहाई पार कर पाएं। अंबेडकर के लेखन, भाषण और पत्रों के संग्रह के नाम पर उनके द्वारा लिखित और प्रकाशित पुस्तकों का ही संग्रह प्रकाशित है जो अंग्रेजी में 17 खंडों में है। इसी का अनुवाद हिंदी सहित अन्य भाषाओं में भी प्रकाशित है। पत्र-पत्रिकाओं में लिखे लेखों, भाषणों, पत्रों एवं साक्षात्कारों आदि का प्रकाशन अभी भी नहीं हुआ है। प्राथमिक से लेकर विश्वविद्यालय स्तर के पाठ्यक्रमों से अंबेडकर एवं उनका साहित्य बाहर है। गांधी को महामानव के रूप में भारतीय शासक जातियों द्वारा स्थापित करना एवं अंबेडकर को तिरस्कृत करना कोई सामान्य घटना नहीं है। इसे भारत की शासक जातियों के वास्तविक चरित्र का पता चलता है। कुछ वर्षों पहले एक निजी समाचार चैनल ने 'गांधी के बाद महान भारतीय' की खोज के लिए एक सर्वेक्षण कराया जिसमें डॉ. अंबेडकर को गांधी के बाद महान भारतीय का खिताब दिया गया। प्रश्न यह उठता है कि गांधी को इस सर्वेक्षण से बाहर रखकर चैनल ने स्वयं उनको महान घोषित कर दिया। चैनल को यह डर था कि गांधी को सर्वेक्षण में शामिल किया गया तो कहीं अंबेडकर गांधी से भी ज्यादा अंक न प्राप्त कर लें। चैनल का डर वास्तविक था। आज अंबेडकर, गांधी से आगे निकल गए हैं। इस समय जितने भी आंदोलन लोकतांत्रिक मूल्यों को बचाने

के लिए चल रहे हैं उन सभी में डॉ. अंबेडकर की तस्वीर प्रमुखता से दिखाई देती है। डॉ. अंबेडकर आज लोकतांत्रिक मूल्यों के लिए संघर्ष के प्रतीक बन गए हैं। विश्वविख्यात गांधीवादी इतिहासकार रामचंद्र गुहा भी डॉ. अंबेडकर की तस्वीर के साथ प्रदर्शन करते हैं जिन्होंने गांधी को स्थापित करने के लिए अपना पूरा जीवन लगा दिया, बड़े-बड़े भारी-भरकम ग्रन्थों की रचना कर डाली, लेकिन डॉ. अंबेडकर के ऊपर दस पृष्ठ भी नहीं लिखा। यही भारत के बुद्धिजीवी वर्ग का वास्तविक चरित्र है। सवर्ण जातियों के बुद्धिजीवियों ने जितना परिश्रम गांधी को देश और विदेश में स्थापित करने हेतु किया, उसका 10 प्रतिशत परिश्रम भी डॉ. अंबेडकर को स्थापित करने के लिए किया होता तो रामचंद्र गुहा जैसे इतिहासकारों को आज डॉ. अंबेडकर का चित्र लेकर सड़क पर प्रदर्शन नहीं करना पड़ता। जिन लोकतांत्रिक अधिकारों और संस्थाओं को बचाने हेतु रामचंद्र गुहा जैसे हजारों सवर्ण बुद्धिजीवी संघर्ष कर रहे हैं उनके पक्ष में गांधी कभी भी नहीं थे। गांधी उन्हें पश्चिमी संस्था मानते थे तथा लोकतंत्र, स्वतंत्रता, समानता, न्याय व बंधुत्व को पश्चिमी सभ्यता का मूल्य मानते थे। इसीलिए इन मूल्यों और इन मूल्यों को पुष्पित, पल्लवित व संरक्षित करने हेतु निर्मित संस्थाओं को बचाने के लिए डॉ. अंबेडकर की आवश्यकता पड़ रही है। पुस्तक 'हिंद स्वराज' में गांधी अंग्रेजों से स्पष्ट कहते हैं कि 'हम मानते हैं कि आपके कायम किए हुए स्कूल और अदालतें हमारे काम की नहीं हैं। हम चाहते हैं कि उनके बदले हमारी पुरानी पाठशालाएं और पंचायती अदालतें फिर से स्थापित हो जाए।'

गांधी के दर्शन को भारतीय बुद्धिजीवियों ने 'गांधीवाद के रूप में' देश और विदेश में प्रचारित किया। गांधीवाद को एक नया दर्शन कहा गया। जबकि वास्तविकता यह है कि गांधी वैदिक संस्कृति के मूल्यों को ही नवीन शब्दों में प्रस्तुत कर रहे थे। इन मूल्यों को गांधी भारतीय सभ्यता का मूल्य कह रहे थे जबकि ये सभी मूल्य वैदिक संस्कृति के मूल्य थे। भारतीय इतिहास में दो सभ्यताओं का प्रमाण मिलता है। एक है सिंधु घाटी सभ्यता तथा दूसरी है बौद्ध सभ्यता। रामराज्य जैसी अवधारणा इन दोनों सभ्यताओं में नहीं है। रामराज्य वैदिक संस्कृति की अवधारणा है। गांधी के अनुसार 'रामराज्य' ईश्वर का राज्य है। 'ईश्वर का राज्य' बौद्ध सभ्यता की अवधारणा नहीं है। यह वैदिक संस्कृति की अवधारणा है। अहिंसा और सत्याग्रह, अपने विचारों को जनता और सरकार के समक्ष प्रस्तुत करने की विधि है। इसे स्वतंत्र दार्शनिक मूल्य के रूप में गांधी के मौलिक दर्शन के रूप में प्रचारित किया गया। वास्तव में अहिंसा और सत्याग्रह लोकतांत्रिक आंदोलन की विधि है जो गांधी के समय के बहुत पहले से ही प्रयोग में लाई जा रही थी। भारत में महात्मा फुले इसी विधि को अपनाते थे। लोकतांत्रिक आंदोलन को अहिंसा और सत्याग्रह कहने के पीछे गांधी की क्या मंशा थी। वे चाहते तो अपने आंदोलन को लोकतांत्रिक आंदोलन भी कह

सकते थे। कारण स्पष्ट है। गांधी बहुत ही प्रतिभाशाली एवं महत्त्वाकांक्षी व्यक्ति थे। उनकी घोर आस्था वैदिक संस्कृति के मूल्यों में थी। लेकिन जिस समय गांधी वैदिक संस्कृति के मूल्यों को भारत में स्थापित करना चाहते थे उस समय इन मूल्यों को पुनर्स्थापित करने की परिस्थितियां नहीं थी। अंग्रेज शासन कर रहे थे, जिनकी सभ्यता वैदिक मूल्यों के विरोध में थी। ईसाई धर्म में शुद्धता-अशुद्धता का मूल्य नहीं है। इसलिए वे गाय और सूअर दोनों खाते थे। मुसलमानों द्वारा गाय का मांस खाना वैदिक संस्कृति के सामने बहुत बड़ी चुनौती थी, अछूतों और आदिवासियों में भी वैदिक मूल्यों के प्रति कोई आसक्ति नहीं थी। इसलिए गांधी ने वैदिक मूल्यों को अपना मौलिक दर्शन कहकर प्रस्तुत किया। गांधी स्वयं कहते हैं कि रामराज्य का अर्थ हिंदू राज नहीं है, ईश्वर का राज्य है। तो गांधी रामराज्य क्यों कहते हैं सीधे ईश्वर का राज्य क्यों नहीं कहते हैं। इसी प्रकार स्वराज्य का उस समय सामान्य और प्रचलित अर्थ, ब्रिटिश राजसत्ता से भारत की आजादी है। लेकिन गांधी कहते हैं कि स्वराज्य का अर्थ है- अपने मन पर राज्य करना। यह एक नैतिक अवधारणा है। गांधी सत्य की खोज करते हैं और कहते हैं कि ईश्वर ही सत्य है। तो फिर गांधी यह क्यों नहीं कहते कि मैं ईश्वर की खोज कर रहा हूं। गांधी ने अपने मौलिक दर्शन के नाम पर जिन शब्दों को गढ़ा, उन सभी के प्रचलित अर्थ के विपरीत एक नया अर्थ दिया। यह दार्शनिक का कार्य नहीं है यह राजनीतिज्ञ का कार्य है। इसलिए गांधी दार्शनिक नहीं है। गांधी मूलतः वैदिक संस्कृति की रक्षा करना चाहते थे चूंकि परिस्थितियां विपरीत थी, इसलिए अपने विचारों को अस्पष्टता के साथ प्रस्तुत करते थे। जिससे समय अनुकूल होने पर रामराज्य को हिंदू राज, अहिंसा को हिंसा, सत्याग्रह को दुराग्रह, स्वराज्य को 'अंग्रेजों को भारत से निकालने' जैसे शब्द युग्मों से आसानी से प्रतिस्थापित किया जा सके।

वैदिक धर्म और संस्कृति के रक्षक के रूप में गांधी का चेहरा उस समय सामने आता है जब वे वर्ण व्यवस्था और जाति व्यवस्था के पक्ष में खड़े हो जाते हैं। वे कहते हैं कि 'जाति प्रथा एक सामाजिक विधान है। भारत में उसे धार्मिक जामा पहना दिया गया है। अन्य देशों में जहां जाति व्यवस्था की उपयोगिता नहीं समझी गयी, वहां यह ढीले-ढाले रूप में मौजूद रही और इसी वजह से वे लोग इस व्यवस्था से उतना लाभान्वित नहीं हो सके जितना भारत हुआ।' जाति प्रथा से भारत में कौन लाभान्वित हुआ। उत्तर होगा ब्राह्मण, क्षत्रिय और वैश्य जातियों के लोग जाति प्रथा से लाभान्वित हुए। आज भी भारत के संसाधनों पर इन्हीं का कब्जा है। आज भारत में जितने भी अरबपति है, सभी बनिया या वैश्य है। न्यायपालिका, प्रशासकीय सेवा और विश्वविद्यालयों में ब्राह्मणों, कायस्थों और क्षत्रियों का कब्जा है। 85 प्रतिशत जनसंख्या जाति प्रथा के कारण ही नारकीय व पशुवत जीवन जीने को मजबूर है। आज भी 90 प्रतिशत दलित भूमिहीन है। 80 करोड़ लोग 20

रुपए प्रतिदिन से कम पर गुजारा करते हैं। क्या यह 85 प्रतिशत जनता गांधी के 'भारत' का हिस्सा नहीं है जिसे जाति प्रथा से कोई लाभ नहीं हुआ है। दुर्भाग्य से यही सच्चाई है। जिस तरह से गांधी वैदिक संस्कृति को भारत की सभ्यता मानते हैं उसी प्रकार ब्राह्मण क्षत्रिय, वैश्य अर्थात् द्विज वर्णों को ही भारत के संसाधनों के उपयोग और उपभोग का अधिकारी मानते हैं। शूद्र, महिलाएं एवं दलित तीनों उच्च वर्णों की सेवा के लिए हैं। लेकिन गांधी की सच्चाई को सवर्ण बुद्धिजीवियों द्वारा उजागर नहीं होने दिया गया। गांधी अपने जीवन के उत्तरार्ध में जाति प्रथा पर थोड़ा नरम रूख अपनाते हैं लेकिन वर्ण व्यवस्था का समर्थन जीवनपर्यंत करते रहते हैं। गांधी कहते हैं कि 'मैं विश्वास करता हूं कि वर्णों का विभाजन जन्म पर आधारित है। वर्ण व्यवस्था में ऐसी कोई बात नहीं है, जो शूद्रों को विद्याध्ययन अथवा आक्रमण या प्रत्याक्रमण करने वाली सैनिक युद्ध कला सीखने से वंचित करती हो। इसके विपरीत भी, क्षत्रिय के लिए सेवा अथवा नौकरी करने का विकल्प भी खुला है। वर्ण-व्यवस्था द्वारा उस पर भी कोई रोक नहीं है। वर्ण व्यवस्था इस बात की रोक लगाती है कि शूद्र विद्याध्ययन को अपनी आजीविका नहीं बनाएगा, न ही क्षत्रिय सेवा कार्य को अपनी आजीविका बनाएगा। इसी प्रकार ब्राह्मण युद्ध कला या वाणिज्य सीख सकता है, परंतु उसे अपनी आजीविका नहीं बनाएगा। वैश्य भी विद्या प्राप्त कर सकता है अथवा युद्ध कला सीख सकता है, परंतु उसे अपनी आजीविका नहीं बना सकता। वर्ण व्यवस्था जीविकोपार्जन से संबद्ध है। इसमें कोई हानि नहीं, यदि किसी एक वर्ण का व्यक्ति दूसरे वर्ण की विशेषता वाला ज्ञान या विज्ञान और कला अर्जित कर लेता है। परंतु जहां तक आजीविका का संबंध है, उसके लिए उसे अपने ही वर्ण का पेशा, यानी अपने पूर्वजों का वंशानुगत पेशा ही अपनाना होगा। वर्ण का अर्थ है, मनुष्य के जन्म लेने से पहले ही उसके पेशे का निर्धारण। वर्ण व्यवस्था में किसी मनुष्य को अपनी पसंद का पेशा चुनने की स्वतंत्रता नहीं होती। उसका पेशा उसकी वंश परंपरा से ही निर्धारित रहता है।" ऐसे विचारों के प्रणेता गांधी को सवर्ण विद्वान आधुनिक भारत का महानतम भारतीय घोषित कर चुके हैं। वर्ण व्यवस्था, वैदिक धर्म की रीढ़ है। रीढ़ को बचाकर गांधी वैदिक धर्म की ही रक्षा कर रहे हैं। क्या वर्ण व्यवस्था के आधार पर भारत का नवनिर्माण संभव है। इस प्रश्न पर गांधीवादी विद्वानों को अवश्य विचार करना चाहिए। क्या कोई शूद्र जिसने एमबीबीएस, एमडी की पढ़ाई कर ली है उसे अपने वर्ण धर्म का पालन करना चाहिए या अपनी शैक्षणिक योग्यता के अनुसार चिकित्सक का पेशा चुनना चाहिए। गांधी का स्पष्ट मत है कि उसे शूद्र वर्ण के लिए निर्धारित सेवा का कार्य ही करना चाहिए।

राजनीतिक और सामाजिक विचारों की तरह ही गांधी का आर्थिक विचार तो और भी विचित्र और विरोधाभासी हैं। डॉ. अंबेडकर ट्रस्टीशिप के सिद्धांत पर टिप्पणी करते

हुए कहते हैं कि "ट्रस्टीशिप सबसे ज्यादा हास्यास्पद है, जिसे गांधीवाद सभी विकारों को दूर करने का रामबाण नुसखे के तौर पर पेश करता है और जिसके द्वारा धनी वर्गों के लोग अपनी संपत्ति को गरीबों के न्यास की संपत्ति मानेंगे और स्वयं को उसका मालिक की बजाय न्यासी मानेंगे। इस विषय में यही कहा जा सकता है कि यदि किसी अन्य ने इस इस सिद्धांत का प्रतिपादन किया होता तो लेखक उसे मूर्ख अज्ञानी समझ कर हंस देता कि उस सिद्धांतकार को जीवन की कठोर वास्तविकता का कुछ अता-पता नहीं है और दास वर्गों को यह कहकर धोखा दे रहा है कि नैतिकता एवं सदाचार के उपदेश मात्र से संपत्ति के मालिक, जो अपनी असीम तृष्णा की तृप्ति के लिए सदा से मेहनतकशों की दुनिया को आंसुओं की सौगात देते हैं, उपदेश द्वारा स्वेच्छा से वर्गीय व्यवस्था से मिली हुई अपनी बेहिसाब ताकत का दास-वर्गों पर इस्तेमाल की लालसा छोड़ देंगे और परोपकारी और त्यागी बन जाएंगे।" वास्तव में मजदूरों का शोषण और पूंजी से अधिक से अधिक मुनाफ़ा कमाना पूंजीवाद का मौलिक सिद्धांत है। पूंजीपति चाहकर भी उदार और परोपकारी नहीं बन सकते हैं, यह उनके वश में नहीं है। पूंजीवादी समाज में पूंजीपतियों में प्रतियोगिता होती ही है और इस प्रतियोगिता में बने रहना है तो मजदूरों का शोषण करना ही पड़ेगा। मजदूरों का शोषण केवल एक शर्त पर नहीं हो सकता है जब राज्य अर्थव्यवस्था पर अपना नियंत्रण स्थापित कर ले, तो फिर पूंजीपति नहीं रह जाएंगे। इसलिए गांधी का ट्रस्टीशिप का सिद्धांत पूर्णतः धोखा है। इसका सबसे बड़ा प्रमाण यह है कि दुनिया के किसी भी देश की अर्थव्यवस्था में कोई भी पूंजीपति अपने आप को ट्रस्टी नहीं मानता है। अब प्रश्न उठता है कि गांधी ने इस तरह के भ्रामक सिद्धांत क्यों गढ़ा। डॉ. अंबेडकर उत्तर देते हैं कि "गांधीवाद का प्रथम खास लक्षण है कि इसका दर्शन संपन्न लोगों की इस मामले में सहायता करता है कि जो कुछ उनके पास है वह उनके पास बना रहे और जो वंचित लोग हैं, जो कुछ पाना उनका हक है, उन्हें वह हक हासिल करने से रोका जाए।"

गांधी के विपरीत डॉ. अंबेडकर पाश्चात्य दार्शनिक मूल्यों के आधार पर भारत का नवनिर्माण करना चाहते थे। पाश्चात्य दर्शन का अर्थ भौगोलिक नहीं है। पाश्चात्य दर्शन का अर्थ है तर्क आधारित दर्शन जबकि गैर-पाश्चात्य दर्शन को आस्था आधारित दर्शन कहा जाता है। भारत में दर्शन की दोनों परंपराएं रही हैं। चार्वाक और बौद्ध दर्शन तर्क पर आधारित है जबकि वैदिक दर्शन आस्था पर आधारित है। गांधी सहित सभी सवर्ण लेखक, बुद्धिजीवी दर्शन की वैदिक परंपरा को ही भारतीय परंपरा घोषित कर चुके हैं, जबकि यह सत्य नहीं है। आर्यों के विदेशी आगमन के सिद्धांत को यदि माने तो चार्वाक और बौद्ध दर्शन ही भारतीय दर्शन है और वैदिक दर्शन गैर-भारतीय दर्शन घोषित हो जाएगा। हम मूल विषय पर आते हैं। डॉ. अंबेडकर आधुनिक मूल्यों जिसके केंद्र में ईश्वर के स्थान पर

मनुष्य है, आस्था के स्थान पर तर्क है, धर्म के स्थान पर विज्ञान है, और लोक-कल्याण है, के आधार पर भारत का नवनिर्माण करना चाहते थे। इसलिए गांधी के विपरीत डॉ. अंबेडकर अपनी बात तार्किक ढंग और स्पष्ट तरीके से कहते हैं। गांधी वर्ण व्यवस्था के आधार पर हिंदू समाज का नवनिर्माण करना चाहते थे। डॉ. अंबेडकर के विचार से वर्ण व्यवस्था के आधार पर समाज का नवनिर्माण नहीं हो सकता है। डॉ. अंबेडकर ने अपनी पुस्तक 'जाति का विनाश' में अपने विचारों को रखा है। अंबेडकर का मत है कि जाति ने हिंदुओं को बर्बाद कर दिया है। चातुर्वर्ण्य आधार पर हिंदू समाज का पुनर्गठन असंभव है, क्योंकि वर्ण व्यवस्था एक ऐसे बर्तन की तरह है, जिसमें छेद है या ऐसे आदमी की तरह जिसकी नाक बह रही है। यह सिर्फ अपने गुण के आधार पर अपने को बनाए नहीं रख सकती और इसके जाति व्यवस्था के रूप में पतित होने की अंतर्जात क्षमता है, जब तक इसके साथ कानूनी शक्ति न जोड़ी जाए, जिसे वर्ण का नियम तोड़ने वाले हर आदमी पर लागू किया जा सकता हो। वर्ण व्यवस्था के आधार पर हिंदू समाज का पुनर्गठन नुकसानदेह है, क्योंकि वर्ण व्यवस्था का परिणाम होता है, जनसाधारण को शिक्षा के अवसरों से वंचित कर उसका निम्नीकरण करना और शस्त्र धारण करने के अधिकार से वंचित कर उसे कायर बनाना। हिंदू समाज का पुनर्गठन ऐसे धार्मिक आधार पर होना चाहिए, जिसमें स्वतंत्रता, समानता और भातृत्व के सिद्धांतों की स्वीकृति हो। इस उद्देश्य को पाने के लिए जाति और वर्ण को जो धार्मिक मान्यता मिली हुई है, उसे नष्ट करना होगा।" वर्ण व्यवस्था के मूल में असमानता है और यह असमानता धर्मशास्त्रों एवं ईश्वर द्वारा समर्थित है।

विश्व की सभी सामाजिक विकास के विभिन्न चरणों में असमानताओं ने जन्म लिया लेकिन किसी भी सभ्यता में किसी भी तरह की असमानता को धर्म और ईश्वर का समर्थन नहीं मिला। वैदिक धर्म ही ऐसा धर्म है जिसके धर्मशास्त्र जाति के आधार पर असमानता का समर्थन देते हैं। काले-गोरे के भेद को बाइबिल और ईश्वर का समर्थन नहीं हासिल है। इसलिए डॉ. अंबेडकर वर्ण व्यवस्था को ध्वस्त करने के लिए हिंदू धर्मशास्त्रों को भी डॉइनामाइट लगाकर उड़ाने की आवश्यकता को रेखांकित करते हैं। 1927 में उन्होंने स्वयं मनुस्मृति जलाई थी। डॉ. अंबेडकर अपने आदर्श समाज के विषय में कहते हैं कि 'मेरा आदर्श एक ऐसा समाज होगा, जो स्वतंत्रता, समता और भ्रातृत्व पर आधारित हो।' इसकी विस्तृत व्याख्या भी वे करते हैं। यहां यह ध्यान देना भी उचित होगा कि डॉ. अंबेडकर जब भी बात करते हैं तो वे भारतीय समाज के पुनर्गठन की बात करते हैं, जिसमें हिंदू, मुस्लिम, सिख, ईसाई, अस्पृश्य एवं आदिवासी सभी सामाजिक तबके शामिल हैं। गांधी जब भी बात करते हैं तो केवल हिंदू समाज के पुनर्गठन की बात करते हैं।

भारतीय अर्थव्यवस्था के पुनर्गठन के संबंध में भी डॉ. अंबेडकर का विचार स्पष्ट है।

डॉ. अंबेडकर अर्थव्यवस्था का पुनर्गठन राजकीय समाजवाद के सिद्धांतों पर करना चाहते हैं जिसमें औद्योगीकरण एक मुख्य तत्व है। वे खेती के भी औद्योगीकरण का प्रस्ताव रखते हैं, बैंक, बीमा, सहित सभी मूलभूत उद्योगों एवं सभी बड़े उद्योगों को डॉ. अंबेडकर सरकारी नियंत्रण में रखने का प्रस्ताव रखते हैं। अपनी पुस्तक 'राज्य और अल्पसंख्यक' में डॉ. अंबेडकर ने भारतीय अर्थव्यवस्था के पुनर्गठन संबंधी विचारों के व्यक्त किया है जिसके मुख्य बिंदू निम्नलिखित है:-

1. वे उद्योग जो प्रमुख उद्योग हैं अथवा जिन्हें प्रमुख उद्योग घोषित किया जाए, राज्य के स्वामित्व में रहेंगे और राज्य द्वारा चलाए जाएंगे।
2. वे उद्योग जो प्रमुख उद्योग नहीं है, किंतु बुनियादी उद्योग हैं, राज्य के स्वामित्वाधीन रहेंगे और राज्य द्वारा या राज्य द्वारा स्थापित निगमों द्वारा चलाए जाएंगे।
3. बीमा राज्य के एकाधिकार में रहेगा और राज्य हर वयस्क नागरिक को विवश करेगा कि वह अपनी आय के अनुरुप ऐसी जीवन बीमा पालिसी ले, जो विधानमंडल द्वारा विहित की जाए।
4. कृषि राज्य का उद्योग होगा।

सामाजिक विचारों की तरह डॉ. अंबेडकर के आर्थिक विचार भी स्पष्ट एवं पारदर्शी हैं।

डॉ. अंबेडकर, भारत की राजनीतिक प्रणाली लोकतंत्र के सिद्धांतों के आधार पर चलाना चाहते थे। लोकतंत्र को परिभाषित करते हुए उन्होंने कहा कि "लोकतंत्र, सरकार का रूप और शासन पद्धति है, जिसके द्वारा लोगों के आर्थिक और सामाजिक जीवन में बिना रक्तपात के क्रांतिकारी परिवर्तन किए जाते हैं।" आगे वे कहते हैं कि लोकतंत्र, सरकार का एक स्वरूप मात्र नहीं है। यह वस्तुतः साहचर्य की स्थिति में रहने का एक तरीका है, जिसमें सार्वजनिक अनुभव का समवेत रूप से संप्रेषण होता है। लोकतंत्र का मूल है, अपने साथियों के प्रति आदर और सम्मान की भावना। डॉ. अंबेडकर का मत है कि लोकतंत्र चार स्तंभों पर निर्भर हैं :-

1. व्यक्ति अपने आप में एक सिद्धि है।
2. व्यक्ति के कुछ अहरणीय अधिकार होते हैं, जिनकी गारंटी उसे संविधान द्वारा दी जाए।
3. कोई विशेषाधिकार प्राप्त करने की पूर्व शर्त के रूप में किसी व्यक्ति से यह अपेक्षा न की जाए कि वह अपने संवैधानिक अधिकारों में से किसी अधिकार का परित्याग करे।

4. राज्य दूसरों पर शासन करने के लिए गैर-सरकारी लोगों को शक्तियां प्रत्यारोपित न करे।

डॉ. अंबेडकर पाश्चात्य दर्शन की लोकतंत्र की अवधारणा के आधार पर भारत की राजनीतिक सत्ता का पुनर्गठन चाहते हैं। जिसमें स्वतंत्रता, समानता, न्याय, बंधुत्व व व्यक्ति की गरिमा जैसे मूल्यों को मान्यता दी गई है। वे शासन की शक्तियों को व्यवस्थापिका, कार्यपालिका और न्यायपालिका में विभाजित करना चाहते हैं। जबकि गांधी रामराज्य के रूप में एकात्मक शासन स्थापित करने का प्रस्ताव करते हैं जो पूर्णतः जन विरोधी अवधारणा प्रमाणित हो चुकी है।

डॉ. अंबेडकर और महात्मा गांधी दो भिन्न-भिन्न विचारधाराओं के प्रतिनिधि हैं। वैश्विक संदर्भ में डॉ. अंबेडकर पाश्चात्य दर्शन (तर्क) के पक्ष में खड़े हैं तो गांधी गैर-पाश्चात्य दर्शन (आस्था) के पक्ष में खड़े हैं। भारतीय संदर्भ में डॉ. अंबेडकर बौद्ध दर्शन का प्रतिनिधित्व करते हैं तो गांधी वैदिक दर्शन का। भारत के सवर्ण बुद्धिजीवी गांधी और अंबेडकर के विषय में भ्रामक प्रचार करते हैं कि दोनों की मंजिल एक है लेकिन रास्ते अलग-अलग। वास्तव में दोनों की मंजिलें भी अलग-अलग हैं और रास्ते भी अलग-अलग हैं। डॉ. अंबेडकर आधुनिकता के वाहक हैं तो गांधी वैदिक धर्म का पुनरुत्थान चाहते हैं। दोनों के विचारों का संघर्ष ही आज की राजनैतिक, सामाजिक और आर्थिक संघर्षों के मूल में है। इस विचार को सवर्ण बुद्धिजीवी जितना जल्दी स्वीकार कर लेंगे, भारत का भला उतनी ही जल्दी होगा।

(डॉ. अलख निरंजन, राजनीति विज्ञान में पीएच.डी. है। विभिन्न पत्र-पत्रिकाओं में नियमित लेखन। दो पुस्तकें प्रकाशित हैं। 1.नई राह की खोज में समकालीन दलित चिंतक। 2.समकालीन भारत में दलित।)

बाबा साहेब का योगदान व्यक्ति सापेक्ष न होकर समाज सापेक्ष था

-डॉ. राजेश पासवान

बाबा साहब के विषय में सबसे महत्त्वपूर्ण बात यह है कि वह सच्चे अर्थों में राष्ट्र निर्माता हैं। सर्वप्रथम हम यह समझ लें कि राष्ट्र के निर्माण में राष्ट्र निर्माता की क्या भूमिका होती है? राष्ट्र निर्माता की भूमिका यह होती है कि वह अपने राष्ट्र के प्रति पूरी तरह से प्रतिबद्ध एवं संवेदनशील हो। आप देखिए बाबा साहब को जब विदेश में जाकर पढ़ने का मौका मिला, तो वे चाहते तो वहीं रूक कर सेटल हो सकते थे। उन्हें वहां के किसी विश्वविद्यालय में उस समय ऑफर भी मिला था। जिस तरह से आज लाखों की संख्या नें ऐसे लोग मौजूद हैं जो विदेशों में जाकर सेटल हैं। जो विदेशी स्कूलों में यहां के टेक्सपेयर से पैसा प्राप्त करके वहाँ जाते हैं, वहां डिग्रियां हासिल करते हैं, फिर वहीं के होकर रह जाते हैं। हम यह मान के खुश होते हैं कि वह भारतीय मूल के नागरिक हैं। क्या भारतीय मूल का नागरिक होना इस देश के प्रति राष्ट्र प्रेम की एक पहचान है, शायद नहीं। अपनी क्षमता और मेहनत के द्वारा आपने जो सिरजा उसका इस देश की समृद्धि में, इस देश के निर्माण में उपयोग न हो पाना, क्या अपने देश से वफादारी कही जा सकती है। जिस देश की मिट्टी आपके रगों में दौड़ती हो उसके लिये आपने क्या किया? क्या आपने अपने राष्ट्र के निर्माण में कोई भूमिका निभाई? लेकिन बाबा साहेब ने यह नहीं किया। बाबा साहेब के पास कोई बहुत बड़ी वजह भी नहीं थी भारत वापस लौटने की। ऐसा भी नहीं था कि उनके पास कोई बहुत बड़ी ज़मींदारी थी जिससे कि वे नहीं आते तो उनकी ज़मींदारी किसी और को चली जाती। जिस तरह के अमानवीय सामाजिक व्यवस्था में वे यहां काम कर रहे थे उसमें अपमान और वंचना के अलावा उनके लिये और कुछ भी नहीं था। इसके बावजूद वे यहां आये और यहां रहकर काम करना स्वीकार किया। आप सब लोग जानते हैं कि जब उन्हें

सीडम कॉलेज में वहां व्याख्याता की नौकरी मिली, या जब वो शिवाजीराव गायकवाड़ जी के यहां भी काम करते थे तो उनके अधीनस्थ कर्मचारी जो कि ऊंची जाति के थे वे सब भी उनके साथ भेदभाव भरा व्यवहार करते थे। इतना सब सहन करने के बावजूद भी वे यहां पर बने रहे। उनकी निष्ठा और उनका समर्पण इस देश के प्रति बना रहा। यह तभी संभव होता है जब आपकी देश के प्रति निष्ठा बेहद मजबूत हो। यदि अपने देश के प्रति उनकी निष्ठा मजबूत नहीं होती तो वे इस देश को छोड़ कर जा सकते थे परन्तु तब हमें वह महामानव नहीं मिल पाता जिनकी वजह से आज लाखों करोड़ों जिंदगियां बेहतर हो पाई हैं। इस प्रकार भारत को एक मजबूत, संप्रभु और लोकतांत्रिक राष्ट्र बनाने में बाबा साहेब की भूमिका बहुत बड़ी है। उन्होंने यहां पर रहकर के यहां के समस्याओं के साथ जूझते हुए काम करना स्वीकार किया तो ये उनके बहुत बड़े राष्ट्रप्रेमी, राष्ट्रभक्त एवं राष्ट्र निर्माता होने का प्रमाण है। जिस धरती से, जिस मिट्टी से, जिस देश से, जिस समाज से हम निर्मित होते हैं उसके हम ऋणी हैं और उसके प्रति ऋण अदायगी करना भी हमारा कर्तव्य है। बाबा साहेब से यह सीखा जा सकता है कि जहां से हम निर्मित होते हैं उसके प्रति हमारी अपनी जिम्मेदारी होती है और उन जिम्मेदारियों का मौका मिलने पर ईमानदारी से निर्वहन किया जाना चाहिए। बाबा साहब व्यक्तिगत मान-अपमान को बर्दाश्त करने के बावजूद वह समाज और देश के प्रति किसी किस्म का दुराग्रह नहीं रखते थे। हम जानते हैं कि बाबा साहेब को अपने समूचे जीवन में कितना अपमान झेलना पड़ा था। फिर भी उन्होंने ऐसे प्रयास किए जिससे कोई भी व्यक्ति फिर उस तरीके की वंचना और प्रताड़ना का शिकार न हो। व्यक्तिगत अपमान को उन्होंने अपनी विश्वदृष्टि एवं मानवता दृष्टि पर कभी हावी नहीं होने दिया। रामस्वरूप चतुर्वेदी हिन्दी के बहुत बड़े विद्वान रहे हैं, उन्होंने एक जगह लिखा था कि मनुस्मृति के सिद्धांत में बाबा साहेब के समाज के लिए जगह नहीं थी। यानी बाबा साहेब जिस दलित समाज से आते थे उस समाज के लिये मनु के विधान में कोई स्थान न था। लेकिन बाबा साहेब द्वारा जो भारतीय संविधान सृजित किया गया उसमें मनु विधान के लाभान्वितों के लिए भी सम्मानजनक स्थान था। मतलब यह कि इससे पहले वाली व्यवस्था थी जिसमें कुछ खास वर्गों के लोगों को ही विशेषाधिकार हासिल था। बाबा साहेब द्वारा निर्मित संविधान में सबके लिये स्थान जिनमें वे लोग भी शामिल किया गया जो कभी किसी जमाने में शोषक थे। यह उनका लोकतांत्रिक मानवतावादी दृष्टिकोण ही रहा है कि भारतीय संविधान निर्माण में उन्होंने जो कुछ शामिल किया और भारत को एक लोकतांत्रिक देश बनाने में उनकी इस भावना को व्यापक समर्थन भी मिला। अगर उन पर दुराग्रह हावी होते तो इस तरह की चीजें नहीं बन सकती थी। शरद यादव एक बार लोकसभा

में बोल रहे थे, बोलने के दरम्यान उन्होंने लोकसभा के अंदर जिन महापुरूषों के विभिन्न चित्र लगे हुए हैं, उनको दिखाते हुए कहा कि यहाँ जितने भी महापुरूष है इन सब में एक चीज कॉमन है वह यह कि इनमें सबने अपमान सहा। जितने महापुरूष हैं चाहे वे विवेकानंद हों, चाहे रामकृष्ण परमहंस हों, महात्मा गांधी हों, जवाहर लाल नेहरू हों, सुभाषचंद्र बोस हों, बाबा साहेब हों या मौलाना आजाद जितने भी महापुरूष रहे हों उन सबका जीवन कष्टमय रहा है। सबने अपमान सहा है। लेकिन अपमान सहने के बावजूद उन्होंने समूचे मानव कल्याण की कल्पना की। तो यह एक कॉमन चीज थी जो उन्हें महान बनाती है। ऐसे ही महापुरूष बाद में याद किए जाते हैं। महापुरूषों में विभेद करना विभेदकारी राजनीति का हिस्सा हो सकता है लेकिन महापुरूषों के अपने जीवन दर्शन में, उनके अपने जीवन के उद्देश्यों में विभेदकारी स्थितियां नहीं होती हैं। उनके अनुयायी उनकी व्याख्या अपने-अपने तरीके से करते हैं, ये सभी महापुरूषों के साथ है। बाबा साहेब के साथ भी यह चीजें रही हैं परन्तु उन्होंने मान-अपमान को दरकिनार करते हुये सबके कल्याण की भावना व्यक्त की। आज देखिए मानवाधिकार वाली जो बहसे हैं वो बहसे सबके कल्याण की कामना करती हैं। मानवाधिकार वाले विमर्श से यही कहा जाता है कि मनुष्यों के जो न्यूनतम अधिकार है वह सबको मिलना चाहिए। बिना किसी जाति धर्म के भेद भाव से ऊपर उठकर सारे प्राकृतिक संसाधनों पर सबका वाजिब हक होना चाहिए। तो ये सारी चीजें बाबा साहेब की मस्तिष्क में थी और उन्होंने उसी के अनुरूप इस देश की संरचना को बनाया। बाबा साहेव का अपने समय के विद्वानों से बहुत अधिक वैचारिक मतभेद रहा है। अपने लेखन में उन्होंने कभी भी किसी के लिए अपशब्द का इस्तेमाल नहीं किया। हम आज उनके समर्थक होने या उनके विरोधी होने के कारण अपने विरोधियों के प्रति खुलेआम अपशब्द का इस्तेमाल करते हैं और अपने को बाबा साहेब के अनुयायी होने का दंभ भी भरते हैं। हम वाकई में अगर बुद्ध या बाबा साहेब के सच्चे अनुयायी हैं तो अपने विरोधियों के प्रति अपशब्द का प्रयोग करना कहीं से भी सही नहीं है। हमें तार्किक आलोचना करनी चाहिये। बाबा साहेब ने किसी की भी हवा-हवाई आलोचना नहीं की अपितु उस आलोचना के पीछे उनका गहन अध्ययन था। साथ ही जो चीजें समाज में दुष्परिणाम पैदा करने वाली थीं बाबा साहेब ने उसी पर अपनी उंगली रखी। इन सब के कारण वे अपनी बेहद उदार बातें ही रखते हैं आप देखिएगा कि उन्होंने किसी के बारे में नकारात्मक बातें भी लिखी हैं तो उसके पीछे उन्होंने तर्क दिए हैं और उसकी पूरी वैचारिकी प्रस्तुत की है। इस प्रकार आलोचना के लिए किसी किस्म का पूर्वाग्रह बना लेना अपने आप में ठीक नहीं है। आप व्यक्ति का मूल्यांकन उसके कृति, उसके व्यक्तित्व, उसके द्वारा किए जाने वाले कार्यों से कीजिए न की किसी पूर्वाग्रह से ग्रसित होकर।

संविधान को समर्पित करते हुए बाबा साहेब का जो भाषण है वह पठनीय है। राष्ट्रीय एकीकरण एवं राष्ट्र निर्माण की प्रक्रिया के बाधित होने के क्या-क्या कारण हो सकते हैं उनके बारे में बाबा साहेब ने पहले ही आगाह कर दिया था कि हम जिस भारत में प्रवेश कर रहे हैं वह भारत विभिन्न तरीके के जाति, धर्म, संप्रदाय, लिंग में बंटा हुआ होगा। यह वे ज़मीनी सच्चाई है जो आज भी भारतीय समाज में वर्तमान है। भले ही कोई अपने आपको ढोल पीट-पीट कर देशभक्त साबित कर ले, अपने को राष्ट्र निर्माण का बहुत बड़ा चैम्पियन साबित कर ले, लेकिन यदि वह भी इस देश में फैले हुए जातिवाद, सम्प्रदायवाद, धार्मिक संकीर्णता, विभिन्न नस्लों, लिंगों के प्रति भेदभाव को यदि खत्म नहीं कर पा रहा है तो वह एक ढोंगी के अलावा कुछ भी नहीं। अपितु वह सत्ता में रहकर अपनी बातों से इन सब चीजों को बढ़ावा और बल दे रहा है। इस प्रकार वह कहीं से भी देशभक्त नहीं हो सकता। देश के निवासियों के प्रति किसी किस्म का भेदभाव, वैमनस्य या संकीर्ण विचारधारा का प्रचार करने वाला व्यक्ति, चाहे वे किसी भी जाति, धर्म, विचारधारा, किसी भी राजनीतिक दल का हो वह इस देश को खंडित करने का काम कर रहा है। यह सीधे तौर पर स्वीकार कर लेने वाली बात है। बाबा साहेब किसी भी समस्या का समाधान तर्क, ज्ञान, डिबेट और डिस्कशन के सहारे ही करते थे। बाबा साहेब की एक महत्त्वपूर्ण पंक्ति है कि, 'कलम की स्याही शहीद के खून से ज्यादा पवित्र होती है क्योंकि कलम तमाम शहीद पैदा कर देती है।' आशय यह कि जो वैचारिक क्रांति है वह अधिक मजबूत होती है। एक शहीद का अंत उसकी अपनी शहादत के साथ हो जाता है। लेकिन एक विचारक के विचार युगों-युगों तक याद किये जाते हैं। यही एक विचारक की ताकत होती है। विचार लंबे समय तक टिकाऊ होते हैं और वे एक तरह से आदर्श भी प्रस्तुत करते हैं। किसी भी समस्या का जो वैचारिक समाधान बाबा साहेब ने प्रस्तुत किया वह आज भी श्रेयष्कर है। किसी भी समस्या की बारीकी से पड़ताल करते हुए एवं उस समस्या से होने वाले दुष्प्रभावों की समीक्षा कर उसके समाधान प्रस्तुत किये जाय। बाबा साहेब के पास ज्ञान और तर्क की ताकत थी, उनके पास कोई बहुत बड़ा जनाधार नहीं था। बाबा साहेब को उनके समय में ठीक से नहीं समझा गया, न दलितों द्वारा और ना ही गैर-दलितों द्वारा। बाबा साहेब के विचारों को ठीक से समझाने में मान्यवर कांशीराम जी का बहुत बड़ी भूमिका रही है।

बाबा साहेब का योगदान व्यक्ति सापेक्ष न होकर समाज सापेक्ष था। उन्होंने व्यक्तिगत मदद करने के बजाए सामाजिक मदद के लिए नीतियां बनाई और उन नीतियों के कारण आज लाखों नहीं करोड़ों की संख्या में लोगों को लाभ मिल रहा है। इसीलिए यदि कोई किसी की व्यक्तिगत रूप से मदद करने के बजाय सामाजिक मदद के लिए नीति निर्धारण करें तो वह अधिक बेहतर है।

आरक्षण जो कि इस समय बहुत बड़ा हॉट टॉपिक है, आरक्षण समर्थकों के लिए भी और विरोधियों के लिए भी। मैं कई बार मजाक में कहता हूं कि आरक्षण एक ऐसे देवता की तरह है जिसकी पूजा तो सब करते हैं परन्तु प्रसाद मिल रहा है कि नहीं इसकी कोई चर्चा नहीं करता। इस प्रकार आरक्षण के विरोधी और आरक्षण के समर्थक दोनों ही यह चाहते हैं कि उनकी जातियां तथा उनका समाज भी आरक्षण के दायरे में आ जाए। ये बहुत ही अजीब विडंबना है कि जो कहते हैं उसी को देख कर जीते हैं। आरक्षण को लेकर अलग ही मजेदार वाकया है कि हर आदमी उसे चाहता है और दूसरों का विरोध करता है। यह चीजें रही हैं खासकर के अनुसूचित जाति और जनजाति के आरक्षण के लिए एक बहुत ही चलताऊ किस्म का तर्क हमारे सामान्य वर्ग के शुभचिंतक मित्रों द्वारा दिया जाता है कि वो तो दस वर्ष के लिए ही था और दस वर्ष के बाद उसको खत्म कर देना था लेकिन यह अभी तक चला आ रहा है। जो विरोधी हैं उनको पढ़ना चाहिए कि जो दस वर्ष का आरक्षण था वह राजनैतिक था, जिसे संसद और विधानसभा में लागू किया गया था और उसको आगे बढ़ाने की मांग अभी तक किसी भी व्यक्ति द्वारा नहीं की जाती है फिर भी संसद और विधानसभाओं द्वारा वह आरक्षण लगातार होते रहता है। उसके अपने राजनीतिक फायदे हैं। बहुत सारे लोग कहते हैं कि इस तरह के संवैधानिक आरक्षण को खत्म कर देना चाहिए। लेकिन मेरी अपनी व्यक्तिगत राय है कि उस आरक्षण के सहारे ही कुछ लोग पहुंचते हैं और वे मौजूद रहकर कर अप्रत्यक्ष रूप से ही सही अनुसूचित जाति और जनजाति के आरक्षित वर्ग के लोगों के अधिकारों की रक्षा करते हैं। दूसरी बात यह कि कोई अनुसूचित जाति, जनजाति या आरक्षित वर्ग का व्यक्ति जितना अधिक सुविधाजनक स्थिति में अपने आरक्षित वर्ग के राजनेता के साथ होता है उतना किसी और के साथ अपवाद स्वरूप ही हो पाता है। यह भी एक कड़वी सच्चाई है कि अक्सर जिन लोगों का भी सामाजिक राजनीतिक आंदोलनों का अनुभव है वे सब महसूस करते हैं कि अपने नेता के यहां जब ये जाते हैं तो थोड़ा ही सही आत्मीयता पूर्ण व्यवहार उन्हें मिलता है। और मैं व्यक्तिगत रूप से इस राजनैतिक आरक्षण का समर्थक हूं, ऐसा होना चाहिए और हर वर्ग में होना चाहिए। दूसरी बात देखिए कि जो आरक्षण शैक्षणिक संस्थाओं के नौकरियों में लागू हुआ उस आरक्षण के बदौलत इस देश के आरक्षित वर्ग के बीच एक नया मध्य वर्ग बना और यह मध्य वर्ग भारत के अर्थव्यवस्था को मजबूत करता है, भारत के लोकतांत्रिक समाज को मजबूत करता है। इस देश की आरक्षण व्यवस्था ने ऐसे बहुत से वर्ग में इस देश के प्रति सम्मान एवं अपनापन पैदा करने में बहुत महत्त्वपूर्ण भूमिका निभाई है।

वर्तमान समय में आरक्षण को कुछ तथाकथित अनपढ़ तथा संकीर्ण सोच के लोगों द्वारा अयोग्यता का पर्याय बना दिया गया। उनको लगता है कि आरक्षण से आया हुआ

व्यक्ति अयोग्य ही होगा। वे इस तरह की बात करते हैं कि आरक्षण मतलब कोटा वाला, अर्थात् अयोग्य। इस अयोग्यतारूपी पर्याय के षडयंत्र द्वारा आरक्षण को बदनाम किया गया है और इस कारणवश लोगों के मन में इसके प्रति दुराग्रह भी पैदा हुआ। हम कहते हैं कि आरक्षण से आने वाले अयोग्य हैं तो फिर योग्य किसको माना जाए? मैं मजाक में कहता हूं कि योग्यता और ईश्वर ये दो ऐसे चीजें हैं जिसकी कोई निश्चित परिभाषा नहीं दी जा सकती। आरक्षण की प्रक्रिया ने एक प्रतिनिधित्व की व्यवस्था की है, आरक्षण एक प्रकार से प्रतिनिधित्व का दूसरा रूप है। आप एक उदाहरण के सहारे देखें तो किसी जगह पर एक खास जाति के लोग बैठे हों तो वहां पर बातचीत का लहजा क्या होगा? उसी के बरक्स अगर उन लोगों में ही अलग-अलग जाति के लोग बैठे हों तब लहजा क्या होगा? उन लोगों में ही अलग-अलग धर्म के लोग बैठें हों तब बातचीत का लहजा क्या होगा? उनमें भी अगर पुरूष और स्त्री भी बैठे हों, अलग-अलग धर्म के लोग जाति के तब उस बातचीत का लहजा क्या होगा? किसी स्थान पर जहां अलग-अलग धर्म एवं जातियों के लोग रहते हैं, वहां का माहौल अधिक लोकतांत्रिक होता है और जहां पर किसी खास जाति, धर्म एवं समुदाय के लोग रहते हैं तो वहां का माहौल सामंती हो जाता है। सिस्टम आरक्षण द्वारा लोकतांत्रिक तथा अधिक बेहतर हुआ है। यह भ्रम मिटा देना चाहिए कि आरक्षण के सहारे कुछ अयोग्य व्यक्ति चले जाते हैं। जो व्यवस्था ईमानदार नहीं है और जहाँ चयन की प्रक्रिया ईमानदार नहीं है वहां पर बेईमानी अंतर्निहित होती है तथा उसको जस्टिफाई करने के लिए बहुत सारे आदर्श काम करते रहते हैं। खासकर इंटरव्यू को ही देखें तो कई जगहों पर सिर्फ इंटरव्यू को ही चयन का आधार माना जाता है कि इंटरव्यू ही किसी की योग्यता का पैमाना है। अधिकांश साक्षात्कारों में अलग-अलग पैमाने से अलग-अलग व्यक्ति की योग्यता निर्धारित की जाती है। हमें सबके लिये पैमाना एक रखना पड़ेगा और इस वजह से पिछले दिनों में आपने देखा होगा लोक सेवा आयोग के जो रिजल्ट आये हैं उसमें लिखित परीक्षाओं में आरक्षित वर्ग के लोगों ने अच्छा परफार्म किया है लेकिन इंटरव्यू में जाने के बाद उनका परफॉरमेंस कम हो गया, क्योंकि वह प्रक्रिया ईमानदार, विवेकपूर्ण तथा तर्क संगत नहीं है। इस प्रकार आप असंगत एवं अविवेकपूर्ण व्यवस्था में किसी के पक्षपातरहित चयन की कल्पना नहीं कर सकते। बाबा साहेब जानते थे कि यहां की सामाजिक व्यवस्था के भरोसे समाज की बेहतरी नहीं हो सकती, बल्कि उसकी बेहतरी राजसत्ता के सहयोग से ही हो सकती है। इस वजह से वे कानून एवं राजसत्ता के द्वारा दलित समाज के हितों की वकालत करते थे। मैं दो-तीन साल पहले बाबा साहेब की जयंती के उपलक्ष्य में एक टीवी चैनल पर गया था, उनकी हेडिंग थी 'किसके अंबेडकर।' मैंने कहा कि आपकी हेडिंग गलत है, 'किसके अंबेडकर नहीं, सबके अंबेडकर।' बाबा साहेब ने जो काम किया वह

सबके लिए था। यह कहना एकदम गलत होगा कि वह केवल दलितों के नेता थे। आज पूरी दुनिया में जहां-जहां अनूसचित जाति, जनजाति, अन्य पिछड़ा वर्ग और अन्य जो भी लोकतांत्रिक लोग हैं वो बाबा साहेब को याद करते हैं। तो पहले याद करने वाले का पहला हक तो बनता ही है।

इस देश की नारीवादी आंदोलन के विचारकों ने डॉ. अंबेडकर के स्त्री सम्बन्धी विचारों को ठीक से नहीं समझा है। जिस हिन्दू कोड बिल पर उन्होंने इस्तीफा दिया उससे सम्बन्धित भ्रांतियां भी लोगों के बीच खूब फैली हुई हैं। यहां के स्त्रीवादियों ने भी उसे ठीक प्रकार से नहीं समझा। धीरे-धीरे उनपर भी चर्चा एवं बातचीत हो रही है। उनको भी समझने की कोशिश की जा रही है। यह बात अक्सर होती है कि बाबा साहेब की मूर्तियां बहुत लगाई जाती हैं, उनकी पूजा बहुत होती है और उनको पढ़ा कम जाता है। वाकई यह कड़वी सच्चाई है कि उनकी पूजा अधिक हो रही है। उसके बरक्स उनको पढ़ने वाली की संख्या बहुत कम है। इसकी व्यावहारिक वजह यह भी है कि बाबा साहेब ने जो बौद्धिक ऊंचाई प्राप्त की थी उस बौद्धिक ऊंचाई को प्राप्त करके उनके लेख को पढ़ना और उसको समझना बहुत टेढ़ी खीर है। किसी औसत बुद्धि बाले व्यक्ति के वश की यह बात नहीं हैं कि वे बावा साहेब को पढ़े और उनको समझ सके। इस वजह से बाबा साहेब को समझने के लिए लोग बाबा साहेब के जीवनी एवं उनके जीवन संघर्ष को अधिक पढ़ते हैं तथा उसी को याद रखते हैं और अक्सर जहां भी मौका मिलता उनके जीवन की घटनाओं के सहारे ही अपने को बाबा साहेब के ज्ञानी होने का दंभ भी भरते हैं। बाबा साहेब का लिखा हुआ ईमानदारी से पढ़ना बेहद जरूरी है। आज भी बहुत से अच्छे स्कॉलर हैं जो बाबा साहेब के ऊपर बहुत अच्छा काम कर रहे हैं। उन्होंने बाबा साहब को बहुत बेहतरीन तरीके से पढ़ा और पढ़ रहे हैं। अंबेडकर को जो लोग देवता मानते हैं उन लोगों ने उनसे पढ़ने की प्रेरणा प्राप्त कर अपने जीवन स्तर को सुधारा है। बाबा साहब के वजह से ही उनको इस देश में एक सम्मानजनक नागरिक होने का मौका मिला। अनुसूचित जाति, जनजाति के लिए केवल मैं नहीं कहूंगा, मैं कहूंगा कि इस देश के हर नागरिक का, चाहे किसी भी धर्म का हो, किसी भी समुदाय का हो, किसी भी लिंग का हो। इस देश के हर संस्थानों में उसका चेहरा दिखना चाहिए। हम कहते हैं न कि सिर्फ 200-300 परिवारों में ही भारत की न्यायपालिका घूमती है जो पूरे देश की न्याय व्यवस्था को नियंत्रित करते हैं। ऐसा क्यों होता है? ऐसा होने की वजह आप सब जानते हैं। उन तीन सौ परिवारों से कैसे पूरे देश की एक सौ तीस करोड़ की आबादी को न्याय मिल सकता है। 'जाके पैर न फटै बिबाई, सो क्या जाने पीर पराई।' और इस वजह से अक्सर उनके न्यायपालिका से सम्बन्धित फैसलों पर लोगों के मन में संदेह और अविश्वास पैदा होता है। तो इस देश की प्रत्येक व्यवस्था में हर व्यक्ति जब अपना चेहरा जब महसूस

करेगा, हर संस्थान में अपनी भागीदारी महसूस करेगा तो इस देश के प्रति उसके मन में सम्मान बढ़ेगा, इस देश के प्रति उनकी निष्ठा बढ़ेगी, इस देश के प्रति उसका प्रेम बढ़ेगा। उसकी योग्यता होने के बावजूद, कुछ अकारण वजहों से अगर उसका हक छीना जाएगा तो उसकी देश के प्रति निष्ठा कम होगी। इस वजह से हमें लगता है कि मजबूत देश एवं मजबूत राष्ट्र बनाने के लिए यह जरूरी है कि इस देश के हर चीज में सबकी भागीदारी सुनिश्चित हो।

हम कहते हैं कि भारत धर्म प्रधान देश है जब की यह देश जाति प्रधान है। जातियों को लेकर हमारे देश में बहुत बड़े पैमाने पर पूर्वाग्रह मौजूद हैं। इस वजह से जातियों को विमर्श का केंद्र बनाया जाना चाहिए। यह खुशी की बात है कि दलित साहित्य के कारण दलित जाति विमर्श के केंद्र में आयी है। लेकिन जातियों के ऊपर चर्चा हमारे विश्वविद्यालयों में भी होनी चाहिए। बाबा साहेब ने भी यही रास्ता अपनाया था। उनका मानना था कि परस्पर संवाद के जरिए ही चीजें सही हो सकती हैं। बाबा साहेब तकनीकी उद्यमशीलता, औद्योगिकीकरण और नवीनतम टेक्नोलॉजी के बहुत बड़े हिमायती थे। अनुसूचित जाति व जनजाति समुदाय एवं पिछड़े वर्ग के समुदाय के जो लोग वंचना के शिकार रहे हैं उनके लिए तकनीक का अधिक से अधिक इस्तेमाल बेहद जरूरी है। हमारी जो पौराणिक कनफुकवा ज्ञान की परंपरा रही है कि कान में ही ज्ञान प्रदान करना है ताकि किसी दूसरे तक पहुंच नहीं पाये। इसकी सीमाएँ बहुत सीमित रही हैं जिसकी पहुँच सब तक नहीं है। आधुनिक समाज में तकनीक ने ज्ञान का बहुत बड़ा विस्फोट किया है। इस तकनीक ने बहुत बड़े पैमाने पर अनुभवों का एक ग्लोबल विलेज बना दिया है। आज किसी दूर देहात में बैठकर कोई भी व्यक्ति तकनीक और इंटरनेट के माध्यम से दुनिया के किसी भी कोने में अपनी बात पहुंचा सकता है। इस तकनीक को अपनाकर के चीजों को आप बेहतर बना सकते हैं। एक-दूसरे के प्रति आग्रह-पूर्वाग्रह को कम कर सकते हैं। इस चीज के भी बाबा साहेब हिमायती थे और उनके अनुयायियों को भी यह बात गांठ बांध लेनी चाहिए।

'राजनीति' सत्ता की वह चाभी है, जिससे हर तरह के ताले खुलते हैं। मुझे लगता है कि यह सम्पूर्ण सत्य नहीं है। राजनीतिक सत्ता के सहारे ताले खुलते अवश्य हैं, लेकिन मान लीजिए कि जब राजनीतिक सत्ता नहीं रहेगी तब क्या वह ताले बंद पड़े रहेंगे? मुझे लगता है कि न सिर्फ राजनैतिक सत्ता, बल्कि साहित्यिक सत्ता, आर्थिक सत्ता, सांस्कृतिक सत्ता, सामाजिक सत्ता इन सारे सत्ताओं में हिस्सेदारी समाज को मजबूत बनाती है। ऐसा नहीं कि सिर्फ जब हमारा शासन होगा, हमारे मुख्यमंत्री होंगे, हमारे प्रधानमंत्री होंगे, हमारे ये होंगे, हमारे वो होंगे, तभी हम बेहतर हो पाएंगे और इसके इंतजार में बाकी सारे कामों को आप सेकेंडरी करते जाएंगे। बाकी सारे काम भी उतने ही महत्त्वपूर्ण हैं जितना की कोई राजनैतिक आंदोलन। तो सिर्फ राजनैतिक आंदोलन से और विशेषकर के सिर्फ दलित राजनैतिक

आंदोलन से ही दलित आंदोलन की पहचान कराना सही नहीं है। दलित आंदोलन के कई रूप हैं जिनमें राजनीतिक रूप, साहित्यिक रूप, आर्थिक रूप, सामाजिक रूप, सांस्कृतिक रूप, धार्मिक रूप आदि आते हैं। राजनैतिक रूप में राजनैतिक पार्टियों की गतिविधियां चल रही हैं, साहित्यिक रूप में दलित साहित्य बहुत ही तीव्र गति से आगे बढ़ रहा है, आर्थिक रूप में डिक्की जैसे कई सारे संगठन सक्रिय हैं, धार्मिक आंदोलन में बहुत सारे लोग बौद्ध धर्म के ऊपर काम कर रहे हैं। इस प्रकार बाबा साहेब ने जो स्वप्न अपने समय में देखा था, जिसको उस समय में सही तरीके से नहीं समझा गया उसे आज समझा रहा है। मुझे विश्वास है कि यही रफ्तार रही तो आने वाले दिनों में और अधिक समझा जायेगा। बाबा साहब के विश्वदृष्टि की पूरे विश्व में प्रशंसा की जाएगी, उस विश्वदृष्टि को लोगों द्वारा अपनाया जाएगा।

(लेखक जवाहर लाल नेहरू विश्वविद्यालय में प्रोफेसर और सामाजिक चिंतक हैं।)

अंबेडकर, संविधान, मिथक और यथार्थ

- उमेश चतुर्वेदी

भारतीय संविधान के निर्माता के तौर पर बाबा साहब डॉक्टर भीमराव अंबेडकर का नाम स्थापित हो चुका है। देश और दुनिया का जनमानस मान चुका है कि भारत सरकार अधिनियम 1935 के कई अंशों और दुनियाभर के संविधानों से लिए गए भारतीय माहौल के माकूल प्रावधानों पर आधारित भारतीय संविधान को भीमराव अंबेडकर ने ही रचा है। यह सच है कि भीमराव अंबेडकर ने संविधान के निर्माण में महती भूमिका निभाई, लेकिन सिर्फ हम उन्हें ही भारतीय संविधान का निर्माता मानते हैं तो संविधान संभा के 389 सदस्यों ने क्या किया था। इक्कीसवीं सदी के दूसरे दशक के आखिर तक सार्वजनिक विमर्श इस स्तर तक पहुंच गया है कि अगर किसी ने सवाल उठाना चाहे भी कि, अगर संविधान सभा के एकमात्र सदस्य डॉक्टर भीमराव अंबेडकर ने ही संविधान लिखा तो बाकी 388 सदस्यों ने क्या किया तो उठा नहीं सकता। अगर उसने उठा दिया तो निश्चित तौर पर मौजूदा दौर के राजनीतिक और सामाजिक विमर्श के चलते उसकी लानत-मलामत की शुरूआत हो जाएगी। इसके बावजूद समय-समय पर लोग इस पर सवाल उठाते रहे हैं। भारतीय संविधान के अध्ययनकर्ताओं का कहना है कि भारतीय संविधान की रचना में डॉक्टर भीमराव अंबेडकर की भूमिका महत्त्वपूर्ण जरूर रही, लेकिन सिर्फ वे ही इसके निर्माता नहीं रहे।

दरअसल संविधान सभा में एक-एक विषय पर बहस होती थी। लेकिन उन बहसों के लिए आधार अनुच्छेदों और व्यवस्थाओं को लिखने का काम संविधान सभा की प्रारूप समिति के जिम्मे था, जिसके सात सदस्य थे। यह जरूरी नहीं था कि संविधान के अनुच्छेदों का जो प्रारूप मसविदा या प्रारूप समिति ने तैयार किया, उसे ही संविधान सभा मंजूर कर लेती। जाहिर है कि प्रारूप समिति द्वारा तैयार आधार अनुच्छेद पर संविधान सभा में बहस होती, संविधान सभा के सदस्य उसमें जरूरी सुझाव देते या कुछ सुझावों-व्यवस्थाओं को खारिज करते थे। उसके आधार पर वह अनुच्छेद फिर से तैयार किया जाता था। दरअसल

इसे भी लिखने की जिम्मेदारी संविधान की प्रारूप समिति के ही पास था। इन्हीं अर्थों में भारतीय संविधान के निर्माता के तौर पर भीमराव अंबेडकर की स्वीकार्यता बढ़ी।

अंबेडकर पर गंभीरता से अध्ययन कर चुके फ्रांसीसी राजनीति विज्ञानी क्रिस्तोफ जाफ्रलो अपनी पुस्तक 'अंबेडकर एंड अनटचेबिलिटी' में लिखते हैं, "हमें ड्राफ्टिंग कमेटी की भूमिका का भी एक बार फिर आकलन करना चाहिए। इस समिति के पास संविधान के प्रारम्भिक पाठों को ही लिखने की जिम्मेदारी नहीं थी, बल्कि उसको यह जिम्मा भी सौंपा गया था कि वह विभिन्न समितियों द्वारा भेजे गए अनुच्छेदों के आधार पर संविधान का लिखित पाठ तैयार करे, जिस बाद में संविधान सभा के सामने पेश किया जाए। सभा के समक्ष कई मसविदे पढ़े गए और हर बार प्रारूप समिति के सदस्यों ने चर्चा का संचालन और नेतृत्व किया था। जिसमें सबसे ज्यादा बार यह जिम्मेदारी अंबेडकर ने ही निभाई थी।"

लेकिन हमें नहीं भूलना चाहिए कि अंबेडकर के साथ प्रारूप समिति में जो अन्य छह सदस्य थे, वे भी बौद्धिक रूप से बेहद प्रखर थे। सर्वजनवाद के उभार के दौर में बेशक अंबेडकर की भूमिका को कुछ ज्यादा ही स्वीकार किया जा रहा है। लेकिन इसका मतलब यह नहीं होता कि बाकी सदस्यों की भूमिका कम हो जाती है या उनका योगदान कमतर हो जाता है। प्रारूप समिति के बाकी सदस्यों ने भी बेहतर भूमिका निभाई थी। जरा उन सदस्यों और उनकी योग्यता पर भी ध्यान दिया जाना चाहिए। प्रारूप समिति के सदस्य के तौर पर नामित हुए एक सदस्य थे सर अल्लादि कृष्णास्वामी अय्यर। वे आज के आंध्र प्रदेश और तब के मद्रास राज्य के नेल्लुरू के एक पुजारी के बेटे थे। अल्लादि का जन्म 1883 में हुआ था। उन्हें ब्रिटिश सरकार ने उनकी योग्यता के चलते 'दीवान बहादुर' के खिताब से नवाजा था। वे कितने बड़े वकील थे, इसी से अंदाजा लगाया जा सकता है कि आजादी से पहले अविभाजित मद्रास राज्य के महाधिवक्ता नियुक्त किए गए थे। कानूनी मामलों पर उनकी कैसी पकड़ थी, उनकी बहस योग्यता कैसी थी, इसका अंदाजा इससे भी लगाया जा सकता है कि जब वे मद्रास हाईकोर्ट में बहस करने के लिए खड़े होते थे, अंग्रेज न्यायाधीश कहने लगते थे कि "वकील महोदय! इसके पहले कि आप अपनी वाग्मिता की धारा के प्रवाह में हमें बहा दें, कृपया अपने खास तर्कों से हमें अवगत करा दें।" उनकी योग्यता के बारे में संविधानसभा की एक बैठक में खुद अंबेडकर ने भी माना था,"संविधान निर्माण में सर अल्लादि कृष्णास्वामी का योगदान मुझ से कहीं ज्यादा रहा है।"

संविधान सभा की प्रारूप समिति के दूसरे सदस्य थे, कन्हैयालाल मणिकलाल मुंशी। भारतीय विद्या भवन के संस्थापक, गुजराती के जाने-माने विख्यात, साहित्यकार मुंशी को भी संविधान के रचनाकार के तौर पर एक तरह से बिसरा दिया गया है। मुंशी हिंदी तथा अंग्रेजी के निष्णात विद्वान होने के साथ-साथ बड़े और प्रतिष्ठित वकील थे। वे भी देश के

प्रतिष्ठित वकील थे। आजादी के बाद वे पंडित जवाहर लाल नेहरू के मंत्रिमंडल में खाद्य मंत्री रहे। उन्हें उत्तर प्रदेश का तीसरा राज्यपाल होने का गौरव भी प्राप्त हुआ। हालांकि उन्होंने चक्रवर्ती राजगोपालाचारी की तरह 1942 के आंदोलन में गांधी जी का साथ नहीं दिया था। भारतीय मिथकीय चरित्रों के इस गहन अध्येता का मानना था कि गृह युद्ध के जरिए ही अखंड हिंदुस्तान को बचाया रखा जा सकेगा। दरअसल वे पाकिस्तान के प्रस्ताव के विरोधी थे और वे मुस्लिम लीग से सीधे टकराव के पक्षधर रहे। कन्हैया लाल माणिक लाल मुंशी के नाम एक और बड़ी उपलब्धि है। उन्होंने ही महमूद गजनी द्वारा नष्ट किए गए सोमनाथ मंदिर का जीर्णोद्धार कराया था।

संविधान की प्रारूप समिति तीसरे सदस्य थे असम निवासी मोहम्मद सादुल्ला, जो बाद में असम के मुख्य मंत्री भी रहे। वैसे वे मुस्लिम लीग के नेता थे और 'पाकिस्तान प्रस्ताव' के लिए 1940 में हुए लाहौर सम्मेलन में भी हिस्सा लिया था। यह बात और है कि वे खुद पाकिस्तान नहीं गए और आजाद भारत के साथ ही अपना रिश्ता बनाए रखा। संविधान सभा के चौथे सदस्य थे मौजूदा आंध्र प्रदेश और तत्कालीन अविभाजित मद्रास राज्य के मछलीपत्तनम निवासी एन माधव राव। उनकी योग्यता का अंदाजा इसी बात से लगाया जा सकता है कि उन्हें दीवान मिर्जा इस्माइल के बाद मैसूर राज्य का दीवान नियुक्त किया गया था। एन माधवराव भी पेशे से वकील थे और मद्रास हाईकोर्ट के चोटी के वकीलों में उनकी गिनती होती थी। उन्होंने मद्रास से ही कानून की पढ़ाई की थी। संविधान सभा के पांचवें सदस्य थे, टीटी कृष्णमाचारी। 1899 में जन्मे टीटी कृष्णामाचारी कारोबारी थे और वित्तीय मामलों के जानकार थे। आज के दौर की एक मशहूर कंपनी टीटीके समूह के वे संस्थापक रहे। उनकी वित्तीय योग्यता का अंदाजा इसी बात से लगाया जा सकता है कि उन्हें आजाद भारत में पहले वाणिज्य और उद्योग मंत्री बनाया गया, बाद में उन्हें नेहरू ने अपने मंत्रिमंडल में वित्त मंत्री बनाया। टीटी कृष्णामाचारी के पिता मद्रास हाईकोर्ट के जज थे। टीटी कृष्णामाचारी आजाद भारत के पहले केंद्रीय मंत्री रहे, जिन्हें भ्रष्टाचार के चलते अपना पद छोड़ना पड़ा। आजादी के फौरन बाद मूंधड़ा कांड को नेहरू के दामाद और रायबरेली से तत्कालीन सांसद फिरोज गांधी ने उजागर किया था।

संविधान सभा की प्रारूप समिति के छठवें सदस्य एन गोपालास्वामी अय्यंगर थे। वे भी जाने-माने वकील थे। संविधान सभा की बहसों में उनकी गंभीर भागीदारी हर जगह दिखती है। वे मद्रास विश्वविद्यालय में कानून विभाग के प्रमुख रहे। उनकी योग्यता से प्रभावित होकर कश्मीर महाराजा हरि सिंह ने उन्हें साल 1937 में अपना प्रधानमंत्री नियुक्त किया था। जिस पद पर वे 1943 तक रहे। आजादी के बाद उन्हें देश का रक्षा मंत्री बनाया गया। संविधान सभा की प्रारूप समिति के एक सदस्य देवी प्रसाद खेतान भी बनाए गए।

उनकी कानूनी योग्यता का अंदाजा इसी से लगाया जा सकता है कि द हेग में स्थापित पहले अंतरराष्ट्रीय न्यायालय में उन्हें जज बनाया गया। इसकी वजह से संविधान सभा से इस्तीफा देकर वे हेग चले गए। यहां यह भी दोहराना ही होगा कि संविधान सभा की प्रारूप समिति के अध्यक्ष डॉक्टर भीमराव अंबेडकर भी जाने-माने विधिशास्त्री थे। उन्होंने महाराज बड़ौदा से मिले वजीफे के आधार पर लंदन जाकर बैरिस्ट्री की पढ़ाई की थी। बहरहाल उन्हें संविधान लेखन के लिए जिम्मेदार प्रारूप समिति का अध्यक्ष महात्मा गांधी के अनुरोध पर बनाया गया था।

इसे संयोग कहें या दुर्योग कि जिस भारत की आजादी का प्रमुख कारक 1942 का स्वाधीनता आंदोलन रहा, संविधान निर्माण के लिए जिम्मेदार महत्त्वपूर्ण समिति के सदस्य इस आंदोलन में शामिल नहीं रहे। कन्हैया लाल माणिक लाल मुंशी ने तो गांधी का साथ इस आंदोलन में इसलिए छोड़ दिया था, क्योंकि वे पाकिस्तान की अवधारणा के खिलाफ थे और उनका मानना था कि गृह युद्ध के जरिए ही इस अवधारणा को खारिज किया जा सकता है। यह भी दिलचस्प है कि भारत की आजादी की जंग में प्रारूप समिति के सिर्फ एक सदस्य कन्हैया लाल माणिक लाल मुंशी ही शामिल रहे, बाकी तो उन दिनों अपने-अपने क्षेत्र में लाभ के पदों पर थे। खुद अंबेडकर भी गवर्नर जनरल की कौंसिल के सदस्य थे। आज की भाषा में कहें तो बयालिस के आंदोलन को दबाने में जुटी तत्कालीन अंग्रेज सरकार के वे मंत्री थे। यहां यह भी याद कर लेना चाहिए कि बयालीस के आंदोलन में आधिकारिक रूप से 24 हजार लोग शहीद हुए थे, जबकि 80 हजार लोगों को अंग्रेज सरकार ने जेल में डाल रखा था। यही वजह है कि संविधान सभा की प्रारूप समिति द्वारा तैयार संविधान पर संविधान सभा के एक सदस्य हसरत मोहानी ने हस्ताक्षर करने से इनकार कर दिया। उनका स्पष्ट तौर पर मानना था कि जिन्होंने आजादी के आंदोलन में हिस्सा नहीं लिया, आजादी की अवधारणा और आजादी के मूल्यों से जो वाकिफ नहीं हैं, उनका संविधान आजादी के मूल्यों के अनुरूप कैसे होगा। पंडित जवाहर लाल नेहरू मौलाना हसरत मोहानी को मनाकर थक गए, लेकिन उन्होंने संविधान की प्रति पर हस्ताक्षर नहीं किया। यहां यह जान लेना उचित होगा कि मौलाना हसरत मोहानी उत्तर प्रदेश के उन्नाव के रहने वाले क्रांतिकारी ही नहीं, कम्युनिस्ट नेता थे। आज हर क्रांतिकारी आंदोलन में जिस 'इन्कलाब-जिंदाबाद' नारे का उपयोग होता है, मौलाना हसरत मोहानी ही इसके जनक थे। मौलाना हसरत मोहानी भारतीय संविधान में जम्मू-कश्मीर के लिए अलग से अनुच्छेद 370 का प्रावधान किए जाने का खुला विरोध किया था। उनका मानना था कि एक राष्ट्र में दो निजाम का विचार उचित नहीं।

वैसे बयालिस के आंदोलन के बाद ही पंडित जवाहर लाल नेहरू और सरदार पटेल

को आभास हो गया था कि भारत की आजादी नजदीक है। डॉक्टर लोहिया की किताब 'भारत विभाजन के गुनहगार' के मुताबिक गांधी जी को इसकी वैसी जानकारी नहीं थी। क्योंकि भारत विभाजन पर चर्चा के लिए हुई कांग्रेस कार्यसमिति की बैठक में गांधी ने यह सवाल सरदार पटेल और जवाहर लाल की ओर उछाला भी था कि दोनों ने मुझे इसकी जानकारी नहीं दी। बहरहाल जब संविधान सभा का गठन हो गया तो सबसे पहले 29 अगस्त, 1947 को संविधान प्रारूप समिति बनी, जिसे यह जिम्मेदारी दी गई कि वह संविधान के तैयार प्रारूप पर बहस करें और फिर उसे 389 सदस्यों वाले संविधान सभा में पेश करें जो उसे अंतिम रूप देगी। वहां से जो सुझाव आए, उसे संविधान के बुनियादी प्रारूप में जोड़े। भारतीय संविधान का निर्माता भले ही डॉक्टर अंबेडकर को दिया जाता है, लेकिन संविधान के बुनियादी मसौदे पर उन दिनों के जाने-माने विधि परामर्शदाता बेनेगल नरसिम्ह राव ने 1946 में ही काम आरम्भ कर दिया था। पंडित जवाहर लाल नेहरू ने उन्हें 1944 में ही इसकी जिम्मेदारी दे दी थी। इस जिम्मेदारी के हासिल करने के बाद बेनेगल नरसिम्ह राव ने 1944 से 1948 तक अमरीका, कनाडा, ब्रिटेन आदि देशों की यात्रा की। इस दौरान उन्होंने करीब साठ देशों के संविधान का अध्ययन किया और इसके आधार पर संविधान का बुनियादी प्रारूप तैयार किया। इसी बुनियादी प्रारूप को उन्होंने 21 फरवरी, 1948 को प्रारूप समिति के अध्यक्ष डॉ. अंबेडकर को दिया था। इसके लिए संविधान सभा की बैठक ने 29 अगस्त, 1947 को एक प्रस्ताव स्वीकार किया था, जिसमें प्रारूप समिति से कहा गया था कि संविधान परामर्शदाता बी. एन. राव द्वारा रचित मसविदा पर विचार कर उसे संविधान सभा में पारित करने हेतु प्रेषित करें।

भारतीय संविधान की प्रक्रिया का अध्ययन कर चुके कुछ विद्वानों का मानना है कि बेनेगल नरसिंह राव ने संविधान का प्रारूप तैयार करने के लिए मानवेंद्र नाथ रॉय द्वारा 1944 में रचित दस्तावेज का सहारा लिया था। जिसे रॉय ने "स्वतंत्र भारत का संविधान" नाम से तैयार करके कांग्रेस को दिया था। नवमानववाद के जनक और रूसी कम्युनिस्ट पार्टी के निर्देश पर भारत में कम्युनिस्ट आंदोलन की शुरूआत करने वाले रॉय पंडित जवाहर लाल नेहरू के मित्र थे। यह बात और है कि वे बंदेमातरम् के रचयिता बंकिम चंद्र चंट्टोपाध्यायाय के भी अनुयायी थे। बहरहाल बेनेगल नरसिम्ह राव ने संविधान का जो बुनियादी प्रारूप तैयार किया था, उसमें 243 अनुच्छेद और आठ अनुसूचियां थीं। प्रारूप समिति ने इसे आधार बनाकर संविधान में अनुच्छेदों की संख्या 315 तक पहुंचाया। यह बात और है कि संविधान सभा में बहस और 2473 संशोधनों के बाद अनुच्छेदों की संख्या 395 तक पहुंच गई, हालांकि अनुसूचियां आठ ही रहीं। अंतिम प्रारूप संविधान सभा में प्रस्तुत करते वक्त डॉक्टर अंबेडकर ने भी माना था कि उन्हें जिस संविधान निर्माण का श्रेय दिया जा रहा है, उसका हकदार सिर्फ वे ही नहीं हैं। अंबेडकर ने कहा था, "जो मुझे श्रेय

दिया जा रहा है, उसका मैं वास्तविक हकदार नहीं हूं। इसका कुछ श्रेय सर बीएन राव को जाता है, जो संविधान सभा के सलाहकार हैं, जिन्होंने प्रारूप समिति के लिए संविधान का बुनियादी मसविदा तैयार किया। संविधान निर्माण का कुछ श्रेय प्रारूप समिति के उन सदस्यों को भी दिया जाना चाहिए, जिन्होंने 141 दिनों तक बैठकें की और जिनके विभिन्न नजरिए को समायोजित करने और सहनशीलता के बिना इतना बड़ा कार्य सफल निष्कर्ष तक नहीं पहुंच सकता था। इसका अधिक से अधिक श्रेय संविधान के मुख्य ड्राफ्ट्समैन एसएन मुखर्जी को भी जाना चाहिए। जटिल से जटिल प्रस्तावों की सरल और स्पष्ट कानूनी रूप में रखने की उनकी क्षमता और उनकी कड़ी मेहनत की शायद ही कभी बराबरी की जा सकती है।'' यहां याद कर लेना चाहिए कि बेनेगल नरसिम्ह राव ने ही 1947 में बर्मा का भी संविधान तैयार किया था।

दरअसल जिस दौर में भारतीय संविधान की रचना हुई, उस दौर में मानवीय मूल्य कहीं ज्यादा उच्च थे। इसलिए लोग एक-दूसरे की इज्जत करते थे। यह सच है कि प्रारूप समिति ने संविधान निर्माण में सबसे ज्यादा योगदान दिया और उसके अध्यक्ष डॉक्टर अंबेडकर थे। टीम की सफलता और असफलता का श्रेय सेनापति को ही जाता है। शायद यही वजह है कि अंबेडकर को भारतीय संविधान का निर्माता कहा गया। पंडित नेहरू के जीवनी लेखक माइकेल ब्रेचर 1959 में प्रकाशित पुस्तक 'नेहरू: ए पॉलिटिकल बायोग्राफी' में अंबेडकर को भारतीय संविधान का वास्तुकार माना और उनकी भूमिका को संविधान के निर्माण में फील्ड जनरल के रूप में रेखांकित किया। हालांकि 1996 में प्रकाशित अपनी पुस्तक 'वर्शिपिंग फाल्स गॉड' में अरूण शौरी भी मानते हैं कि संविधान की रचना अंबेडकर ने नहीं की, बल्कि कई और लोगों का भी उन्हें साथ मिला। हम अपने संविधान को बेहतर बताते नहीं थकते, लेकिन इसके लिए भी आलोचक तर्क ढूंढ़ लेते हैं। उनका कहना है कि अगर हमारा संविधान इतना ही उत्कृष्ट बना है तो सिर्फ सात दशक में ही उसमें 104 संशोधन क्यों हुए, जबकि अमेरिका का संविधान 1789 में बना और इन सवा दो सौ सालों में उसमें केवल 27 बार संशोधन हुआ है।

स्पष्ट है कि भारतीय संविधान के निर्माण में बेनेगल नरसिम्ह राव और प्रारूप समिति के अन्य सदस्यों के योगदान के साथ ही संविधान सभा की बहसों के नतीजों को सहज कानूनी रूप देने वाले एसएन मुखर्जी की भूमिका को भी हमें स्वीकार करना होगा। अन्यथा संविधान को लेकर बने मिथकों की जब-जब ऐतिहासिक तथ्यों के जरिए हकीकत बयां होगी, विवाद खड़े होंगे।

(आईआईएमसी से पढ़े-लिखे उमेश चतुर्वेदी वरिष्ट पत्रकार हैं और इस समय आकाशवाणी में सलाहकार हैं।)

महात्मा गांधी और बाबा साहब अंबेडकर को जैसा मैंने जाना

- प्रो. देवनारायण पासवान 'देव'

खुदा, यह कैसी-कैसी सूरतें तुमने बनाई हैं कि हर सूरत कलेजे से लगा लेने के काबिल है।

डॉक्टर शिव चंद्र प्रताप की उपर्युक्त कथन को यदि भारतवर्ष के सवर्ण कहे जाने वाले पं., डॉ. पुरोहितों और अस्पृश्यता के पैरोंकारों ने हृदयंगम कर लिया होता, जिसकी आशा, अपेक्षा बाबा साहब डॉक्टर भीमराव अंबेडकर को आजीवन रही, तो यह अभागी धरती पर सुख-शांति, समता, बंधुता, न्याय एवं आनंद का स्वर्ग कब का उतर आया होता। इस वर्ग को भारत की धरती पर उतारने की महत कामना से उत्प्रेरित, आंदोलित विद्वता एवं मनुष्यता के प्रतीक पुरुष बाबासाहेब अंबेडकर इस बात के लिए सदा प्रयत्नशील रहे कि हिंदू धर्म के अंदर जड़ जमाए जात-पांत, ऊंची-नीच, छुआछूत के सारे गणित भेदभाव एवं पाखंड पूर्ण अमानवीय परंपराएं खत्म हो जाए। जो वर्ण व्यवस्था की कोख से उपजी हैं। लेकिन बाबा साहब की कामना और कोशिश पर जब पानी फिर गया और जब उन्हें बार-बार सवर्ण हिंदुओं द्वारा अपमान, उपेक्षा, तिरस्कार अमानसिक घृणित वर्ताओं एवं व्यवहारों से दो-चार होना पड़ा तथा उन्हें अपने अस्पृश्य बंधुओं से उद्धार व अधिकार प्राप्ति की कोई आशा नहीं रही तब उन्होंने 22 मार्च, 1936 के दिन श्री एम.सी. राजा नामक पत्रकार को दिए गए साक्षात्कार में घोषणा की थी कि मैं जन्मा तो हिंदू धर्म में हूं किंतु हिंदू रहकर मरूंगा नहीं।

कहना नहीं होगा कि उनके इसी संकल्प का परिणाम था कि 14 अक्टूबर, 1956 को अपनी मृत्यु (6 दिसंबर, 1956) से मात्र 52 दिन पूर्व नागपुर की विशाल सभा में उन्होंने हिंदू धर्म को परित्याग और बौद्ध धर्म के ग्रहण की उदघोषणा की। गांधी और अंबेडकर के मध्य यहीं इसी एक बिंदु पर, एक बड़े अंतर को रेखांकित और वर्णित किया जा सकता है। वह इस अर्थ में कि गांधी और अंबेडकर अपने समय की समाज और

राजनीति के दो शिखर पुरुष होकर भी अपनी सोचो एवं कार्यकलापों में एक-दूसरे से भिन्न थे। गांधी को वर्ण व्यवस्था के पक्षधर माने जा सकते हैं परंतु अंबेडकर इसकी घोर विरोधी और आलोचक की श्रेणी में जाने जाते हैं। गांधी कदाचित अतिरेक से प्रेरित अनुप्राणित थे। "वर्णाश्रम मया सृष्टम गुणकर्म विभागशः।" लेकिन अंबेडकर इस कथन को घृणित करार देते हुए खारिज करते हैं। वे ऐसे ब्राह्मणवादी शास्त्रोक्त कथनों को भी खारिज करते हैं जो रामचरितमानस और मनु स्मृति में दिए गए हैं। ऐसे घृणित कथनों से आक्रोशित अंबेडकर ने सन 1925 में येवला मासिक में सभा करके मनुस्मृति का दहन किया था, लेकिन वे ईशावास्योपनिषद के प्रथम श्लोक से बेहद प्रभावित थे जिनमें कहा गया है कि- "ईशावास्यमिदं सर्व यत्किंच जगत्यांमगत। तेन त्यक्तेन भुंजीथाः मा गृद्धः कस्यस्विधनम।" अर्थात यह सृष्टि निराकार ब्रह्म का साकार रूप है और इसकी कण-कण एवं प्राणी-प्राणी में एकमात्र वही रमा हुआ है। स्वभावतः प्रकृति प्रदत्त ईश्वरीय संसाधनों में उतना ही लो जितने कि तुम्हें जरूरत है। उससे अधिक ग्रहण करके दूसरे किसी को भी वंचित करना परमात्मा को पीड़ित करना है। अतः अंबेडकर चाहते थे कि हिंदू धर्म इसके अनुरूप बन जाए जिसकी पैरोकारी ईशावास्योपनिषद का यह मंत्र करता है।

उनका मत था कि जब इस मंत्र के अनुसार अखिल ब्रह्मांड में परमात्मा के सिवा कोई दूसरा नहीं है तो यह ब्राह्मण, क्षत्रिय, वैश्य, शूद्र कहां से आ गए, कहां से जात-पांत, ऊंच-नीच और छूत-अछूत पैदा हो गए। तब क्या गांधी जी ने इस मंत्र के निहितार्थ पर कभी विचार किया? यह सच है कि महात्मा गांधी भारत की स्वतंत्रता के लिए लड़े लेकिन यह भी उतना ही सच है उन्होंने अस्पृश्यों के राजनीतिक हितों की सदा उपेक्षा और मुखालफत की। अस्पृश्यों के लिए पृथक निर्वाचन प्रणाली का उनका विरोध इस बात का प्रमाण है कि अंबेडकर ने स्वतंत्रता संग्राम में भाग नहीं लिया किंतु तत्कालीन भारत के गुलामों के गुलाम की आजादी और हित साधन के लिए आजीवन लड़े और उसी लक्ष्य के लिए मरे भी। इस सच्चाई से कोई कैसे इंकार कर सकता है कि तत्कालीन भारत के शूद्र सहित, ब्राह्मण और क्षत्रिय वैसे भी अंग्रेजों के गुलाम थे लेकिन शुद्ध और उसमें भी अस्पृश्य शूद्र अपने ऊपर के वर्णों के गुलाम थे। दोहरी गुलामी में वे जी रहे थे। इन गुलामों को आजाद करने का बीड़ा गांधी ने नहीं अंबेडकर ने उठाया था। यही सबब है कि उन्होंने अस्पृश्य और अति पिछड़ों के लिए तीन सूत्र दिए थे। शिक्षित बनो, सुगठित हो और संघर्ष करो। उन्होंने केवल यह नारे ही नहीं दिए इन नारों को कार्य रूप भी दिया। सन 1942 में ऑल इंडिया शेड्यूल कास्ट फेडरेशन की स्थापना करके परिभाषित जातियों के उद्धार और उत्थान के कार्य किए। 4 जनवरी, 1925 में बहिष्कृत हितकारिणी सभा के माध्यम से शोलापुर में अस्पृश्य छात्रों के लिए छात्रावास का निर्माण किया। महाराष्ट्र के तत्कालीन गवर्नर ने बाबा

साहब की अपील पर पांच अस्पृश्य छात्रावास खोलने की घोषणा की। अछूतो की शिक्षा के लिए जून, 1951 में सिद्धार्थ कॉलेज और अगस्त, 1951 में मिलिंद कॉलेज की स्थापना मुंबई में कराई। यही नहीं कोल्हापुर के शाहू महाराज की सहायता से 1920 में मूक नायक नामक मासिक पत्रिका का संपादन और प्रकाशन के जरिए उन्होंने अस्पृश्य के ज्वलंत सवालों और सम्मान के लिए आवाज बुलंद की। दर्जनों पुस्तक लिख कर बाबासाहेब अंबेडकर ने अस्पृश्यों का मार्गदर्शन किया।

अछूतों के हित के लिए योबदार तालाब का जल आंदोलन तथा कालाराम मंदिर में अछूतों के प्रवेश की अगुवाई की। सन 1930-32 में गोलमेज सम्मेलन में भाग लेने लंदन गए और वहां वायसराय के सामने उन्होंने अछूतों के लिए पृथक निर्वाचन प्रणाली का प्रस्ताव रखा तथा उसकी स्वीकृति पाई। लेकिन गांधीजी ने वर्ण व्यवस्था की रक्षा के लिए अंबेडकर साहब के इस प्रस्ताव की मुखालफत की और पुणे में आमरण अनशन कर दिया और यह बात सर्वविदित है कि गांधी की प्राण रक्षा की खातिर बाबा साहब ने अपने प्रस्ताव के साथ समझौता किया जो 24 दिसंबर, 1932 के पूना पैक्ट के नाम से विख्यात है। यहां यह बात उल्लेखनीय है कि कुछ हिंदू धर्मावलंबी लेखक और विचारक धर्म परिवर्तन तथा पृथक निर्वाचन प्रणाली के प्रस्ताव को लेकर बाबा साहब अंबेडकर की आलोचना करते हैं और इस संदर्भों का विवेचन करते हुए बाबू जगजीवन राम को बाबा साहब से अधिक राष्ट्रनिष्ठ और धर्मप्राण सिद्ध करने की विफल कोशिश करते हैं। इस संबंध में हमें दो-तीन बातें कहनी है। प्रथम तो यह कि तत्कालीन भारतीय इतिहास और बाबा साहब के जीवन से परिचित सभी लोग जानते हैं कि ईसाई धर्म और इस्लाम धर्म के तत्कालीन प्रमुखों और अधिकारियों ने बाबा साहब को धन-संपत्ति तथा ओहदे-रूतबे प्रदान करने के कितने और कैसे-कैसे प्रलोभन दिए थे लेकिन बाबा साहब ने उन सारे प्रलोभनो को ठुकराते हुए बौद्ध धर्म को अपनाया जो विदेशी धर्म नहीं अपितु शत-प्रतिशत भारतीय धर्म है। उनकी यह धर्म धारणा देशभक्ति का प्रमाण नहीं है क्या? दूसरी बात जो हम कहना चाहते हैं कि बाबा साहब चाहते तो अमेरिका या इंग्लैंड अथवा जर्मनी के किसी भी शहर में बसेरा बना लेते। जिस भारत के सवर्णों और अंध धर्मावलंबियों ने उन्हें आजीवन पीड़ित और प्रताड़ित किया उस भारत में आकर वह पुन अपमान, उपेक्षा, घृणा, तिरस्कार, अन्याय का सामना क्यों करते? लेकिन अपनी जन्मभूमि के प्रति प्रेम और निष्ठा ने खासकर दलितों, आदिवासियों और अत्यंत पिछड़ों अर्थात शूद्रों की दारूण दशा ने उन्हें भारत वापस आने और अछूतोंद्धार के निमित्त लड़ने-मरने को विवश एवं सन्नद्ध कर दिया। उनकी इस राष्ट्रनिष्ठा को कोई इनकार करे तो उसके बुद्धि-विवेक की बलिहारी है। इससे अधिक इस संबंध में और क्या कहा जा सकता है। इस संबंध में कहने के लिए

एक बात और यह है कि सन 1937 में तत्कालीन मुंबई के लेजेस्लेटीव असेंबली में जब बाबा साहब चुनकर आए तो प्रथम दिवस के धन्यवाद प्रस्ताव पर बोलते हुए जो कुछ कहा था उसका आशय यह है कि इस सदन में जो माननीय सदस्य मौजूद हैं वह और जो नहीं है वह भी मेरी भूमिका ठीक से समझ ले जब देशहित और अंबेडकर के हित में टकराव होगा तो मैं देशहिट का पक्ष लूंगा लेकिन जब देशहित और अस्पृश्यों के हित में टकराव होगा तो मैं अस्पृश्यों के हित का पक्ष लूंगा। उनके इस वक्तव्यों पर हस्तक्षेप करते हुए तत्कालीन मुख्यमंत्री बीजी खेर ने कहा था कि सदन में उपस्थित माननीय सदस्य सुन ले। विद्वान माननीय सदस्य अंबेडकर समग्रता की उपेक्षा और अल्पांश के हित साधन की बात कर रहे हैं। बाबासाहेब ने तब त्वरित प्रतिवाद किया और कहा कि मैं आपकी समग्रता का अंश नहीं हूं। मुख्यमंत्री ने प्रश्न किया सो कैसे। बाबा साहब बोले यदि मैं आपकी समग्रता का अंश होता तो मुझसे और मेरे वर्ग एवं वर्ण से आप छुए नहीं जाते और फिर उन्होंने अपने अस्पृश्यों के प्रति सवर्ण हिंदुओं के घृणा एवं तिरस्कार पूर्ण व्यवहार को एक-एक कर गिनाया और सिद्ध कर दिया कि मैं आपकी समग्रता का अंश नहीं हूँ। हम यहाँ यह कहना चाहते हैं कि डॉक्टर अंबेडकर की देशभक्ति तत्कालीन कांग्रेसी नेताओं से कमतर नहीं थी जबकि संघ के संस्थापक रामस्वरूप वर्मा अपनी पुस्तक महामना डॉक्टर भीमराव अंबेडकर के पृष्ठ छह-सात पर लिखते हैं कि डॉक्टर अंबेडकर अपनी कथनी और करनी की एकता में विश्वास करते थे। व्यक्ति को देश से बड़ा मानते थे। जब देश हितकारी हिंदू कोड बिल पर तत्कालीन प्रधानमंत्री पंडित जवाहरलाल नेहरू तैयार नहीं हुए तो डॉक्टर अंबेडकर ने अपने कानून मंत्री के इतने बड़े पद से तत्काल त्यागपत्र दे दिया। आखिर देशहित व्यक्ति हित से बड़ा है। जैसा उन्होंने कहा था वैसा कर दिखाया। डॉक्टर वर्मा आगे लिखते है कि उनमे देशभक्ति इतनी प्रबल थी कि वे अपने हित को उसके सामने सदैव भूल जाते थे। इसका एक उदाहरण देना पर्याय होगा। सन 1942 के अंग्रेजों भारत छोड़ो आंदोलन में भाग लेने वालों को जिनमें जवाहरलाल नेहरू, मोहनदास करमचंद गांधी आदि सम्मिलित थे जब कालापानी भेजने का मंत्रिमंडल ने अंग्रेज वायसराय के कैबिनेट ने विचार किया तो डॉक्टर अंबेडकर ने इसका विरोध किया और कहा कि स्वतंत्रता के लिए आंदोलन करना अपराध नहीं अधिकार है। डॉक्टर अंबेडकर ने निष्पक्ष निर्भीक विचारों से वायसराय को अपने निर्णय बदलना पड़ा। और वे राष्ट्रीय नेता कालापानी से बच गए। यदि उन्हें (अंबेडकर को) पद वायसराय की कैबिनेट में सदस्य के रूप में प्यारा होता तो न्याय पक्ष को इतने स्पष्ट रूप से ना प्रस्तुत कर पाते।

अतः राष्ट्रीय स्वयंसेवक संघ के विचार दर्शन से प्रभावित ऐसे लेखकों और राजनीतिक विशेषज्ञ से मेरा कहना है कि बाबू जगजीवन राम की राष्ट्रनिष्ठा उनके हिंदू

धर्म के प्रति अंध आस्था से प्रेरित रही है जबकि डॉ. बाबासाहेब अंबेडकर की राष्ट्रनिष्ठा उनके दलित प्रेम एवं आत्मा की पुकार की उपज है। इसलिए यह कहना कि गोलमेज कांफ्रेंस में भारतीय अस्पृश्य के लिए पृथक निर्वाचन प्रणाली का प्रस्ताव रखना अंग्रेजों के उकसाने का परिणाम था सर्वथा गलत और भ्रामक है। इससे अधिक गलत और भ्रामक कुछ और नहीं हो सकता कि उक्त प्रस्ताव के जरिए डॉक्टर अंबेडकर अंग्रेजों का हित और देश का अहित कर रहे थे। यदि इस प्रकरण पृथक निर्वाचन प्रणाली की निष्पक्ष और मानवीय व्याख्या की जाए तो मेरे जैसे लेखक और राजनीतिक समीक्षक इसे यो स्थापित करेगा कि डॉक्टर अंबेडकर ने देशहित के सामने स्वहित और दलितहित की बलि चढ़ा दी अर्थात् गांधी की प्राण रक्षा के निमित्त जो उस समय महात्मा एवं बापू की उपाधि से लोग जीवन में अलंकृत सुविख्यात हो चुके थे। स्वहित और दलित हित की बलि चढ़ाकर राष्ट्रनिष्ठा का बेमिशाल प्रमाण प्रस्तुत किया गया था। नहीं तो सन 1932 में पुणे में गांधी का वह आमरण अनशन जो प्रकारांतर से हिंदू धर्म की रक्षा का ही एक राजनीतिक हिस्सा था गांधी के प्राणांत का सबब बन जाता। इस पूना पैक्ट के लिए जो अंबेडकर के लिए प्राणानांतक समझौता था कम करके आंकना उनके कृतित्व को नकारने जैसा कृत्य होगा। यहीं इसी स्थल पर हमें राष्ट्रकवि दिनकर की यह काव्य पंक्तियां याद हो आई है- 'हे नीलकंठ संतोष करो, था लिखा गरल का पान तुम्हें।' यही हमें डॉक्टर शिव चंद्र प्रताप का यह कथन भी याद हो आया है कि इतिहास गवाह है कि 'वो ब्राह्मण को शुद्ध वाला सवाल दागने अम्बेडकर नामधारी प्रश्नवाचक उस दिन विस्मयादिबोधक बन गया, जिस दिन प्रमाणित कर दिया उसने कि जैसे छेनी-हथौड़ी की चोट खा-खा कर एक दिन पत्थर भगवान की मूर्ति बन जाता है और मंदिरों में प्रतिष्ठित हो जाता है वैसे ही स्वतंत्र भारत के संविधान निर्माता और कानून मंत्री बनकर प्रतिष्ठित हो गए थे। पर उनकी पीड़ा उनके गुजर जाने के बाद भी लोकतंत्र के मंदिर संसद में अभी भी चक्कर काट रही है। इस मुल्क की फिजाओं में इस मलाल के साथ कि काश, हम हिन्दुस्तानी ब्राह्मण, क्षत्रिय, वैश्य और शूद्र होने के वजाय फकत आदमी हो पाते- मुक्कमल इन्सान बन जाते। उनके इस काश की कराह साफ़ सुनाई देती है। संविधान की प्रारूप समिति के अध्यक्ष की हैसियत से 25-26 नवम्बर, 1947 को दिए गए उनके वक्तव्य में कि संविधान चाहे कितना भी अच्छा क्यों न हो, यदि वे लोग जिन्हें संविधान को अमल में लाने का काम सौपा जाए। खराब निकले तो निश्चित रूप से संविधान भी खराब सिद्ध होगा। कौन कह सकता है कि भारत के लोगों और उनके राजनीतिक दलों का व्यवहार कैसा होगा। यह एक निश्चित है कि राजनीतिक दल अपने पंथ को देश से ऊपर रखेंगे तो हमारी स्वतंत्रता एक बार फिर खतरे में पर जाएगी और सम्भवतया सदा के लिए खत्म हो जाएगी। सो आज भी हमारे सामने यह सवाल ज्वलंत रूप में खड़ा है कि देश और समाज को टुकड़ों और खंडों में तोड़ने, बाँटने वाली

जात-पांत और छूआछूत वाले जिस हिन्दू धर्म से प्राण और सम्मान बचाकर डॉ अंबेडकर जैसे युगपुरुष को बौद्ध धर्म की शरण लेनी पड़ी, वह हिन्दू धर्म आज भी अपने मूल स्वरुप में वही है। उसी पाखंड पूर्ण अवस्था में जहां वह बाबा साहब के समय था। हालांकि संविधान एवं कानून के भय से इसका बाहरी स्वरूप दिखावे के लिए बदला-बदला सा है।

अस्तु अब हम एक और महत्त्वपूर्ण प्रसंग का उल्लेख कर अपना विचार समाप्त करना चाहेंगे। वह प्रसंग है- गांधी और अंबेडकर का प्रथम मुलाकात का। कहते हैं कि पूना पैक्ट के पूर्व गांधी और अंबेडकर की पहली मुलाकात 14 अगस्त, 1931 को तत्कालीन मुंबई के मणि भवन में हुई थी। तब गांधीजी ने इंग्लैंड में हुए प्रथम गोलमेज कांफ्रेंस में रखे गए प्रस्ताव के खुलासा के विषय में अंबेडकर साहब से सवाल पूछा था- आपको इसके बारे में क्या कहना है। अंबेडकर ने उत्तर में कहा था- आपने मुझे यहां अपनी बात कहने-सुनने के लिए बुलाया था। कृपा कर वह कहिए जो आपको कहना है। अथवा आप चाहें तो मुझसे कोई दूसरा सवाल पूछे। उसका जवाब दूंगा, वैसे मैं और क्या कहूं- क्योंकि मेरी अपनी कोई मातृभूमि नहीं है। बाबा साहब अंबेडकर का यह व्यथित व्यंग्य गांधीजी के लिए अप्रत्याशित था। उन्होंने सहानुभूति एवं सांत्वना भरे शब्दों में कहा- भारत आपकी मातृभूमि है और आप बड़े देशभक्त हैं। यहां यह विषमयपूर्ण उल्लेख करना चाहता हूं कि गांधी और अंबेडकर के बीच लगभग 20 वर्षों के राजनीतिक संबंधों के बीच कोई प्रत्यक्ष आत्मीय संबंध नहीं होने के बावजूद एक अद्भुत सहानुभूतिपूर्ण जन संबंध अवश्य रहा होगा जिसने गांधी जी को इस बात के लिए विवश किया होगा कि वे पंडित जवाहरलाल नेहरू को इस बात के लिए राजी करें कि वह अपने प्रथम मंत्रिमंडल में अंबेडकर को कानून मंत्री के रूप में शामिल करें और फिर उन्हें भारतीय संविधान के प्रारूप निर्मात्री समिति का अध्यक्ष बनावे। मेरे कथन का तात्पर्य यह है कि भारतीय समाज एवं राजनीति के दो शिखर इतिहास पुरुष एक-दूसरे के व्यक्तित्व एवं कृतित्व से भली-भांति परिचित थे। दो विपरीत ध्रुवों में स्थापित परस्पर विरोधी विचारधारा के सामंजस्य का अनोखा मेल नहीं तो और क्या है। गांधी का उद्देश्य एवं आदर्श सत्य और अहिंसा के मार्ग पर चलकर भारत की स्वाधीनता को प्राप्त करना। अंबेडकर का लक्ष्य और आदर्श था उसी अहिंसक सत्याग्रह के मार्ग पर संघर्षरत रह कर भारतीय अस्पृश्य एवं उपेक्षित समाज का समुद्धार एवं समुत्थान न का कर्तव्य कार्य पूरा करना। दोनों युगपुरुषों के इस महान कर्तव्य कर्म ने उनके विरोधी संस्कारों के बावजूद दोनों को एक-दूसरे का पूरक कर्ता-भर्ता बना दिया है। इसलिए एक महात्मा और दूसरे बाबा साहब की पद प्रतिष्ठा से नवाजे गए हैं।

(प्रो. देवनारायण पासवान 'देव', बिहार के मगध विश्वविद्यालय के गया कॉलेज, गया के हिंदी विभागाध्यक्ष रहे और सामाजिक चिन्तक हैं।)

जात-पांत तोड़ो आन्दोलन अंबेडकर और गांधी

- सुनील कुमार सिन्हा

'मैंने हिन्दुओं की आलोचना की है। मैंने महात्मा गांधी के प्रभुत्व पर संदेह प्रकट किया है। उनके लिए मैं उनके बाग में एक साँप के समान हूँ।' डॉ. भीमराव रामाजी अंबेडकर ने यह बात 1936 में कही थी। 1936 में जात-पांत तोड़क मण्डल, लाहौर ने अध्यक्षता के लिए बाबा साहब को बुलाया था। इस सम्मेलन को काँग्रेस के दूसरे ग्रुप ने नहीं होने दिया। इसी कारण बाबा साहब ने अपना लिखित भाषण, जो पढ़ना था, प्रकाशित करा दिया।

बाबा साहब का मानना था कि हिन्दुओं में सामाजिक सुधार पहले होना चाहिए, फिर राजनीतिक सुधार की बात हो। 'स्वराज' जैसी बातों को आगे बढ़ाने में बाबा साहब की कोई दिलचस्पी नहीं थी। वह चाहते थे कि पहले सामाजिक सुधार पर हिन्दू समाज एकमत हो, चतुर्वर्ण्य व्यवस्था को अस्वीकार किया जाय। वेद, पुराण, मनुस्मृति आदि ग्रंथों को डॉयनामाइट लगाकर ध्वस्त कर देना चाहिए।

अपने भाषण में उन्होंने देश के विभिन्न क्षेत्रों में खासकर महाराष्ट्र में दलितों पर की जाने वाली अत्याचारों के अनेक उदाहरण पेश किये। बाबा साहब की अश्रद्धा सिर्फ काँग्रेस के राजनीतिक सुधार मण्डल के लोगों तक ही सीमित नहीं थी, वे समाजवादियों की आर्थिक बराबरी की व्यवस्था को भी नकरारते थे। बाबा साहब का मानना था कि कुप्रथाओं से फैली बुराइयों के कारण हिन्दू समाज की कार्यकुशलता समाप्त हो चुकी है। अब इन बुराइयों को जड़ से उखाड़ फेंकने के लिए अथक प्रयास करने होंगे, इस तथ्य को समझ कर ही राष्ट्रीय काँग्रेस के जन्म के साथ ही सामाजिक सुधार सम्मेलन की स्थापना हुई थी।

मराठा राज में, पेशवाओं के शासन में अछुतों की परछाई से ही हिन्दू अपवित्र हो जाते थे। अछुतों को थूक फेंकने के लिए गले में मिट्टी का वर्तन लेकर चलना पड़ता था। ताकि

उनके द्वारा जमीन पर फेंके गये थूक से बाकी हिन्दू लोग अपवित्र न हो जायें। अनेक जगहों पर दलितों को झाड़ू शरीर में बाँध कर चलना पड़ता था। ऐसे में सामाजिक सुधार के बिना राजनीतिक सुधार की बात बेईमानी है।

भारत में समाज सुधार का मार्ग स्वर्ग के मार्ग के समान है और इस कार्य में अनेक कठिनाईयाँ है। भारत में समाज सुधार कार्य में सहायक मित्र कम और आलोचक अधिक हैं। आलोचकों के दो स्पष्ट वर्ग हैं। एक वर्ग में राजनीतिक सुधारक हैं और दूसरे में समाजवादी।

कुछ समय तक काँग्रेस और सम्मेलन ने एक समान्य क्रियाकलाप के दो अंगों के रूप में कार्य किया और उनके वार्षिक अधिवेशन भी एक ही पंडाल में होते थे। किंतु शीघ्र ही ये दो अंग दो दल में बदल गये- एक राजनीतिक सुधार दल और दूसरा सामजिक सुधार दल। इनके बीच उग्र विवाद खड़े हो गये। राजनीतिक सुधार दल राष्ट्रीय काँगेस का समर्धन करता था और सामाजिक सुधार दल सामाजिक सम्मेलन का।

मतभेद उग्र होता चला गया। मतभेद का मुद्दा था सामाजिक सुधार आन्दोलन राजनीतिक सुधारों से पहले होना चाहिए। राजनीतिक सुधार का कार्य पहले हो, इस विचार के समर्थकों का मानना था कि हिन्दुओं में व्याप्त बुराइयों के लिए विदेशी सत्ता मुख्य रूप से दोषी है। ये लोग सामाजिक आन्दोलन में रोड़ा लगायेंगे। इसलिए पहले विदेशी सत्ता से मुक्ति का मार्ग ढूंढना है। इस कार्य को पूरा करने के लिए राजनीतिक आन्दोलन को ही प्राथमिकता देनी होगी। लेकिन बाबा साहब अंबेडकर का विचार स्पष्ट था कि दुनिया में राजनीतिक सुधार आन्दोलन तभी सफल हुए हैं, जब उस आन्दोलन के पहले सामाजिक-धार्मिक आन्दोलन हुए हैं।

भारत में 19वीं शताब्दी में अनेक सामाजिक-धर्मिक आन्दोलन हुए थे। इतिहास में उस काल को जागरणकाल कहा जाता है। 20वीं शताबदी में काँग्रेस और महात्मा गाँधी द्वारा जो राजनीतिक आन्दोलन चल रहा था, उस पर जागरण काल का प्रभाव था।

बाबा साहब ने जागरणकाल के आन्दोलन को नकार दिया। उस आन्दोलन को हिन्दुओं के कुलीन परिवार के आंतरिक सुधार का आन्दोलन मात्र कह दिया। आगे उन्होंने कहा कि इसे सही-सही रूप में समझने के लिए इस बात पर ध्यान देना जरूरी है कि समाज सुधारक किस प्रकार के समाज सुधार के लिए आन्दोलन कर रहे हैं। इस संबंध में आवश्यक है कि हिन्दू परिवार के सुधार के अर्थ में समाज सुधार और हिन्दू समाज के पुनर्गठन तथा पुनर्निर्माण के अर्थ में समाज सुधार इन दोनों में अन्तर किया जाए। पहले प्रकार के समाज सुधार का संबंध विधवा विवाह, बाल विवाह आदि से है, जबकि दूसरे प्रकार के समाज सुधार का संबंध जाति-प्रथा के उन्मूलन से है।

समाजवादियों के विचार से भी बाबा साहब सहमत नहीं थे। समाजवादियों का मानना है कि मनुष्य एक आर्थिक प्राणी है। उसके कार्यकलाप और आकांक्षाएँ आर्थिक तथ्यों से परिबद्ध है और सम्पत्ति सत्ता का एक मात्र स्रोत है, राजनीतिक और सामाजिक सुधार केवल भ्रम है। बाबा साहब ने कहा था- "मानव समाज का कोई भी विद्यार्थी इस बात को स्वीकार नहीं कर सकता है कि आर्थिक शक्ति ही एक मात्र शक्ति है। व्यक्ति का सामाजिक स्तर ही अक्सर शक्ति का स्रोत बन जाता है।"

भारत के लाखों दरिद्र अपनी मामूली सम्पत्ति को भी बेच कर काशी जाते हैं, मक्का जाते हैं। भारत के इतिहास में इस बात का चित्रण है कि धर्म सत्ता का स्रोत है, जहाँ पुजारी को सामान्य व्यक्ति से अधिक महत्त्व प्राप्त है। बाबा साहब ने सामाजवादियों से पूछा था- क्या आप पहले सामाजिक व्यवस्था में सुधार लाये बिना आर्थिक सुधार कर सकते हैं? ऐसा प्रतीत होता है कि भारत के समाजवादियों ने इस प्रश्न पर विचार ही नहीं किया है। बाबा साहब का स्पष्ट मानना था कि लोग जब तक यह नहीं जानेंगे कि क्रांति के बाद उनके साथ समानता का व्यवहार होगा और जाति एवं नस्ल का कोई भेदभाव नहीं होगा, तब तक वे संपत्ति के सामाजीकरण हेतु क्रांति में शामिल नहीं होंगे। जाति प्रथा ऐसा दैत्य है, जो आपके मार्ग में खड़ा है। आप जब तक इस दैत्य को नहीं मारोगे, आप न कोई राजनीतिक सुधार कर सकते हैं, न कोई आर्थिक सुधार कर सकते हैं।

जाति प्रथा का समर्थन इस आधार पर किया जाता है कि जाति प्रथा श्रम के विभाजन का ही एक अन्य नाम है। श्रम का विभाजन प्रत्येक सभ्य समाज का एक अनिवार्य लक्षण है, इसलिए जाति प्रथा में कोई बुराई नहीं है। बाबा साहब इस तर्क को अस्वीकार करते हैं। उनका मानना है कि हिन्दू समाज में श्रम का विभाजन नहीं है, यहाँ श्रमिकों का विभाजन है। जाति के आधार पर श्रम का निर्धारण हो जाता है, यह अप्राकृतिक विभाजन है। सामाजिक और व्यक्तिक कार्यकुशलता के लिए आवश्यक है कि किसी व्यक्ति की क्षमता को इस बिन्दु तक विकसित किया जाय ताकि वह अपनी जीविका का चुनाव स्वयं कर सके। जाति प्रथा में इस सिद्धांत का उल्लंघन होता है, क्योंकि इसमें व्यक्तियों को पहले से ही कार्य सौंपने का प्रयास किया जाता है।

प्रो. वेटसन की पुस्तक 'मेडल्स प्रिंसिपल्स ऑफ हेरिडिटी' के आधार पर बाबा साहब ने माना कि जहाँ तक शारीरिक क्षमता का संबंध है, उसमें हिन्दू प्रजाति सबसे घटिया किस्म 'सी-3' की है। इसका 90 प्रतिशत आबादी सैनिक सेवा के योग्य नहीं है। हिन्दू समाज एक मिथक मात्र है। 'हिन्दू' स्वयं विदेशी नाम है। यह नाम मुसलमानों ने भारतवासियों को दिया था, ताकि वे उन्हें अपने से अलग कर सकें।

भारतीय नर-नारी असंख्य किस्म के परिधान पहनते हैं, जो कि पर्यटकों के लिए हैरानी का कारण है। दरअसल आदर्श हिन्दू उस चूहे की तरह है, जो अपने ही बिल में घुसा रहता है और दूसरों के सम्पर्क में नहीं आना चाहता है। बाबा साहब आगे कहते हैं- हिन्दू लोग मुसलमानों की इसलिए आलोचना करते हैं क्योंकि उन्होंने तलवार के बल पर अपना धर्म फैलाया है। मुझे यह कहने में कोई संकोच नहीं है कि अगर मुसलमान को क्रूर माना जाय तो हिन्दुओं को भी निकृष्ट माना जाना चाहिए और निकृष्टता क्रूरता से भी अधिक निंदनीय है। मेरा आदर्श ऐसे समाज की स्थापना से है जो स्वाधीनता, समानता और भाईचारे पर आधारित हो। प्रजातंत्र का मूल मंत्र है अपने साथियों के प्रति आदर और मान-सम्मान की भावना रखना। क्या स्वाधीनता पर किसी को कोई आपत्ति हो सकती है?

प्लेटो के गणराज्य 'रिपब्लिक' पर भी बाबा साहब का राय स्पष्ट था। प्लेटों ने भी लोगों को तीन श्रेणियों में बांटा है। एक श्रमिक अर्थात काम धंधा करने वाला, दूसरा बहादुर प्रवृति के लोग और तीसरा जो वस्तु एवं तथ्यों के आधारभूत सार्वभौम कारण को समझने की क्षमता रखती हो, ऐसे लोग ही कानून बनाने वाले लोगों के वर्ग में होंगे। बाबा साहब कहते हैं कि प्लेटो का यह विचार चतुर्वर्ण्य व्यवस्था की तरह है। प्लेटो को इस बात का सम्यक ज्ञान नहीं था कि प्रत्येक व्यक्ति की अपनी विशिष्टता होती है, यह शत-प्रतिशत औरों की तरह नहीं होता। प्रत्येक व्यक्ति का अपना वर्ग अलग ही होता है।

बाबा साहब मनुवादियों से कहते हैं कि 'मनुस्मृति' की दांडिक अनुशस्तियों में संशोधन करें। मनुष्यों का वास्तविक वर्गीकरण करें। शूद्रों को वेद पाठ करने एवं सुनने पर जीभ काटने और कान में शीशा डालने की बात पर विचार करना होगा। स्त्री के संबंध में बाबा साहब पूछते हैं कि क्या उन्हें चार वर्णों में बाँटा जायेगा या स्त्री का वर्ण विवाह के बाद बदल जायेगा?

ऐसा प्रतीत होता है कि चतुर्वर्ण्य के समर्थकों ने यह नहीं सोचा कि उनकी इस वर्ण व्यवस्था में स्त्रियों का क्या होगा? क्या उन्हें भी ब्राह्मण, क्षत्रिय, वैश्य और शुद्र सहित चार वर्गों में विभाजित किया जाएगा या उन्हें अपने पतियों के वर्ग का दर्जा प्राप्त कर लेने दिया जाएगा? यदि स्त्री का दर्जा शादी के बाद बदल जाएगा तो चतुर्वर्ण्य के सिद्धान्त का क्या होगा? उस स्थिति में तो चतुर्वर्ण्य के समर्थकों को यह स्वीकार करना होगा कि उनकी वर्ण व्यवस्था स्त्रियों पर लागू नहीं होती है। बाबा साहब फिर पूछते हैं कि क्या हिन्दू समाज महिला पुरोहितों और महिला सैनिकों के लिए अनुमति देगा।

बाबा साहब एक और गंभीर प्रश्न उठाते हैं। विश्व के अन्य देशों में सामाजिक क्रांतियाँ होती रही है। भारत में समाजिक क्रांतियाँ क्यों नहीं हुई, यह एक ऐसा प्रश्न है जो मुझे सदैव कष्ट देता रहा है। मैं इसका केवल एक ही उत्तर दे सकता हूँ और वह यह है कि चतुर्वर्ण्य

की इस अधम व्यवस्था के कारण हिन्दुओं के निम्न वर्ग सीधी कार्रवाई करने में पूर्णतः दुर्बल बन गए हैं। वे हथियार धारण नहीं कर सकते और हथियार के बिना वे विद्रोह नहीं कर सकते थे। चतुर्वर्ण्य व्यवस्था के कारण वे शिक्षा प्राप्त नहीं कर सके। वे अपनी मुक्ति का मार्ग नहीं सोच सके या ज्ञात कर सके। उन्हें सदैव दबाकर रखा गया। उन्हें अपने छुटकारे का न तो रास्ता ही मालूम था और न ही उनके पास साधन थे। उन्होंने अनंत दासता से समझौता कर लिया।

शूद्र एक आश्रित व्यक्ति है और तीनों वर्ण उसके संरक्षक हैं- यह व्याख्या बाबा साहब को मंजूर नहीं था। वह मानते थे कि सिख और मुसलमान जाति बहिष्कार के विचार से परिचित नहीं है, लेकिन हिन्दुओं के संबंध में यह बात एकदम भिन्न है। हिन्दू धर्म से जाति प्रथा हटाना असंभव है, क्योंकि इसके लिए वेद, श्रुति और स्मृति को डॉयनामाइट से उड़ाना होगा।

महात्मा गांधी ने जात-पांत तोड़ो मंडल, लाहौर द्वारा बाबा साहब अंबेडकर को भाषण देने से मना करने को अनुचित करार दिया। उन्होंने कहा कि ऐसा करके मंडल ने एक विद्वान व्यक्ति के विचार को सुनने से प्रबुद्ध नागरिकों को वंचित कर दिया। लेकिन यह अच्छा हुआ कि अंबेडकर साहब ने अपने भाषण को छपवा दिया। उसका मूल्य 8 आना रखा है। मैं ऐसा समझता हूँ कि उन्हें इसका मूल्य 2 आना रखना चाहिए था, चार आना भी हो तो ठीक है। ऐसा इसलिए कि डॉ. साहब का विचार अधिक से अधिक लोगों तक पहूँच पाये।

बाबा साहब अंबेडकर के विचार से महात्मा गांधी सहमत नहीं थे। उनका मानना था कि जात-पांत का धर्म से कोई मतलब नहीं है। वर्ण और आश्रम व्यवस्था ऐसी संस्थाएँ हैं, जिनको जात-पांत से कुछ लेना देना नहीं है। वर्ण व्यवस्था का नियम सिखाता है कि पैतृक धंधा अपनाकर हम अपनी रोजी-रोटी कमा सकते हैं। यह हमारे अधिकार को ही नहीं बल्कि कर्तव्य को भी परिभाषित करता हैं। वर्ण व्यवस्था के कानून में छूआछूत की मान्यता निहित नहीं है।

महात्मा गांधी का मानना था कि किसी संस्था अथवा धर्म की श्रेष्ठता उसके शिखर बिन्दु की व्याख्या से समझा जाना चाहिए। डॉ. अंबेडकर साहब की दृष्टि में चैतन्य महाप्रभू, ज्ञानदेव, तुकाराम, तिरूवल्लूवर, रामकृष्ण परमहंस, राजा राममोहन राय, महर्षि देवेन्द्रनाथ ठाकुर, विवेकानन्द व अन्य विद्वानों द्वारा सिखाया गया धर्म पूरी तरह गुण रहित है, यह तो चिंता का विषय है।

बाबा साहब अंबेडकर ने गांधीजी के विचारों पर अपनी प्रतिक्रिया व्यक्त करते हुए एक कड़ी टिप्पणी कर दी। उन्होंने कहा- "महात्मा गांधी जन्म से बनिया हैं। उनके पूर्वजों

ने मंत्री पद पाने के लिए व्यापार करना छोड़ दिया था, जो कि ब्राह्मणों का पेशा है। अपने जीवन में महात्मा बनने से पहले, जब पेशा चुनने का अवसर आया तो उन्होंने तराजू के बजाय वकालत को प्राथमिकता दी। वकालत का परित्याग कर वह आधे सन्त और आधे राजनीतिज्ञ बन गए। उन्होंने व्यापार को कभी छूआ तक नहीं, जो उनका पैतृक पेशा था। उनका सबसे छोटा पुत्र- मैं केवल उस पुत्र की बात कर रहा हूँ, जो अपने पिता का अनुयायी है, जो वैश्य के घर में जन्मा, लेकिन उसने ब्राह्मण की लड़की से विवाह किया तथा जिसने एक बड़े पूंजीपति के समाचार पत्र में नौकरी को चुना। मेरे पास ऐसी कोई जानकारी नहीं है कि महात्मा ने पैतृक पेशा न अपनाने के लिए उसकी निंदा की हो।" बाबा साहब जानना चाहते थे कि महात्मा गांधी अपने आदर्श को अपने जीवन में उतारने के लिए कितना प्रयास किया है।

आगे बाबा साहब कहते हैं कि यद्यपि मैं धर्म के नियमों की निंदा करता हूँ, लेकिन इसका यह अर्थ न लगाया जाय कि धर्म की आवश्यकता ही नहीं है। मेरे विचार से हिन्दू धर्म में सुधार के मुद्दे इस प्रकार हैं :-

1. हिन्दू धर्म की केवल एक और केवल एक ही मानक पुस्तक होनी चाहिए, जिसे सारे हिन्दू स्वीकार करें और मान्यता दें। ऐसा कहने से मेरा तात्पर्य यह है कि वेदों, शास्त्रों और पुराणों को पवित्र और अधिकृत ग्रंथ मानने पर रोक लगे।
2. हिन्दुओं में पुरोहिताई समाप्त हो जाय। लेकिन यदि यह समाप्त होना मुमकिन न हो तो उसे राज्य के द्वारा परीक्षा पास कर सनद प्राप्त कर लेने पर पुजारी बनने का अधिकार होना चाहिए।
3. पुजारी सरकारी नौकर होना चाहिए। उस पर नागरिक कानून भी लागू होनी चाहिए।
4. पुजारियों की संख्या को कानून द्वारा आवश्यकता के अनुरूप सीमित किया जाना चाहिए। जैसा कि आई.सी.एस. के पदों की संख्या के बारे में किया जाता है।

बाबा साहेब के विचार से स्पष्ट होता है कि वह हिन्दुओं की दुर्बलता का मुख्य कारण जाति प्रथा को मानते थे। इसी कमजोरी के कारण मुसलमान, ईसाई एवं अन्य प्रकार के लोग जब चाहा, हिन्दुओं को कुचलते रहे हैं। सिख और मुसलमानों पर कोई आफत आती है तो सभी एक हो जाते हैं, लेकिन हिन्दुओं में यह भावना नहीं है। किसी हिन्दू पर आफत आ जाय तो सभी हिन्दू उनके लिए उठ खड़े होंगे, यह सम्भव नहीं है। बाबा साहब ने जो सुझाव दिये, वह हिन्दुओं को आत्मनिर्भर और मजबूत बनाने के लिए दिये थे।

बाबा साहब की जात-पांत विरोधी लड़ाई लगातार चलती रही। वह अपने को हिन्दू कहलाने से परहेज करते रहे। उन्होंने बौद्ध धर्म 14 अक्टूबर, 1956 को स्वीकार किया था। अर्थात अपने जीवन के आखिरी बावन दिन ही वह हिन्दू धर्म से अलग रहे। यानि बौद्ध

धर्म को विधिवत स्वीकार करके मात्र बावन दिन ही जीवित रहे। हम यह कह सकते हैं कि हिन्दुओं को मजबूत कौम के रूप में खड़ा करने का उन्होंने जीवन पर्यन्त कार्य किया। उनके विचारों से मतभेद हो सकता है, लेकिन उनका उद्देश्य स्पष्ट था। वह राष्ट्रभक्त थे। इसका एक उदाहरण कश्मीर को 'विशेष राज्य' (अनुच्छेद-370) का दर्जा भारत के संविधान में समाहित करने से इंकार करना था। उन्होंने शेख अब्दुल्ला से साफ कह दिया था कि मेरे हाथों यह कार्य कभी नहीं होगा। यह देशहित के विरूद्ध है और धोखा देने के बराबर है। 6 दिसम्बर, 1956 को उनका देहावसान हो गया। लेकिन अपने कार्यों, मतों और विचारों की स्पष्टता के लिए युगों तक याद किये जायेंगे।

यह सही है कि महात्मा गांधी और बाबा साहब अंबेडकर के बीच मतभेद 1936 से ही गहरा गये थे। महात्मा गांधी पूर्ण स्वराज की माँग के प्रति पूर्ण रूप से प्रतिबद्ध थे। 1929 में काँग्रेस ने विदेशी सत्ता के विरूद्ध पूर्ण स्वतंत्रता की माँग कर दी। 26 जनवरी, 1930 को रावी नदी के तट पर काँग्रेस ने विदेशी गुलामी को अस्वीकार करते हुए पूर्ण स्वतंत्रता की घोषणा कर दी थी। गांधी जी पूर्ण स्वराज की माँग के साथ-साथ सामाजिक आंदोलन भी चला रहे थे। इधर बाबा साहब अंबेडकर की जिद थी कि भारत की स्वतंत्रता की लड़ाई बंद करके हमें सिर्फ सामाजिक सुधार का आंदोलन चलाना चाहिए। बाबा साहब के इस विचार से गांधी जी सहमत ही नहीं थे, बल्कि विरोधी भी हो गए थे।

(सुनील कुमार सिन्हा बैंक में अधिकारी से सेवानिवृत हैं और इस समय पटना के चाणक्य स्कूल ऑफ़ पॉलिटिकल रिसर्च एंड गाइड के अध्यक्ष हैं।)

गांधी और अंबेडकर जैसे महापुरूषों का लक्ष्य एक- राहें जुदा

- सुरेश शर्मा

वह देश का गुलामी काल था। 1915 के आसपास की बात हैं जब मोहनदास करमचंद गांधी और भीमराव अंबेडकर विदेश में पढ़ाई पूरी करके भारत की राजनीति और सुधारवादी क्षेत्रों में अपने पांव जमा रहे थे। दोनों ही महापुरूषों में एक साम्य था कि वे देश की सामाजिक व्यवस्था में छुआछूत और शोषण को खत्म करके समतावादी समाज की रचना करना चाह रहे थे। लेकिन दोनों के काम करने के तरीकों में अन्तर था। यूं भी कह सकते हैं कि दोनों की राहें जुदा थी। गांधी समाज में बदलाव तो चाहते थे लेकिन समग्र समाज को एक साथ कर बिना विघटन किए, लेकिन अंबेडकर चूंकि उसी समाज से आते थे इसलिए स्वयं भोगी पीड़ा के कारण वे सीधे ही इस अव्यवस्था को समाप्त करने की बात करते थे। यही कारण है कि उन्होंने कांग्रेस को अपना राजनीतिक आशियाना बनाने की बजाय कुछ अन्य दलों की रचना और प्रश्रय का केन्द्र बनाया। यह सच है कि गांधी के साथ विचारों की साम्यता न होने के कारण अंबेडकर को राजनीतिक ऊंचाईयां नहीं मिल पायी और कई बार चुनाव में उन्हें पराजय का सामना करना पड़ा। यह चुनावी सत्य उस समय से आज तक प्रमाणित होता आया है कि समग्र भाव ही चुनाव में जीत का साध्य बनता है, न कि एक वर्ग और वर्ग में विभेद का कारक जीत में परिणति हो पाता है। इसके बाद भी गांधी और अंबेडकर में तुलना होना यह सिद्ध करता है कि गांधी प्रयोगधर्मी रह कर महानता को प्राप्त हुये हैं लेकिन अंबेडकर को भी उनकी अपनी शैली ने महान बनाया है। उसी समकालीन एक और महापुरूष का जिक्र करना सामयिक होगा। वे थे डॉ. केशव बलिराम हेडगेवार। उन्होंने उसी समय राष्ट्रीय स्वयंसेवक संघ की स्थापना की थी। तीनों महापुरूषों की कुछ यूं व्याख्या की जा सकती है। अंबेडकर जातिवादी व्यवस्था में सुधार के सहज मिशन के लिए काम कर रहे थे। गांधी समाज व्यवस्था में सुधार के राजनीतिक प्रयोग कर रहे थे और हेडगेवार समग्र हिन्दू समाज को केन्द्र में रखकर काम कर रहे थे। चूंकि

हेडगेवार के कार्य में संपूर्ण समाज था इसलिए उनका दायरा व्यापक होने के कारण उनके साथ समन्वय स्थापित नहीं करना ही इन अन्य महापुरूषों ने उचित समझा और हेडगेवार की विचारधारा के आलोचक अधिक होते चले गये। लेकिन गांधी के सामाजिक सुधार के राजनीतिक प्रयोगों के कारण वे अधिक स्वीकार्य हुए जबकि अंबेडकर ने खुद को एक सीमित दायरे में ही लाकर खड़ा कर दिया था। उनकी जितनी भी संस्थायें कार्यरत थी वे वर्ग विशेष तक अपने आप को सीमित किये हुये थी।

एक उदहरण इस बात को प्रस्तुत करने में सहायक होगा कि किसी भी मंदिर की महिमा उसके पंडे के ज्ञान पर निर्भर करती है। जितना विद्वान पंडा होगा भगवान को पूजने वाले उतने ही संख्या में और संस्तुति करने वालों की योग्यता भी उतनी ही होगी। गांधी राजनीति में लाभ का पर्याय बनते चले गये तो एक बड़ी राजनीतिक विचारधारा उन्हें अपनाकर सत्ता का सुख भोगने की स्थिति में आ गई। अंबेडकर वर्ग विशेष के सुधार व उत्थान के लिए कार्य करने में लग गये तो उनके समर्थकों और प्रशंसकों में उसी वर्ग की प्रधानता हो गई। वे तो अंबेडकर पर कापीराइट दिखाने लग गये और इसी कारण अंबेडकर को संपूर्ण समाज में फोकस नहीं मिल पाया। गांधी के समर्थकों और अनुयायियों में उनका अहिंसा का सूत्र घर कर चुका था इसलिए उनके स्वभाव को सहिष्णु माना जाता था इस कारण भी वे स्वीकार्य होते चले गये। लेकिन अंबेडकर अपने विचारों को आक्रामक भाव से रखते थे इसलिए उन्हें 1936 में हिन्दू धर्म को छोड़ने का ऐलान करना पड़ा। वे बाद में बौद्ध धर्म के समर्थक हो गये थे। इस पलायनवादी मानसिकता ने भी अंबेडकर को गांधी की तुलना में कमजोर सिद्ध किया। यदि अंबेडकर सनातन धर्म में सुधारवादी प्रयोगों को सार्थकता से पूरा कराकर पूर्णाहुति करा देते तो वे भगवान समकक्ष खड़े हो जाते और वे गांधी से आगे की कतार में खड़े दिखाई देते। चूंकि अंबेडकर भगवानवादी व्यवस्था की बजाए कर्म प्रधानता को स्वीकार करके ही बौद्ध बने थे इसलिए हो सकता है कि उन्हें भगवान बनने की हमारी रचना स्वीकार नहीं होती। लेकिन उनके समर्थक उन्हें भगवान मानकर ही पूजा करते हैं यह तो उनके विचारों को किनारे करके समर्थकों की अपनी नई रचना है। अंबेडकर अपने वर्ग और दलित समाज को शोषण और अस्पृश्यता से मुक्त कराने के अभियान के कारण धीरे-धीरे प्रसिद्ध भी हुए और स्वीकार्य भी हुए। जबकि गांधी ने सर्व स्वीकार्य प्रयोग पहले समय से करने शुरू कर दिये थे। वे टकराव रहित प्रयोग करते थे इसलिए वे अनेकों बार अंबेडकर से बहुत आगे निकलते हुये दिखाई दिये हैं।

आजादी के बाद देश में पंडित नेहरू की अगुवाई में राष्ट्रीय सरकार बनी और जिसमें सभी विचारों को मानने वालों की सहभागिता हुई। गांधी और नेहरू के धुरविरोधी और राष्ट्रवादी विचारधारा के पोषक डॉ. श्यामाप्रसाद मुखर्जी और बाबा साहब भीमराव अंबेडकर भी उन दिनों नेहरू सरकार का हिस्सा हुआ करते थे। यहां पर सरकार में शामिल होने का मतलब यह हुआ कि गांधी और अंबेडकर के विचारों में दूरियां और काम करने

के अलग-अलग तरीकों के बाद भी मंत्रीमंडल में शामिल होने को गांधी की सहमति के रूप में देखा गया। इसका मतलब यह भी निकाला गया कि गांधी अंबेडकर की कार्यशैली को चाहे सही नहीं मानते हों और अपना विरोधाभाषी भी मानते हों लेकिन वे उनकी योग्यता को स्वीकार करते थे। लेकिन यहां हेडगेवार के संदर्भ में कहना सामयिक होगा कि संपूर्ण समाज की रचना की कल्पना और सुधार के साथ चलने वाला संघ गांधी के मिशन की तुलना में अधिक प्रभावी और समग्र था इसलिए गांधी हेडगेवार के विचार को साथ रखने और सार्वजनिक करने में उतनी रूचि वे नहीं लेते थे। हालांकि नेहरू मंत्रीमंडल में डॉ. मुखर्जी थे लेकिन उन्हें राज्यमंत्री ही बनाया गया था।

जब हम इक्कीसवीं सदी के भारत में गांधी और अंबेडकर को देखते हैं तब हमें दोनों की तुलना में कठिनाई होती है। आज गांधी, गांधीवाद से किनारा करके नोटों पर दिखाई देते हैं और अंबेडकर सुधार की बजाय प्रतिशोध की ढ़ाल के रूप में। गांधी नाम के उच्चारण में हमको महात्मा गांधी कम उधार के गांधी अधिक दिखाई देते हैं जो वास्तविक गांधी के विचार और सुधार के प्रयोगों से कोसो दूर खड़े दिखते हैं। जबकि अंबेडकर का आदर्श मानने वाले उनके तर्क और सही जीवन के तौर-तरीकों की बजाय दलित होने के उसी कवच का सहारा लेते हैं जिसे उतारने के लिए अंबेडकर ने अपना संपूर्ण जीवन लगा दिया था। तिरस्कार झेले और धर्म परिवर्तन जैसा बड़ा कदम उठाने को विवश हुए। यदि इसी प्रकार से दलित ही बनकर लाभ उठाने की मानसिकता को जीवित रखना था तो अंबेडकर भी गांधी बनकर राजयोग भोग सकते थे। आज के राजनेतओं का स्वार्थ भी महापुरूषों को समाज और वर्गों में बांटने का कारक बन गया है। इसके लिए आज की स्वार्थी और उतनी क्षमता के अभाव में पनप रही राजनीति भर को दोष देना उचित नहीं होगा क्योंकि वह तो इन महापुरूषों के नाम से उपजी कमजोर तने की झाडियां हैं जिनसे अपेक्षा करना भी उचित नहीं होगा। लेकिन गांधी और अंबेडकर ने अपने कालखंड में ही खुद को इस दिशा में जाने के लिए तैयार कर लिया था। गांधी राजनीति में उपयोग के लिए आजादी के बाद अपने प्रस्तुत करने के प्रयोग करने लग गये थे। मसलन दलित संरक्षण और विभाजन के बाद मुस्लिम संरक्षण। जो बाद में कांग्रेस के वोट का आधार बने। जबकि अंबेडकर सुधारवाद के संकुचित रास्ते पर पहले दिन से ही चल रहे थे जो आखिर में इन्हीं समुदायों की तंग बस्तियों में ही जाता है। अब यहां फिर हेगडेवार याद आते हैं उनका समग्र हिन्दू समाज को साथ लेकर चलने का मार्ग वैश्विक स्थान पा रहा है। गांधी और अंबेडकर एक-दूसरे के पूरक थे लेकिन दोनों की राहें जुदा थीं। फिर भी दोनों का लक्ष्य एक ही था।

(सुरेश शर्मा भोपाल से प्रकाशित 'स्वदेश', 'अमर उजाला', 'कारोबार' और जबलपुर से प्रकाशित 'हिंदी एक्सप्रेस' में वरिष्ठ पदों पर रहें हैं। इस समय 'शिखरवाणी' भोपाल के प्रधान संपादक हैं।)

एक दूसरे के पूरक गांधी-अंबेडकर

- डॉ.राकेश राणा

वास्तव में आधुनिक भारत के निर्माण में गांधी और अंबेडकर दोनों समान रुप से एक-दूसरे के जीवन मिशन में सहायक साबित हुए है। गांधी की राष्ट्र-निर्माण दृष्टि जहां पग-पग पर उनके जीवन में स्वतंत्रता संघर्ष में समग्रता में उभर कर सामने आयी वहीं अंबेडकर की संविधान निर्माण दृष्टि स्वतंत्र भारत को एक मजबूत राष्ट्र बनाने में महती साबित हुई। समकालीन यह दोनों महान नेता अपनी-अपनी महानताओं के साथ देश के उत्थान और समाज के नवनिर्माण में जुटे रहे। जहां संविधान निर्माता की अहम् भूमिका में भारत राष्ट्र को एक सम्प्रभु, धर्मनिरपेक्ष और लोकतांत्रिक गणराज्य बनाने की महान कवायद की। ताकि देश के हर नागरिक को सामाजिक व आर्थिक न्याय मिल सके। सबको विचार की अभिव्यक्ति और धर्म की स्वतंत्रता हासिल हो सके। देश के हर नागरिक को समान अवसर तथा सम्मान प्राप्त हो सके। क्योंकि भारतीय समाज में वर्गव्यवस्था और जाति व्यवस्था तथा अस्पृश्यता कि जड़ें इतनी गहरी व पुरानी हैं कि बुद्ध से लेकर गांधी तक अनेक लोगों ने इसके निवारण के प्रयास अपने-अपने ढंग से किए। भारत में ये असमानताएं हमेशा से ही विद्यमान रही है। हमारी विविधता व अनेकता ने समाज में ऐसे विरोधाभासों और विसंगतियों को जन्म दिया हैं, जो कालान्तर में शनैः-शनैः भारतीय समाज का अभिन्न अंग बन गए हैं। चिन्तन, विश्वास एवं आचारण के प्रायः सभी पक्षों में असंगति व अन्तर्विरोध भारतीय समाज में देखे जा सकते है और खोजे जा सकते है। भारतीय समाज में ऐसे बहुत से विरोधाभास मौजूद हैं। जाति से जुड़े प्रश्नों में तो बहुत से ऐसे विरोधाभास है। हमारे समाज में जाति, धर्म और लिंग आधारित मुददों पर सदियों से समाज में शोषण मौजूद है। आज भी महिलाओं सहित गरीब, दलित और आदिवासी समुदायों के लोग शोषण के शिकार हैं। यहीं वजह है स्वतंत्रता संघर्ष के दौर में भी ये सामाजिक प्रश्न ज्वलंत मुददे बने रहे। देश के स्वतंत्रता संघर्ष के दौरान गांधी-अंबेडकर जैसे बड़े नेता भी इन्हीं समस्याओं को केन्द्र में रखकर आगे बढ़े।

गांधीजी और अंबेडकर दोनों ही देश के दलित-पिछड़े समुदायों को उठाना चाहते थे। दोनों का उददेश्य समान था पर उनकी कार्य-शैली और संघर्ष करने तरीका अलग-अलग रहा। दोनों के संबंध भी औसत रुप से सामान्य दर्जे के ही रहे। दोनों समकालीन थे। समाज को सामाजिक न्याय के आधार पर खड़ा करना चाहते थे। इसके लिए दोनों का मकसद एक और कार्य-शैली में पर्याप्त भिन्नता रही। दोनों विद्वान विदेशी शिक्षण संस्थानों में पढ़े-लिखे होने के बावजूद अपने देश से कितना लगाव रखते थे। दोनों का मकसद एक ही गंतव्य पर अपने-अपने रास्ते से पंहुचने का था।

दोनों ही बहुत ही भिन्न सामाजिक-आर्थिक पृष्ठभूमि से आए थे। अलग-अलग सामाजिक स्थितियों से आये थे। गांधी का जन्म ऐसे परिवार और समुदाय में हुआ जहां उन्हें जन्म से ही मान-सम्मान और सहयोग मिला। वहीं अंबेडकर ऐसे परिवार और समुदाय में पैदा हुए जहां तिरस्कार ही मिला। स्कूल के शुरुआती दिनों में भी घोर अपमान का सामना करना पड़ा। उसी का परिणाम था कि उनके अन्दर एक तरह का विचार जड़ जमा गया। अंबेडकर एक मेघावी नौजवान होने के बावजूद भी अलगााव और तिरस्कार झेलते रहे। गांधी जी अपने जीवन में एक औसत श्रेणी के ही छात्र रहे फिर भी आसानी से विदेश तक पढ़ आाए। गांधी को कभी ऐसे कटु जीवनानुभवों से नहीं गुजरना पड़ा जैसा सामाजिक संघर्ष अंबेडकर को पग-पग पर करना पड़ा।

गांधी और अंबेडकर के राजनीतिक विचार भी मेल नहीं खाते थे। दोनों एक-दूसरे के राजनीतिक विरोधी रहे। जब 1917 में अपनी शिक्षा पूरी कर लौटने के बाद अंबेडकर ने जातीय भेदभाव वाली व्यवस्था के खिलाफ अपनी मुहिम शुरू की तो तब तक कांग्रेस की अगुवाई में स्वतंत्रता आंदोलन को गांधी जी गति दे चुके थे। अंबेडकर ने अपनी राजनीति को गांधी और कांग्रेस के विरोध के साथ ही शुरु किया। इन दोनों महान नेताओं का विचार-दर्शन सर्वथा भिन्न था। क्योंकि दोनों ही अलग-अलग थॉट ऑफ स्कूल से आए थे।। दोनों अलग ढ़ंग की विचारधाराएं आगे बढ़ा रहे थे पर दोनों की मंजिल एक ही थीं। अंबेडकर सीधे व्यवस्था से टकराते थे और आमूल-चूल परिवर्तन की बात करते थे तो गांधी सांकेतिक तरीकों से व्यवस्था में समायोजन लाना चाहते थे। समाज के जिम्मेदार वर्गों को बदलाव के लिए तैयार करने के पक्षधर थे।

लंदन की गोलमेज कांफ्रेंस में अंबेडकर ने गांधी की सीधी आलोचना की। लगभग एक दशक तक दोनो बड़े नेता आमने-सामने टकराते रहे। 1930 और 1940 के दशक में अंबेडकर ने गांधी की अपने अखबारों और विचारों के जरिए खूब आलोना की। डॉ. भीमराव अंबेडकर की आपत्ति यह थी कि गांधी का विचार दलितों-पिछड़ों के लिए

सहानुभूति वाला है जबकि मैनें उस पीड़ा की स्वानुभूति की है। हम मौजूदा व्यवस्था को उखाड़ फेकना चाहते है। दलितों-पिछड़ों के उत्थान का गांधीवादी तरीका ठीक नहीं है वे हमें इस व्यवस्था में पुनः कृपा-पात्र बनाए रखना चाहते है। यह कृपावादी दृष्टिकोण निम्न जातियों को कोई सम्मानजनक स्थान नहीं दिलाने वाला है। गांधी अस्पृश्यता का विरोध कर रहे थे और अस्पृश्यों के लिए मंदिर खुलवाने के हिमायती थे। सहभोज और भाईचारा अभियान उनका मुख्य कार्यक्रम देशभर में चला। अस्पृश्यता को कलंक कहते थे जिससे मुक्ति ही हिन्दू धर्म को शुद्ध और सुरक्षित कर सकती है। गांधी के इस अभियान के शुरु होते ही देश के हिंदूवादी संगठन उनसे नाराज हो गए। गांधी को उनके कार्यक्रमों में काले झंडे दिखाए गए उन पर हमले हुए। पुणे में गांधी की कार पर बम से हमला किया गया।

गांधी ने 1915 से ही भारत वापसी के साथ ही सबसे पहली चोट जाति व्यवस्था पर ही की। उनकी अपनी शैली थी उन्होनें स्वयं साफ-सफाई करनी शुरु की। अपने आश्रमों को दलितों के लिए खोला वहां सबका एक साथ रहना और सहभोज करना किसी क्रांतिकारी पहल से कम नहीं था। गांधी ने अपने आश्रमों में दलित और सवर्ण के विवाह की अनुमति दी। शंकराचार्य और धार्मिक अभिलेखों को अस्पृश्यता के लिए खुली चुनौती दी। जिसके लिए हिन्दू धर्माधिकारियों द्वारा हिन्दू-धर्म से निकालने तक की योजना बनायी गयी। गांधी ने कभी भी अंबेडकर की आलोचना सार्वजनिक रुप से नहीं की। लेकिन अपनी राह सदा अंबेडकर से अलग रखी। डॉ. अंबेडकर ने जाति उन्मूलन का दूसरा तरीका अपनाया उन्होनें हिंदु-धर्म को ही सारी समस्या की जड़ कहना शुरु किया और हिन्दुत्व को ही खारिज करना शुरु किया। अंबेडकर का आग्रह यह था कि दलित समुदाय को यदि समानता और सम्मान चाहिए तो उन्हें कोई दूसरी आस्था अपनानी होगी।

गांधी-अंबेडकर दोनों ही समाज में दलितों की स्थिति को सुधारने और उनके उत्थान एवं विकास के लिये समाज और सरकार दोनों से जूझते रहे। दोनों देशभक्त समाज-सुधारक समाज में उन वंचित तबको की बेहतरी चाहते थे जो हाशिये से भी बाहर पड़े हुए थे। विद्वानों ने गांधी और अंबेडकर की दलित दृष्टि को इस तरह फांक करके देखा कि जैसे दोनों विचारक एक-दूसरे के विरुद्ध खड़े हुए हों। वास्तव में उन्हें भावनाओं में समझा गया इतिहास की सबसे बड़ी विडम्बना है और भारतीय इतिहास के साथ ये हादसे होते रहे। दलित प्रश्न पर गांधी और अंबेडकर के बीच की बहस इसी भावुक नजरिये से देखी और समझी जाती रही। परिणाम यह हुआ कि गांधी-अंबेडकर एक-दूसरे के बरक्स खड़े दिखने लगे।

भारतीय इतिहास में गांधी-अंबेडकर की वैचारिक विरासत का मूल्यांकन एक संकुचित नजरिये से और बहुत सीमित दायरे में होता रहा। इन दलित चिंतकों का मूल्यांकन और

विश्लेषण जिस व्यापक फ़लक पर होना था वह नहीं हो पाया। उनकी साझी आकांक्षाओं को तो देखने तक की जहमत नहीं की गयी। गांधी-अंबेडकर के बीच संघर्ष नहीं है न ही कोई वैचारिक मतभेद है और न मनभेद। यह उस दार्शनिक नजरिये का फर्क है जो दो विद्वानों के बीच संभव है। उनकी इस दार्शनिक दृष्टि को समझने में कहीं न कहीं चूक हुई है। इतिहासकार और आलोचक सामान्यतः उस दृष्टि को खो देते है जो दार्शनिकों के विश्लेषण में अपरिहार्य है। जो कि षड्यंत्र और संयोग के बीच की उस जमीन को देख पाती। गांधी-अंबेडकर के बीच इस वैचारिक वैविध्य को देख पाना और उसे समझना सरल काम नहीं है।

दोनों विचारकों की चिंतन-दृष्टि दलित समस्या को लेकर बहुत गहरी और महान है? दोनों महान चिंतक है केवल उनके दृष्टिकोण में फर्क है। गांधी-अंबेडकर के बीच कोई बड़ा ऐसा मतभेद नहीं है जो उन्हें बिल्कुल अलग कर देता हो। उनकी चिंतन दृष्टि में यह भिन्नता भिन्न-भिन्न सामाजिक-सांस्कृतिक पृष्ठभूमि के परिणामस्वरुप पनपी है। दोनों की चिंतन प्रक्रिया ने तो यह अन्तर नहीं बढाया है। बल्कि दोनों के प्रेरक स्रोत में जो भिन्नता हैं उस कारण से इन दोनों विद्ववानों की कार्यशैली और नेतृत्व शैली में अंतर दिखता है। लेकिन वास्तव में क्या यह भिन्नता है या विभिन्नता है? दोनों एक-दूसरे के विरोधी हैं या सम्पूरक हैं? इन तमाम बिन्दुओं को केन्द्र में रखकर जब हम इन दोनों मनीषियों की दृष्टि को दलित समस्या पर समझने और समझाने की कोशिश करेंगे तो इस उद्यम में कुछ नयें आयाम उभर कर सामने आयेंगे। जो समाज में गांधी-अंबेडकर के बारे में प्रचलित बहसों को कुछ नए अर्थ प्रदान करने में मदद करेगा। साथ ही भारतीय इतिहास की इस पुरातन बहस को कुछ नये संदर्भों में समझने का एक प्रयास है। क्योंकि जिस ढ़ंग से स्वतंत्र भारत में सत्ता प्रतिष्ठानों और स्थापित विद्वानों द्वारा इन दोनों विद्वानों की छवि उभारने की कोशिश हुई है उससे समाज में दोनों महान शख्सियतों के बारे में नकारात्मकता का वातावरण ही ज्यादा बना है।

1996 में लिखी गई अपनी पुस्तक "फाल्स गॉड" में अरुण शौरी अंबेडकर को अंग्रेजों का साथ देने वाला बताते है। अंबेडकर ने स्वतंत्रता संघर्ष में अंग्रेजों के खिलाफ संघर्ष करने की बजाए ब्रिटिश सत्ता का साथ दिया। "भारत छोड़ो" आंदोलन के दौरान भी वह वायसराय कार्यकारी परिषद के सदस्य थे। यह किताब कहती है कि अंबेडकर हमेशा गांधी के खिलाफ अपमानजनक भाषा का इस्तेमाल करते रहे और गांधी को दलितों की स्थिति के लिए कटघरे में लाने का प्रयास करते रहे। अंबेडकर की अगुवाई में दलितों ने भी मुस्लिम लीग और रियासतों की तरह ही अपने-आपको एक अलग वर्ग की तरह प्रस्तुत किया और यह आग्रह किया कि ब्रिटिश सत्ता उन्हें एक समूह के रूप में ही देखे। दूसरी गोलमेज कांफ्रेंस जब लंदन में हुई तो गांधी और अंबेडकर पक्ष के प्रतिनिधियों में

सीधी नोक-झोंक हुई। 1932 में राजनीति में दलितों का प्रतिनिधित्व निश्चित करने के लिए अंबेडकर ने एक प्रस्ताव रखा कि सीटों में आरक्षण की बजाए दलितों को अपना प्रतिनिधि अलग से चुनकर सरकार में भेजने की व्यवस्था की जाए। गांधी इसे हिंदुओं में बंटवारे की फूट डालो-राज करो की अंग्रेजी नीति कह रहे थे। जिसके खिलाफ गांधी ने पुणे जेल में ही आमरण अनशन कर दिया। ब्रिटिश सरकार को झुकना पड़ा और अंततः अंबेडकर को भी गांधी की बात माननी पड़ी।

इसी को मुद्दा बनाकर अंबेडकर ने जीवन भर गांधी पर हमले किए और अपने अनुयायियों के बीच आसान सहानुभूति जुटाने की नीति पर चलते हुए गांधी को नीचा दिखाने की हर संभव कोशिश की। अंबेडकर के बाद दलित आन्दोलन के लगभग उसी परिपाटी को अख्तियार किया और स्वतंत्र भारत में दलित नेताओं द्वारा मंचों से गांधी को गरियाने का एक फैशन सा ही चल पड़ा। पूना-पैक्ट तो जैसे गांधी विरोध का दस्तावेज दलित आन्दोलन के लिए बन गया। इस घटनाक्रम पर दलित चिंतकों ने हमेशा गांधी को घेरा। अंबेडकर का तर्क था कि यदि गांधी ने यह होने दिया होता तो कुछ सालों में देश में दलितों के बीच से ही उनका अपना एक मजबूत और सच्चा दलित नेतृत्व उभरता। जो दलित सरोकारों को लेकर आगे बढ़ाता। लेकिन स्वतंत्र भारत का अनुभव इसके उलट ही रहा। अब सुरक्षित सीटों पर जो दलित लोग चुने जा रहे हैं जिनको दूसरे समुदायों से भी पर्याप्त समर्थन मिल रहा है। फिर भी वह ढाक के तीन पात ही साबित हुए हैं। दलित कार्यकर्ता आज भी उसे ऐतिहासिक भूल ही कहते है और गांधी को पानी पी-पी कर कोसते हैं। यह अनुभव करके भी नहीं जानना चाह रहे तो गांधी की समावेशी दृष्टि को समझने में हम कैसे सफल होंगे।

गांधी की व्यापक मानवीय दृष्टि को तुलनात्मक ढ़ंग से नहीं समझा जा सकता है। स्वतंत्र भारत की सत्ता पर जिस वर्ग का दबदबा था वह आजाद भारत में भी अंबेडकर को स्वीकारने को तैयार नहीं था। अगर गांधी दबाव न बनाते तो अंबेडकर को भारत के पहले मंत्रिमंडल में भी शामिल होने का सौभाग्य शायद न मिलता। गांधी का यह तीव्र आग्रह था कि देश के पहले मंत्रिमंडल में सभी वर्गों का प्रतिनिधित्व होना जरुरी है। गांधी ने अपने सत्ताधारी शिष्यों नेहरू और पटेल तक पर दबाव बनाया कि अंबेडकर को मंत्रिमंडल में जरुर शामिल रखा जाए। गांधीजी ने उन्हें इसके लिए समझाया भी कि यह देश और समाज के भले के लिए क्यों जरुरी है। गांधी ने कहा कि स्वतंत्रता कांग्रेस को ही नहीं पूरे देश को मिली है। इसलिए पहले मंत्रिमंडल में देश की सबसे अच्छी प्रतिभाओं को शामिल किया जाए। चाहे वह किसी भी दल, वर्ग या तबके से आता हो। देश के प्रथम कानून मंत्री और संविधान निर्मात्री सभा के अध्यक्ष के तौर पर अंबेडकर ने जो काम किया वह भी अद्वितीय

था। अंबेडकर दलितों और पिछड़ों की हालत में सुधार के लिए संविधान में उनके हितों के संरक्षण को संहिताबद्ध करने के हिमायती थे। जिसके लिए उन्होने कानून के जरिए यह कार्य किया भी और आरक्षण का प्रावधान कर अंबेडकर ने कमजोरों के हित संबर्धन को संस्थाबद्ध करने का काम किया। देश के विकास को इससे गति मिली। इस तरह देखा जाय तो दोनो महान विभूतियां एक-दूसरे को पूरा करती हुई दिखती है। गांधी और अंबेड़कर दोनों एक-दूसरे के पूरक है। दोनों ने एक जैसा काम जीवन भर किया अपनी अलग-अलग शैलियों के साथ समाज निर्माण का काम किया। दोनों ही विद्वान थे और भारतीय जाति व्यवस्था के साथ समाज के दृष्टिकोण में बदलाव लाने के लिए हमेशा प्रयासरत रहे। दोनों महान शख्शियत धीरे-धीरे अपने इस महान मिशन को लेकर कामयाबी की तरफ बढ़े। संविधान सभा के गठन के बाद और संविधान निर्माण के दौरान दोनों नेता एक साथ आए। अछूत प्रथा के उन्मूलन के प्रति गांधी-अंबेडकर के दृष्टिकोण में पर्याप्त अंतर था। परन्तु संविधान में अंबेडकर के दृष्टिकोण को समाहित किया गया और इस बात पर जोर दिया गया कि अछूत प्रथा के निवारण के लिए संविधान में जो प्रावधान डॉ. अंबेडकर द्वारा तत्कालीन नेताओं के सहयोग और समर्थन से किए गए हैं, उन्हें ईमानदारी और निष्ठा से लागू किया जाए। अनुसूचित जातियों, जनजातियों व सामाजिक तथा शैक्षणिक दृष्टि से पिछड़े वर्गों के कल्याणार्थ संविधान के प्रावधानों को उनकी पूर्णता में ईमानदारी और निष्ठा के साथ लागू करने की प्रक्रिया को दोनो नेता प्रभावी बनाना चाहते थे।

इसलिए यह समझना जरुरी है कि डॉ. अंबेडकर और गांधीजी के बीच मतभेद थे पर मनभेद नहीं थे। उनके उद्देश्य और कार्यों पर ध्यान केन्द्रित करते हुए देश और समाज को सामने रखना जरुरी है तभी इन दोनों महान नेताओं को समझने में हम सफल होंगे वरना सारा उद्यम व्यर्थ है। हम आजाज भारत को एक मजबूत राष्ट्र बनाना चाहते थे तभी तो संविधान में अंबेडकर के मत को प्रबल मान्यता प्रदान की गई है। स्वतंत्र भारत में उनके द्वारा समाज को समावेशी दृष्टि प्रदान करने वाले संवैधानिक प्रावधानों को पूरी ईमानदारी और निष्ठा के साथ लागू करने की आवश्यकता है। तभी भारतीय समाज में अनुसूचित जातियों व उनके समकक्ष अन्य पीड़ित सामाजिक तबकों के प्रति काफी हद तक सामाजिक व शैक्षणिक दृष्टि से पिछड़े वर्गों के प्रति सकारात्मक नजरिया बन पायेगा। विद्वानों को गांधी-अंबेडकर के वैचारिक योगदान का सही और संतुलित विश्लेषण करना चाहिए और भारतीय संविधान में सामाजिक न्याय की अवधारणा को मूर्त रुप में स्थापित करने हेतु व्यवहारिक प्रावधान कर उन्हें लागू करना चाहिए। समाज में समानता और न्याय के संघर्ष को अहिंसक ढ़ंग से आगे बढ़ाना चाहिए।

समाज में दोनों व्यक्तित्व मानवतावादी चिंतक के रुप में स्थापित हो तभी देश और समाज को उनके महान विचारों का कोई लाभ मिल सकता है। गांधी-अंबेडकर को देश के दिलो-दिमाग में एक-दूसरे के बरक्स खड़े घोर विरोधी की छवि के रुप में परोसने से किसी का भला नहीं होने वाला है। दोनों महान विद्वानों को समाज अपने दिलों में सहेजकर रखना, अनुकरण करना चाहता है पर वैचारिक खेमेंबंदी इन महान व्यक्तित्वों के प्रति समाज की जो आस्था है उसे खंड़ित कर देना चाहती है। दोनों को सप्रयास भुला देना चाहती है। यह एक गंभीर खतरा आधुनिक भारत पर मंडरा रहा है। अंबेडकर तो अपने समाज और लोगों के बीच एक सम्यक सामाजिक दृष्टि में देखे और समझे जा रहे है पर अन्य तबकों में उनकी छवि को एक दलित नेता तक सीमित करने का जो अभियान चलाया जा रहा है वह उनके कद को भी कम करता है और समाज को उनके महान चिंतन के लाभों से दूर भी ले जाता है। देश के सभ्य नागरिक समाज को ऐसे वातावरण का निर्माण करना होगा जो समाज में विघटनकारी सोच को कुंद कर सके और ऐसे श्रेष्ठ भारत का निर्माण करने में मददगार बने जो सभी को समान अवसर और अधिकार देता हो। जिस समरस सभ्य समाज में कोई अछूत, दलित या पिछड़ा न हो बल्कि सब इंसान की तरह व्यापक दृष्टिकोण अपनाए। नया भारत एक सभ्य, शांतिपूर्ण और समृध समाज के रुप में अपनी पहचान बना सके। यहीं इन दोनों महान चिंतकों के जीवन-संदेश का सार तत्व भी है। गांधी-अंबेडकर के जीवन-दर्शन से हम सही मायनों में एक नए भारत और श्रेष्ठ भारत के निर्माण का सपना पूरा कर सकते है।

गांधी-अंबेडकर के विचार अभी हमारी किताबों में ही धूल फांक रहे हैं। जब तक हम उनके सकारात्मक दृष्टिकोण से अंगीकार कर अपने जीवन में नहीं उतारेंगे तब तक वे हमें एक-दूसरे के खिलाफ ही नजर आयेंगे। बौद्धिक चिंतकों में बारिकियां खोजना कुलीन वर्ग का बुद्धि-विलास है। एक आम भारतीय को और समाज का हित करने वाले को अपने महान पूर्वजों के जीवन से प्रेरक प्रसंगों को चुनकर जीवन को आगे बढ़ाने वाली दृष्टि का विकास करना चाहिए। यह महान विचारकों की हमारे लिए जीवन-दृष्टि होती है जो मानव कल्याण में काम आती हैं। महान लोगों के बीच नकारात्मक तुलना न तो आम इंसान के किसी काम की होती है और न ही उससे कोई समाज दिशा ले पाता हैं। इसलिए प्रबुद्ध वर्ग का अकादमिक और राष्ट्रीय दायित्व यहीं बनता है कि गांधी-अंबेडकर के विचार से अपने समाज का सकारात्मक संवाद कराए। जो समाज को नवनिर्माण की दिशा में कोई प्रेरणा दे सके उसे एक नयी ऊर्जा प्रदान का सके। गांधी-अंबेडकर की चिंतन दृष्टि से समावेशी दृष्टिकोण को सीखना समय की जरुरत भी है और एक बौद्धिक परिपक्वता भी। गांधी-अंबेडकर हर लिहाज से एक दूसरे के सम्पूरक विद्वान है उनमें कहीं कोई विरोधाभास नहीं है।

सन्दर्भ ग्रन्थः-

1. सिंह, राम गोपाल 2002ः 'डॉ. आम्बेडकर का विचार-दर्शन', मध्य प्रदेश हिन्दी ग्रन्थ अकादमी।
2. बाबासाहेब डॉ. अंबेडकर, 'सम्पूर्ण वाड्.मय खंड 7,' भारत सरकार प्रकाशन विभ ग, नई दिल्ली।
3. योगेन्द्र 1994ः 'भारत में सामाजिक विषमता क्यों', बहुजन कल्याण प्रकाशन, लखनऊ।
4. सिंह, रघुवीर 2000ः 'डॉ. अंबेडकर और दलित चेतना' कामना प्रकाशन नई दिल्ली।
5. गौरव, जितेन्द्र कुमार 2005ः 'अंबेडकर आन्दोलन दशा और दिशा' सम्यक् प्रकाशन दिल्ली।
6. प्रसाद, चन्द्रशेखर 1993ः 'अंबेडकर जीवन दर्शन' बहुजन कल्याण प्रकाशन, लखनऊ।
7. सिंह, भगवानदास: 2010 गांधी और दलित जागरण, भारतीय ज्ञानपीठ, नई दिल्ली।
8. दत्त, महेश्वर 2005ः 'गांधी, अंबेडकर और दलित', राधा पब्लिकेशन, नई दिल्ली
9. राजशेखर, वी.टी. 1995ः 'बहुजन शक्ति', अंबेडकर मिशन प्रकाशन, पटना।
10. Dhananjay Keer:2000 'Ambedkar: Life and mission'

(डॉ. राकेश राणा एमएमएच कॉलेज गाजियावाद में प्रोफेसर हैं और सामाजिक विषयों पर नियमित लिखते हैं।)

गांधी का ग्राम स्वराज बनाम अंबेडकर का सामाजिक शोषण के विरुद्ध ठोस कानूनी व्यवस्था

- डॉ. प्रमोद कुमार

असंयमित लालसाओं की पूर्ति के लिए अमानवीय शोषण, गलाकाट स्पर्धा और अंतहीन संघर्ष के परिणामस्वरूप आज सम्पूर्ण जगत ऐसे चौराहे पर आ पहुंचा है, जहां उसे समझ में नहीं आ रहा है कि उसे कहां और किधर जाना है। कोरोना वैश्विक महामारी की तबाही के बाद अमेरिका, इटली, स्पेन, फ्रांस, चीन सहित अधिकतर कथित विश्वशक्तियां अपनी जीवन दृष्टि पर पुनर्विचार करने के लिए बाध्य हैं। हाथ मिलाने की बजाए हाथ जोड़कर नमस्कार करना, जूते-चप्पल पहनकर घर में प्रवेश न करना, किसी का जूठा न खाना और न ही किसी को देना, प्रकृति के सान्निध्य में जीवन व्यतीत करना, प्रकृति के शोषण से बचना, आदि मूल्यों का पोषण करने वाली भारतीय संस्कृति का वे अभी तक मजाक उड़ाया करते थे, परन्तु आज इन्हीं मूल्यों के महत्त्व को वे सार्वजनिक रूप से स्वीकार कर रहे हैं। भारतीय विचारक सदैव इस बात पर जोर देते रहे हैं कि पश्चिम का अंधानुकरण करने की बजाए हम भारतवासियों को अपने स्वत्व के आधार पर खड़े होकर अपनी समस्याओं का समाधान करना चाहिए और जरूरत पड़े तो विश्व का भी मार्गदर्शन करना चाहिए। वैसे तो ऐसे मनीषियों और विचारकों की फेहरिस्त बहुत लंबी है, परन्तु 20वीं सदी के जिन प्रमुख राजनीतिक विचारकों के चेहरे एकदम हमारे मन-मस्तिष्क में उभरते हैं उनमें महात्मा गांधी, बाबासाहब डॉ. भीमराव अंबेडकर, डॉ. राममनोहर लोहिया और दीनदयाल उपाध्याय प्रमुख हैं। इन विचारकों ने भारतवासियों को अपने शास्वत जीवनमूल्यों के आधार पर ही आगे बढ़ने का मार्ग दिखाया है।

इन सभी विचारकों का काल करीब एक शताब्दी है, यानि 100 साल के भीतर सभी आए और चले भी गये। गांधीजी का पदार्पण 2 अक्तुबर, 1869 को हुआ, जबकि डॉ. अंबेडकर 18 अप्रैल, 1891 को आए। वहीं डॉ. राममनोहर लोहिया का जन्म 23 मार्च, 1910 को हुआ और दीनदयाल उपाध्याय का 25 सितम्बर, 1916 को। गांधीजी 30 जनवरी, 1948 को चले गये, जबकि डॉ. अंबेडकर 6 दिसम्बर, 1956 को। इसी प्रकार राममनोहर लोहिया ने 12 अक्टूबर, 1967 को और दीनदयालजी ने 11 फरवरी, 1968 को महाप्रयाण किया। इनमें गांधी, अंबेडकर और लोहिया की उच्च शिक्षा विदेश में हुई, जबकि दीनदयाल उपाध्याय की पूरी शिक्षा स्वदेश में हुई। इन विचारकों का सक्रिय सार्वजनिक जीवन करीब सात दशक रहा। परन्तु इस अवधि में इन्होंने भारतीय जन-मन पर जो गहरी छाप छोड़ी उसे आज भी महसूस किया जा सकता है। किन्तु पश्चिम की खंडित दृष्टि के वशीभूत हमने अपने इन विचारकों को अलग-अलग खेमों में खड़ा करके ही देखने की गलती की। वास्तविकता यह है कि सभी ने एक ही सत्य को अपने-अपने तरीके से प्रस्तुत किया है। करीब चौबीस सौ साल पहले जब कौटिल्य ने 'अर्थशास्त्र' की रचना की तो पहले ही अध्याय में उन्होंने स्पष्ट कहा कि उन्होंने नया कुछ प्रतिपादित नहीं किया, बल्कि अपने पूर्व के आचार्यों और अपने पूर्वजों से जो कुछ ग्रहण किया उसी की युगानुकूल व्याख्या की। गांधी, अंबेडकर, लोहिया और दीनदयाल ने भी भारतीय जीवन मूल्यों की नये संदर्भ में व्याख्या की।

हालांकि, इन चारों महापुरुषों के विचारों में अनेक स्थानों पर असहमति स्पष्ट दिखती है। ये चारों अलग-अलग दलों के नेता थे। चारों राजनीतिक नेता थे, गांधीजी कांग्रेस के नेता थे। दलित विषयों को प्रखरता से उठाने के कारण डॉ. अंबेडकर और कांग्रेस का छत्तीस का आंकड़ा था। उधर डॉ. लोहिया गैर-कांग्रेसवाद के पुरोधा थे और दीनदयाल उपाध्याय सबसे बड़े गैर-कांग्रेसी राजनीतिक दल के नेता। वैसे भारतीय लोकतंत्र के इतिहास में विरोधी दल को पोषित करने में जिन दो विचारकों का निर्णायक योगदान है वे हैं, डॉ. लोहिया और दीनदयाल उपाध्याय। जब आचार्य नरेन्द्रदेव, जयप्रकाश नारायण तथा अशोक मेहता समाजवादी आन्दोलन को नेतृत्व नहीं दे पाए, उस समय लोहिया नवयुवा समाजवादी पीढ़ी के नायक बने। दूसरी ओर जब वीर सावरकर तथा स्वामी करपात्रीजी जैसे बड़े हिन्दू नेता भी पंडित नेहरू की पश्चिम-केन्द्रित राजनीति का मुकाबला नहीं कर पाए, उस समय दीनदयाल उपाध्याय ने राष्ट्रवादी आन्दोलन को नयी दिशा दी। लोहिया और दीनदयाल की कार्यशैली में बहुत अंतर था। दीनदयाल की कार्यशैली अनुशासित, संगठित व उत्तरदायित्ववादी थी तो लोहिया की कार्यशैली मुद्दा-प्रधान, आन्दोलनवादी, जनवादी तथा विद्रोहपरक थी। दीनदयाल जहां संयमी, संतुलित व साधु प्रवृत्ति के व्यक्ति थे, वहीं

लोहिया उन्मुक्त, सजग एवं निर्मोही व्यक्ति थे। यह भी सच है कि बहुत से समाजवादियों को 1960 के दशक में दीनदयाल और लोहिया का निकट आना पसंद नहीं था। उस समय यहां तक चर्चे हुए कि डॉ. लोहिया ने अपनी 'सेकुलरिज्म' की निष्ठा को चोट पहुंचाई है। उनके एक मित्र ने लिखा, ''नेहरू आपकी तुलना में 'सेकुलरवाद' के प्रति अधिक निष्ठावान व गंभीर सिद्ध हुए। समाजवादी दल के कलकत्ता सम्मेलन में जार्ज फर्नांडिज और मधु लिमये जैसे नई पीढ़ी के समाजवादियों ने लोहिया की जनसंघ से दोस्ती का प्रचंड विरोध किया था। खैर, ऐसे विरोधाभासों पर चर्चा करने की बजाए हम यहां ऐसे बिन्दुओं पर अधिक चर्चा करेंगे जो इन चारों विचारकों में साम्यता दर्शाते हैं।

साम्यता के आधारभूत तत्व

गांधी, अंबेडकर, लोहिया और दीनदयाल के विचारों में साम्यता देखने के लिए हमें अस्पृश्यता, जाति प्रथा, ट्रस्टीशिप का भाव, हर हाथ को काम, विकेंद्रित अर्थव्यवस्था, स्वदेशी, ग्रामोदय, अंत्योदय, लघु-कुटीर उद्योगों का विकास, ग्राम स्वराज, गौवंश संरक्षण, साधनों की पवित्रता, शिक्षा, संस्कृति, मातृभाषा, राष्ट्रीय अखंडता, भारतीयता, समरसता, आदि विषयों पर उनके विचारों को देखना होगा। चूंकि चारों विचारकों का प्रमुख उद्देश्य मानवता की सेवा रहा है, इसलिए इनके लिए राजनीति राष्ट्रसेवा का साधन है, जीवन का लक्ष्य नहीं। गांधीजी ने स्वतंत्रता आन्दोलन में जहां ग्राम स्वराज पर बल दिया, वहीं लोहिया ने समाजवादी मंच से हिमालय बचाओ, तीर्थों की स्वच्छता, नदियों को प्रदूषण मुक्त बनाने, रामायण मेलों आदि का अभियान चलाया और मातृभाषा को ताकत दिलाने के लिए आंदोलन किया। इसी प्रकार अंबेडकर ने अस्पृश्यता निवारण, जातिमुक्त समाज, शिक्षायुक्त भारत, दलितोद्धार और श्रमिकों के कल्याण पर विशेष जोर दिया। दीनदयालजी ने संपत्ति के सामाजिक स्वामित्व, अधिकतम और न्यूनतम आय, एकात्म मानव दर्शन, सांस्कृतिक राष्ट्रवाद आदि विषयों को जनसंघ के माध्यम से पूरे विश्व के समक्ष रखा। एक प्रकार से समाजवादी मंच पर लोहिया ने उन्हीं बातों को रखा, जो जनसंघ के लक्ष्यों में शामिल थे और जनसंघ के मंचों से दीनदयाल उपाध्याय ने समाजवादी लक्ष्यों को प्रस्तुत किया। मानवता की सेवा के लिए दोनों ने अपने वैचारिक दर्शन में लचीलापन दिखाया। भारतीय जनता पार्टी के वरिष्ठ नेता डॉ. मुरली मनोहर जोशी सिद्धांतों की दृष्टि से लोहिया और दीनदयाल उपाध्याय को एक-दूसरे का पूरक मानते हैं। वे कहते हैं, ''सामान्यतः माना जाता है कि दीनदयालजी राष्ट्रवादी थे व डॉ. लोहिया समाजवादी, लेकिन राममनोहर लोहिया समाजवादी मंच से राष्ट्रवाद के प्रवक्ता थे तथा दीनदयाल जी राष्ट्रवादी मंच के समाजवादी विचारक थे। समाजवादी मंच से डॉ. लोहिया ने 'गंगा-यमुना को दूषण से

बचाओ', 'रामायण मेला', तथा 'हिमालय बचाओ' जैसे कार्यक्रम दिये, तो दीनदयालजी ने संपत्ति पर सामाजिक स्वामित्व, "अधिकतम-न्यूनतम आय के अनुपात निर्धारण' आदि विषयों को जनसंघ के मंच पर रखा। दुर्भाग्यवश दोनों ही जल्दी चले गए अन्यथा डॉ. लोहिया व दीनदयालजी के नेतृत्व में गैर-कांग्रेसवाद, एक विधायक एवं सिद्धांतवादी राजनीति दर्शन उत्पन्न करता" (शर्मा, 2018, पृ. 109)।

समाजवादी होते हुए भी डॉ. लोहिया गांधीभक्त थे। गांधी, लोहिया, अंबेडकर और दीनदयाल ने निष्काम राजनीतिक धर्म की जो परिभाषा दी देश का हित उसी में है। 1963 में लोहिया ने गैर-कांग्रेसवाद का नारा देकर इसी सोच को हवा दी, जिस पर आगे चलकर 1967 में जनसंघ और समाजवादी दलों के बीच वैचारिक और राजनीतिक सहयोग प्रारंभ हुआ। "उस राजनीतिक सहयोग ने भारतीय राजनीति के इतिहास को ही बदलकर रख दिया। उसी सहयोग के परिणामस्वरूप देश में पहली बार गैर-कांग्रेसी सरकारें बनीं। गांधी, लोहिया और दीनदयाल के बीच वैचारिक समानता के कारण ही 1974 के छात्र आंदोलन में समाजवादी और राष्ट्रवादियों ने मिलकर मोर्चा संभाला। 1977 के आम चुनावों में समाजवाद और राष्ट्रवाद के मेल की वजह से ही श्रीमति इंदिरा गांधी की शक्तिशाली सत्ता को शिकस्त दी जा सकी" (चतुर्वेदी, 2018)। गांधी और दीनदयाल के विचार एक और जगह मिलते हैं। वह है कार्यकर्ता। गांधीजी राजनीतिक कार्यकर्ताओं के माध्यम से बदलाव की अपेक्षा रखते हैं और दीनदयालजी कार्यकर्ताओं के माध्यम से 'मनुष्य निर्माण' का कार्य करते हैं। वे कहते थे, "संगठन कार्यकर्ता एक निर्जीव वस्तु नहीं होता, जिसे पोस्टर को भांति जहां चाहा, वहां चिपका दिया'।' उनका मानना था कि संस्कारित कार्यकर्ता ही रष्ट्रनिर्माण का यंत्र हैं।

लोहिया की 'सप्तक्रान्ति'

गांधीजी ने भारतीय स्वतंत्रता आन्दोलन को ही एक नयी दिशा नहीं दी, बल्कि उसे परिणति तक भी पहुंचाया और साथ ही भावी भारत के निर्माण की एक स्पष्ट संकल्पना देश के समक्ष प्रस्तुत की। यह बात अलग है कि स्वतंत्रता प्राप्ति के पश्चात् तत्कालीन शासकों ने उनकी संकल्पना पर अमल नहीं किया। पंडित नेहरू ने 9 अक्टूबर, 1945 को गांधीजी को लिखे पत्र में साफ कह दिया था कि 'हिन्द स्वराज' पर आधारित उनका ग्राम-केन्द्रित विकास का मॉडल ''अनरीयल' है। परन्तु पंडित नेहरू को इन मुद्दों पर लगातार झकझोरा जाता रहा। इस दृष्टि से राममनोहर लोहिया ने 1962 में नैनीताल से 'सप्तक्रांति' का आह्वान किया। वह क्रांति थी अन्याय के विरुद्ध, अन्तर्राष्ट्रीय गैर-बराबरी के विरुद्ध, राष्ट्रीय गैर-बराबरी के विरुद्ध, खर्च पर नियंत्रण के लिए, गरीबी के विरुद्ध, विशेष अवसर प्रदान कर

जाति-प्रथा का अंत करने के लिए और बराबरी के लिए सतत संघर्ष हेतु (त्रिपाठी, 2014)। इन बिन्दुओं पर गांधी, अंबेडकर और दीनदयाल का भी वही मत है जो लोहिया का है। स्वदेशी के मामले में लोहिया ने एक कदम आगे बढ़कर अंग्रेजी भाषा का विरोध करते हुए कहा कि यह शासकों की भाषा है और देश का विकास अपनी भाषा में ही हो सकता है। लोहिया ने हर स्तर पर बराबरी की बात की। लोहिया आर्थिक बराबरी के बिना किसी भी तरह की बराबरी को अर्थहीन मानते थे। इस सोच को उन्होंने अपने जीवन में प्रत्यक्ष जिया भी। जब उनका निधन हुआ तो उनके पास अपना कुछ नहीं था। लोहिया ने जीवनभर स्त्री और पुरुष में भेदभाव का विरोध किया। देश के प्रथम प्रधानमंत्री पंडित नेहरू पर तंज कसते हुए उन्होंने कहा था, ''जब देश का बहुसंख्यक वर्ग मात्र तीन आने कमाता है, पंडित नेहरू का एक दिन का खर्च 25 हजार रुपये है।'' फिजूलखर्ची पर प्रधानमंत्री तक को घेरने का नैतिक साहस लोहिया में था। इसके अलावा जातिवाद का कुचक्र तोड़ने के लिए लोहिया ने रोटी और बेटी का सिद्धांत दिया। वे कहते थे कि जातिवाद का खात्मा करने के लिए समाज की हर जाति को एक-दूसरे के साथ बैठकर भोजन करना चाहिए और साथ ही अंतरजातीय विवाह को भी बढ़ावा देना चाहिए। गांधी, अंबेडकर और दीनदयाल भी यही चाहते थे (चतुर्वेदी, 2018)।

राजनीति और धर्म

महात्मा गांधी और दीनदयाल उपाध्याय में एक और मुद्दे पर गहरी समानता है। दोनों धर्म और राजनीति में साम्यता के पक्षधर थे और दोनों ही धर्म को 'रिलीजन' के अर्थ में स्वीकार करने को तैयार नहीं थे। 16 फरवरी, 1916 को मद्रास में स्वदेशी पर भाषण देते हुए गांधीजी ने कहा था कि "मेरे लिए धर्मरहित राजनीति शव के समान है, जिसे दफना देना ही उचित है" (स्वरूप, 2016)। यदि राजनीति को धर्म से अलग करने के प्रयत्न नहीं होते तो भारतीय राजनीति में आज जो पतन दिखाई देता है वह शायद नहीं होता। दीनदयाल जी भी गांधी जी की ही भांति धर्म को राजनीति के लिए जरूरी मानते है। वे कहते हैं, "धर्मविहिन राजनीति में सर्वांगीण विकास की कल्पना नहीं की जा सकती।" लोहिया तो इससे आगे की बात कहते हैं। वे कहते हैं आज धर्म और राजनीति का रिश्ता बिगड़ गया है। धर्म दीर्घकालीन राजनीति है और राजनीति अल्पकालीन धर्म है। धर्म श्रेयस की उपलब्धि का प्रयत्न करता है। राजनीति बुराई से लड़ती है। जब धर्म में बुराइयां आ जाती हैं तो वह झगड़ालू बन जाता है। जब राजनीति बुरी लगती है, मुर्दा होकर श्मशान शांति बन जाती है। गांधीजी ने यहां तक कहा कि उनके राजनीतिक, धार्मिक और सामाजिक विचार एक ही वृक्ष की अलग-अलग शाखाएं हैं। लेकिन कोई मूर्ख या भीरू यदि धर्मरूपी

हीरा बेचकर राजनीतिक कंकड़ लेने लगे तो क्या वे अपना धर्म छोड़ दें। दीनदयाल भी इसी तरह राजनीति को संयमित करने के लिए धर्म को केंद्रीय तत्व मानते हैं। दीनदयालजी प्रलोभन के सहारे धर्मांतरण के सख्त विरोधी थे तो गांधी भी ऐसा ही सोचते थे। गांधी जी जीवनभर हिंदू-मुस्लिम एकता की बात करते रहे। हालांकि लोहिया और दीनदयाल का मानना था कि चूंकि भारतीय मुसलमानों के पूर्वज हिन्दू ही थे, इसलिए दोनों एक ही हैं। अंबेडकर की जहां तक बात है तो अपने जीवन में उन्होंने धर्म को सदैव महत्त्वपूर्ण स्थान दिया। धर्म में अपनी गहरी आस्था के कारण ही उन्होंने जीवन के अंतिम दिनों में इस्लाम अथवा ईसाइयत नहीं बल्कि बौद्ध धर्म स्वीकार किया। वे भी राजनीति और धर्म को अलग नहीं करने के पक्ष में थे।

'हिन्द स्वराज' और 'एकात्म मानव दर्शन'

भावी भारत के संबंध में अपने स्वप्न को स्पष्ट करने के लिए गांधीजी ने 1910 में 'हिंद स्वराज' में जो कुछ कहा उसके 56 साल बाद दिए गये अपने चार प्रमुख व्याख्यानों में दीनदयालजी ने उसी का विस्तार किया। 'एकात्म मानव दर्शन' के रूप में विख्यात दीनदयाल जी का यह दर्शन भारत को समझने, अपने सांस्कृतिक उत्स के सहारे न सिर्फ भौतिक, बल्कि वैचारिक विकास की ओर प्रेरित करने की भी कोशिश करता है। 'सिद्धांत और नीति' नामक अपने प्रलेख में दीनदयाल जी लिखते हैं, "वर्तमान परिस्थिति का सबसे प्रमुख कारण राष्ट्र जीवन का साक्षात्कार न करते हुए उसके ऊपर विदेशी और विजातीय विचारधाराओं तथा जीवनमूल्यों को थोपने का प्रयत्न है। शीघ्र उन्नति की आतुरता में दूसरे देशों का अंधानुकरण करने में 'स्व' के तिरस्कार की वृत्ति पैदा हुई है। इससे राष्ट्र मानस में कुण्ठा घर कर गयी है" (शर्मा, 2018, पृ. 111)। यही कुण्ठा वह चुनौती थी जिसने दीनदयाल के अन्तर्निहित दार्शनिक को जगाया। राममनोहर लोहिया भी जब राम, शिव या कृष्ण या और आगे बढ़कर 'सप्तक्रांति' की बात करते हैं, तो वे वास्तव में भारतीयता की पारंपरिक वैचारिक भूमि पर सांस्कृतिक दृष्टि से संपन्न विकास की ही बात करते हैं। गांधीजी जब खुद को हिंदू कहते हैं, तो वे दरअसल हिंदुत्व की उस सांस्कृतिक ताकत को स्वीकार करते हैं, जिसके सहारे भारतीयता की अजस्र धारा हजारों-हजार साल से बहती हुई यहां तक पहुंची है। उन्होंने जिस रामराज की कल्पना की, वह निश्चित रूप से त्रेता युग के श्री राम का ही राज्य है।

अंत्योदय और सर्वोदय

गांधीजी राजनीति में रहते हुए भी काफी हद तक मौजूदा राजनीतिक कलाबाजियों से दूर थे। इसीलिए उनके राजनीतिक दर्शन में प्रवाह दिखता है तो सहजता भी दिखती है

और कई बार संत की तरह कोमलता भी नजर आती है। गांधी के संकल्पों और सोच में उस भारतीय नागरिक का विकास केंद्र में है, जो हाशिए पर है, जो आखिरी पंक्ति का व्यक्ति है, जिसे स्वामी विवेकानन्द ने 'दरिद्रनारायण' कहा था। लोहिया चूंकि सीधे राजनीति में थे, आधुनिक राजनीति के तौर-तरीकों के बीच उन्हें अपनी राह बनानी थी, इसलिए वे कई बार गांधी की तरह संत नहीं दिखते। उनमें गांधी जैसी विनम्रता नहीं दिखती। क्षुब्ध होने पर वे गांधी की तरह अनशन नहीं करते, बल्कि खुलकर मैदान में आ जाते हैं। संसद में 'तीन आने बनाम पच्चीस हजार' की बहस इसी का विस्तार है। लोकसभा में लोहिया 1963 में पहुंचे और उन्होंने लोकसभा की बहसों को जनोन्मुखी बना दिया। आज संसद में शून्यकाल के तहत जो बहस होती है उसे शुरू कराने का श्रेय लोहिया और उनकी टीम को ही है। उनकी संसदीय बहसों के केंद्र में जो आम आदमी था वह दरअसल गांधी और विवेकानन्द का ही 'दरिद्रनारायण' था। चूंकि दीनदयाल को संसद पहुंचने का अवसर नहीं मिला, इसलिए संसदीय बहस में उनका सीधा कोई योगदान नहीं बन पाया, लेकिन अपने वैचारिक दर्शन में वे जिस 'अंत्योदय' अथवा समाज के अंतिम व्यक्ति की बात करते हैं, उसके केंद्र में भी वही आम आदमी है, जिसके लिए रोजाना तीन आने भी मयस्सर नहीं। साठ के दशक में जब लोहिया ने लोकसभा में 'तीन आने बनाम पच्चीस हजार' की बहस चलाई, उस समय एक आम भारतीय बमुश्किल रोजाना तीन आने कमा पाता था, जबकि तब प्रधानमंत्री पंडित नेहरु का प्रतिदिन का खर्च पच्चीस हजार रुपये था। गांधी जहां 'हिंद स्वराज' में दरिद्रनारायण की रोटी में भगवान का अंश देखते हैं, वहीं लोहिया इसमें समाजवाद का विस्तार देखते हैं। लेकिन दीनदयाल इससे भी आगे की बात करते हैं। वे कहते हैं कि संस्कृति पर विचार किए बिना स्वराज का कोई मायने नहीं। अगर इसे सही अर्थों में विस्तारित किया जाए तो 'एकात्म मानव दर्शन' सांस्कृतिक रामराज का ही व्याख्यायित रूप है। रामराज की कल्पना के मूल में है "जासु राज प्रिय प्रजा दुखारी, सो नृप अवसि नरक अधिकारी।" लोहिया के भाषणों और दीनदयाल के विराट दर्शन के मूल में इसी का विस्तार है। विनोबाजी ने दरिद्रनारायण के लिए 'सर्वोदय' शब्द दिया। दरिद्रनारायण, सर्वोदय या अंत्योदय से अभिप्राय है 'सबका साथ, साथ विकास।' यही आज प्रधानमंत्री मोदी का विकास मंत्र है। उन्होंने 'अंत्योदय' को हकीकत में जमीन पर उतार कर दिखाया है। उज्जवला योजना, जनधन योजना, मुद्रा ऋण, कौशल विकास आदि दर्जनों ऐसी योजनाएं हैं जो समाज के अंतिम व्यक्ति को स्वावलंबी बनाकर उसमें स्वाभिमान का भाव जाग्रत करती हैं। अंत्योदय की अन्तरात्मा स्वतः उद्घोषणा करती है कि अगर अंत्योदय होगा तो 'सबका साथ, सबका विकास' स्वतः हो जाएगा। अंत्योदय शब्द में संवेदना है, सहानुभूति है, प्रेरणा है, साधना है, प्रामाणिकता है, आत्मीयता है,

कर्तव्यपरायणता है तथा साथ ही उद्देश्य की स्पष्टता है। दीनदयालजी कहा करते थे कि "जब तक अंतिम पंक्ति में खड़े व्यक्ति का उदय नहीं होगा, तब तक भारत का उदय संभव नहीं है" (झा, 2018)। दीनदयालजी अश्रुपूरित आंखों से आंसू पोंछने और उसके चेहरे पर मुस्कराहट को अंत्योदय की पहली सीढ़ी मानते थे।

अर्थ चिंतन

आर्थिक विचारों की दृष्टि से गांधी, अंबेडकर, लोहिया और दीनदयाल में सिर्फ अंबेडकर ही अर्थशास्त्री हैं। फिर भी गांधी, लोहिया और दीनदयाल के अर्थ को लेकर अपने विचार हैं जो एक-दूसरे से बहुत अधिक मिलते-जुलते हैं। चारों प्रचलित पश्चिमी आर्थिक दर्शन के स्थान पर भारतीय जीवन दृष्टि में बसे अर्थशास्त्र को स्वीकार करते हैं। उनका दृढ़ मत था कि वर्तमान आर्थिक चिंतन और उस पर आधारित आर्थिक नीतियां भारत की समस्याओं का समाधान नहीं कर सकती। गांधीजी भौतिक विकास पर केन्द्रित पश्चिमी आर्थिक नीतियों को नैतिकता के साथ समन्वित करना चाहते थे। उनका मानना था कि अर्थशास्त्र व्यक्ति को मोक्ष तक पहुंचने में सहायक होना चाहिए। वैसे भी भारतीय दर्शन के अनुरूप सत्य और धर्म से विमुख कोई भी कार्य व्यक्ति के कल्याण में समर्थ नहीं हो सकता। व्यक्ति तभी पूरी तरह स्वतंत्रता महसूस कर सकता है जब वह धर्म और सत्य से नियमित जीवन शैली अपना रहा हो। इसीलिए सादा जीवन उच्च विचार ऊपर से ओढा हुआ विचार नहीं, बल्कि अधिकाधिक कल्याण के मार्ग का रास्ता है। गांधीजी नीति से विमुख किसी भी आर्थिक क्रिया को हेय और त्याज्य मानते थे। लोहिया ने अपने समाजवाद की धारणा में एक अलग आर्थिक चिंतन का समावेश किया। वे समानता के आधार पर आर्थिक नीतियों की रचना चाहते थे। यह समानता न पूंजीवादी और न ही मार्क्सवादी तरीके से संभव है। वे ऐसी अर्थरचना चाहते थे जिसमें दुनिया के सभी श्रमिकों की उत्पादकता बराबर हो और यह समानता सभी स्तरों पर स्थापित होनी चाहिए। इसे वे नैतिकता का तकाजा मानते हैं। इसीलिए वे गांधी के समान एडम स्मिथ, मार्क्स और कीन्स आदि विचारकों की आलोचना करते हैं और शोषण, असमानता और अन्याय रहित संरचना चाहते हैं।

डॉ. अंबेडकर ने अपने जीवन में घोर अमानवीय तिरस्कार का सामना किया। इसीलिए उन्होंने शोषण व अन्याय को समाप्त करने वाली आर्थिक नीतियों की वकालत की। वे उच्चकोटि के अर्थशास्त्री थे। श्रमिक कल्याण के लिए भारत में जो कार्य अंबेडकर ने किया वह आजादी के बाद से लेकर अभी तक किसी अन्य अर्थशास्त्री अथवा नेता ने नहीं किया। 1942 से 1946 तक वायसराय काउंसिल में श्रम मंत्री रहते हुए उन्होंने श्रमिक

कल्याण के लिए जो नीतियां बनायी, बाद की सरकारों ने उनमें बढ़ोतरी करने की बजाए उनमें मौजूद प्रावधानों को कमजोर ही किया। देशभर में रोजगार कार्यालयों की स्थापना, कर्मचारी राज्य बीमा की शुरूआत, काम का समय 12 घंटे से घटाकर आठ घंटे करना, मजदूर संगठनों को मान्यता, महंगाई भत्ते का प्रावधान, अवकाश का वेतन, स्वास्थ्य बीमा, कानूनन हड़ताल का अधिकार, भविष्य निधि, पेंशन, श्रमिक कल्याण कोष, महिलाओं को प्रसूति अवकाश, कार्यालय में कैंटीन की व्यवस्था, कर्मचारियों का कौशल विकास, वित्त आयोग का गठन, भारतीय सांख्यिकी कानून और भारतीय रिजर्व बैंक की स्थापना सहित बहुत से कल्याणकारी निर्णयों का श्रेय अंबेडकर को ही जाता है। हमें स्वीकार करना ही पड़ेगा कि आज सरकारी अथवा गैर-सरकारी क्षेत्र में मजदूर यदि स्वाभिमान से नौकरी कर पा रहे हैं तो यह सिर्फ बाबा साहब डॉ. भीमराव अंबेडकर के कारण ही है।

दीनदयाल उपाध्याय का मानना था कि अर्थ के अभाव और प्रभाव से धर्म की हानि होती है। अर्थ मात्र एक साधन है, उसमें आसक्ति रखना व धर्म को अनुचित गौरव प्रदान करना समाज और व्यक्ति के लिए हानिकारक है। उनकी राय में अर्थ के उत्पादन, विनिमय और उपभोग को व्यवस्थित करने के लिए 'अर्थायाम' आवश्यक है। समाज से अर्थ के प्रभाव व अभाव दोनों को मिटाकर उसकी समुचित व्यवस्था करने को उन्होंने 'अर्थायाम' कहा। अर्थव्यवस्था की कसौटी मानव का सर्वतोन्मुखी विकास होना चाहिए। मानव ही हमारी व्यवस्था का केन्द्र है और ऐसी व्यवस्था, जिसमें आर्थिक क्षमता तो बढ़े किन्तु मानवता के अन्य अंगों का विकास कुंठित हो जाए कल्याणकारी नहीं हो सकती है। केवल अर्थपरायण मानव, समाज देश के लिए घातक ही नहीं स्वयं व्यक्ति के लिए अमंगलकारी भी है। जनसंघ के महामंत्री के नाते जनसंघ के आर्थिक कार्यक्रम की दृष्टि से 25 जुलाई, 1953 को उन्होंने पहला सार्वजनिक वक्तव्य दिया जिसमें उन्होंने कहा, "हम वर्तमान आर्थिक ढांचे में दिखने वाली आय-व्यय विषयक विषमता को नष्ट करने के लिए प्रतिबद्ध हैं। अतएव न्यूनतम और अधिकतम आय के मध्य हम एक और बीस का अनुपात बैठाना चाहते हैं। हम न केवल आधारभूत उद्योगों का राष्ट्रीयकरण चाहते हैं, बल्कि उन उद्योगों पर भी यह सिद्धांत लागू करना चाहते और उचित समझते हैं जिन पर कुछ मुट्ठीभर लोगों का एकाधिकार हो जाता है। आर्थिक व राजनीतिक सत्ता का विकेन्द्रीकरण हमारा मुख्य सिद्धांत है।" (शर्मा, 2015, पृष्ठ 73)

कुल मिलाकर हम कह सकते हैं कि चारों विचारक आर्थिक आधार को आवश्यक तो मानते हैं परन्तु उसे धर्म, नीति और न्याय से नियंत्रित करना भी आवश्यक समझते हैं। गांधीजी नैतिकता पर, लोहिया व अंबेडकर समानता पर और दीनदयाल धर्म पर अधिक

बल देते हैं। गांधीजी संपत्ति को लेकर 'ट्रस्टीशिप' के आग्रही थे। वे कहते थे कि यदि पूंजीपति ट्रस्टी के रूप में कार्य करें तो गरीबों का शोषण भी नहीं होगा और आर्थिक विकास की गति भी बनी रहेगी। हालांकि लोहिया गांधीजी के इस दृष्टिकोण से सहमत नहीं थे। उनका मत था कि जब तक संपत्ति की मोहलत रहेगी, तब तक संपत्ति के मोह को समाप्त करने की बात करना धोखेबाजी है। दीनदयाल जी ने गांधी तथा लोहिया दोनों में समन्वय लाने का प्रयास किया। संपत्ति को दीनदयालजी ने आवश्यक माना, परन्तु बचत करना एक स्वाभाविक प्रवृत्ति तथा राष्ट्रीय गुण माना। वे कहते थे कि संपत्ति का अधिकार हमें मर्यादाओं के अन्तर्गत स्वीकार करना होगा। इन सीमाओं का निर्धारण समाज तथा व्यक्ति की आवश्यकताओं एवं जीवन मूल्यों के आधार पर निर्धारित होना चाहिए। वे कहते थे कि जो संपत्ति अपने स्वामी को आलसी या विलासी और दूसरों को अभावग्रस्त या परतंत्र बनाए उसका नियमन आवश्यक है।

विकेन्द्रीकरण तथा औद्योगिकीकरण

विकेन्द्रीकरण के मुद्दे पर भी सभी विचारक एकमत दिखायी देते हैं। सभी मानते हैं कि बिना आर्थिक विकेन्द्रीकरण के राजनैतिक विकेन्द्रीकरण संभव नहीं है। गांधीजी का आत्मनिर्भर गांव विकेन्द्रीकरण का ही प्रतीक है, जो स्थानीय आवश्यकताओं की पूर्ति स्थानीय साधनों से करके विकसित होगा। गांधीजी के लिए आर्थिक विकेन्द्रीकरण अंहिसायुक्त और शोषणमुक्त समाज की स्थापना के लिए परमावश्यक है। इसके विपरीत लोहिया का विकेन्द्रीकरण राज्य के चार स्तरों में विभाजन पर आधारित है। केन्द्र, राज्य, जिला और गांव। लोहिया ऐसे संयोजन क्षेत्र की कल्पना करते थे, जिसमें परस्पर निर्भरता और सहयोग हो। दीनदयाल के लिए विकेन्द्रीकरण की इकाई व्यक्ति और समाज है। वे प्रबंधन में श्रमिकों की भागीदारी के समर्थक हैं। अंबेडकर सरकारी तंत्र में सभी स्तरों पर स्त्रियों और दलितों के समुचित प्रतिनिधित्व पर बल देते हैं। चारों विचारक बड़े उद्योगों को शोषण का माध्यम मानते हैं और थोड़ी-बहुत मत-भिन्नता से बड़े उद्योगों को न्यूनतम स्तर पर रखने के पक्षधर हैं। यही स्थिति मशीनों के संबंध में कही जा सकती है। छोटे उद्योगों का समर्थन करते समय सभी इस बात के पक्षधर हैं कि श्रमिकों का शोषण न हो। इसीलिए सभी गांव के आधुनिकीकरण पर जोर देते हैं। सभी मशीनवाद के विरोधी हैं मशीनों के नहीं। दीनदयालजी बड़े उद्योग नहीं, अधिक उत्पादन के समर्थक हैं। व्यावहारिक रूप से देखें तो सभी रोजगार बढ़ाना चाहते हैं इसलिए धर्मप्रधान तकनीक के समर्थक हैं। सभी विचारक गरीबी को हर हालत में दूर करना चाहते हैं। अंबेडकर की आरक्षण व्यवस्था वास्तव में समाज को गरीबी से मुक्त करने का ही एक प्रयास था। साथ ही, सभी विचारक

उपभोक्तावाद पर आधारित समाज को गलत समझते थे। लोहिया ने प्रतिव्यक्ति आय के सिद्धान्त के खोखलेपन की खूब चर्चा की। दीनदयालजी व्यक्ति के भरण-पोषण तथा न्यूनतम स्तर के जीवन की जिम्मेदारी समाज पर डालते हैं।

समाजवाद

विगत सात दशकों में समाजवाद की अवधारणा ने राजनीतिक एवं सामाजिक क्षेत्र में जनमानस को काफी प्रभावित किया है। गांधी, अंबेडकर, लोहिया और दीनदयाल जैसे विचारक भी इस चिंतन से अछूते नहीं थे। वैसे तो गांधीजी न समाजवादी थे न पूंजीवादी, परन्तु उनके चिंतन में समाजवाद की झलक स्पष्ट दिखायी देती है। कुछ विचारकों का मानना है कि यदि मार्क्सवाद में से हिंसा को निकालकर धर्म को जोड़ दिया जाए तो वह गांधीवाद बन जाएगा। मुख्य रूप से संपत्ति के केन्द्रीयकरण पर रोक, श्रम की महत्ता व शोषणमुक्त समाज की स्थापना गांधीवादी अर्थव्यवस्था की मुख्य विशेषताएं हैं। यही कारण है कि गांधीजी राज्य के स्वामित्व को अनुमति देते हैं। श्रम एवं पूंजी में संतुलन की आवश्यकता वे बार-बार बताते हैं। गांधीजी द्वारा मशीनों तथा बड़े उद्योगों का विरोध वास्तव में शोषण के विरुद्ध प्रक्रिया का हिस्सा था। व्यक्ति की स्वतंत्रता के पक्षधर होते हुए भी वे राज्य को विशेष अधिकार प्रदान करते हैं। राममनोहर लोहिया मार्क्स के समाजवाद में कुछ संशोधन करते हुए अपने ढंग से समाजवाद की व्याख्या करते हैं। भारतीय समाजवाद को वे आध्यात्मिक और भौतिक दोनों का वैचारिक पुट देकर तैयार करते हैं। वे एक सीमा के बाद संपत्ति का राष्ट्रीयकरण करना चाहते हैं और व्यक्तिगत संपत्ति की बजाए सामूहिक संपत्ति को बढ़ाने की कोशिश करते हैं। इससे वे नवसमाजवाद की रचना करते हैं। उन्होंने न्यूनतम आय का प्रश्न उठाया और आधुनिकीकरण और बड़े उद्योगों के कारण होने वाली असमानता को दूर करने के सुझाव दिये। लोहिया का समाजवाद एकमुश्त सुधार का समर्थक है और यहां वे गांधी से भिन्न हैं, परन्तु राज्य समाजवाद में लोहिया की बहुत अधिक आस्था नहीं है और वे मार्क्सवादी तरीकों से असहमत हैं।

दीनदयाल उपाध्याय मानते हैं कि संपूर्ण व्यवस्था का केन्द्र मानव होना चाहिए। उनका एकात्म मानव दर्शन एक नये प्रकार की प्रणाली का समर्थक है। वे छोटे यंत्रचलित उद्योग और कृषि को अर्थव्यवस्था का मूल आधार बनाना चाहते हैं, बड़े उद्योग उनके लिए भी अपवाद हैं। वे 'पूंजीवादियों को स्वतंत्र छोड़ दो' की नीति का विरोध करते हैं और मार्क्सवाद के राज्य के पूरे नियंत्रण का भी समर्थन नहीं करते। दीनदयालजी परम्परागत ज्ञान को 'युगानुकूल' बनाकर और विदेशी तकनीक अथवा ज्ञान को 'देशानुकूल' बनाकर

उपयोग करने के पक्षधर हैं। 1952-53 के आसपास दीनदयालजी समाजवाद के समर्थक थे परन्तु 1957 के जनसंघ घोषणापत्र में पहली बार 'समाजवाद' की राज्य के हाथों में शक्ति के केन्द्रीकरण के संदर्भ में आलोचना की गयी। "...परन्तु इस विरोध के बावजूद उनके प्रतिपादन में समाजवाद के प्रति एक भावात्मक लगाव है। वे समाजवादी प्रवृत्ति, समाजवादी दृष्टिकोण तथा समाजवादी आर्थिक व राजनीतिक व्यवस्था, इस प्रकार समाजवाद की त्रि-आयामी व्याख्या करते हैं। समाजवादी प्रवृत्ति को वे आवश्यक बताते हैं, समाजवादी दृष्टि जो समतावादी है उसे वांछनीय मानते हैं, लेकिन 'समाजवादी राज्य-व्यवस्था' का प्रबल विरोध करते हैं। पूंजीवादी व समाजवादी अर्थव्यवस्था को मूलतः समान प्रवृत्ति की घोषित करते हैं। मार्क्स की वैज्ञानिक समाजवाद की व्याख्या से वे असहमत हैं" (शर्मा, 2018, पृ. 183-184)।

गांधी, लोहिया और दीनदयाल की भांति डॉ. अंबेडकर भी सामाजिक शोषण का प्रबल विरोध करते हैं। सामाजिक शोषण के विरुद्ध समाज को खड़ा करने का जो कार्य अंबेडकर ने किया वह संभवतः एक पूरी शताब्दी में किसी अन्य भारतीय विचारक ने नहीं किया है। बाबासाहब ने 1942 से 1946 के बीच तत्कालीन वायसराय की अंतरिम सरकार में श्रम मंत्री रहते हुए सामाजिक शोषण के विरुद्ध एक ठोस कानूनी व्यवस्था बनायी। कुल मिलाकर चारों विचारकों का समाजवाद अलग-अलग है परन्तु वह मार्क्सवादी समाजवाद से भिन्न है। विशुद्ध पूंजीवाद का समर्थन किसी में नहीं है। सभी व्यक्ति के धर्म और नैतिकता को अधिक महत्त्व देते हैं। लोहिया का समाजवाद गांधी के विचारों के बहुत निकट था और लोहिया ने इसे 'नवसमाजवाद' कहा, जिसमें छह आधारभूत स्तंभ हैं- आय और व्यय के क्षेत्र में समतावादी मानदंड, राष्ट्रीयकरण, प्रजातांत्रिक राजनैतिक स्वतंत्रता की रक्षा, सम्मान और आम आदमी के अधिकार। इस संबंध में गांधी और दीनदयाल बहुत अधिक निकट नजर आते हैं। वे धर्म और समाजवाद का जिक्र किये बगैर समानता, न्याय और मनुष्य को महत्त्व देने की बात करते हैं।

राष्ट्रीय अखंडता

एक अन्य मुद्दा जिस पर सभी विचारक एकमत हैं वह है राष्ट्रीय अखंडता। गांधीजी ने कहा था कि भारत का विभाजन उनकी लाश पर होगा। अंबेडकर भी देश के विभाजन के पक्षधर नहीं थे। दीनदयाल और लोहिया भी किसी भी सूरत में देश विभाजन नहीं चाहते थे। वे तो विभाजन को समाप्त करने की वकालत करते हैं। वर्ष 1964 में जब पाकिस्तान में हिन्दुओं पर भीषण अत्याचार हुए तो 12 अप्रैल, 1964 को लोहिया और दीनदयाल

ने एक संयुक्त बयान जारी करके भारत-पाक महासंघ बनाने की दिशा में पहल करने की बात कही गयी। उस बयान में कहा गयाः "...एक राज्य, जो अपने नागरिकों को जीने के अधिकार की गारण्टी नहीं दे सकता और ऐसे नागरिक, जो अपने पड़ोसियों की सुरक्षा सुनिश्चित नहीं कर सकते, बर्बर ही कहलायेंगे। चाहे उसका धर्म कोई भी हो, हर नागरिक को स्वतंत्रता और सुरक्षा प्रदान करना वास्तव में भारत की एक पावन परम्परा रही है। इस संबंध में हम हर भारतीय मुसलमान को पुनः आश्वस्त करते हुए हर हिन्दू घर में यह संदेश पहुंचाने की कामना करते हैं कि इस आश्वासन को पूरा करना उनका नागरिक और राष्ट्रीय कर्तव्य है। हमारा यह मानना है कि दो भिन्न देशों के रूप में भारत और पाकिस्तान का अस्तित्व एक कृत्रिम स्थिति है। दोनों सरकारों के संबंधों में मनमुटाव असंतुलित दृष्टिकोण और टुकड़ों में बात करने की प्रवृत्ति का परिणाम है। दोनों सरकारों के बीच चलने वाला संवाद टुकड़ों में न होकर निष्पक्षता से होना चाहिए। ऐसी खुले दिल से होने वाली बातचीत से ही विभिन्न समस्याओं का समाधान निकल सकता है, सद्भावना पैदा की जा सकती है और किसी प्रकार के भारत-पाक महासंघ बनाने की दिशा में शुरुआत की जा सकती है" (एचटीन्यूज, 2017)। इस बयान के बाद कई वर्ष तक विचारधाराओं के स्तर पर उत्तर और दक्षिण ध्रुव माने जाने वाले नेताओं में अजब सामंजस्य रहा और यहां तक कि 1963 में जौनपुर के उपचुनाव में लोहिया ने दीनदयाल जी के लिए प्रचार किया। यहीं से कांग्रेस के एकल दल वर्चस्व के अवसान का बिगुल बजा और 1967 में देश के दस राज्यों में संविद सरकार बनी। उस एकता से ही देश में गैर-कांग्रेसी सरकारों का दौर शुरू हुआ, जिसके परिणामस्वरूप आज भारत एक प्रकार से कांग्रेसमुक्त हो गया है।

1952 में लिखी अपनी पुस्तक 'अखंड भारत क्यों?' में दीनदयाल उपाध्याय विस्तार से लिखते हैं कि तत्कालीन नेतृत्व को देश का विभाजन स्वीकार नहीं करना चाहिए था। वे इस तर्क को स्वीकार नहीं करते कि विभाजन स्वीकार न करने पर भारत स्वतंत्र नहीं होता तथा भयानक खूनखराबा होता। उनका मानना था कि "कांग्रेस के नेता यदि डटे रहते तथा भारत की जनजागृति की मदद करते तो अंग्रेज अखंड भारत को छोड़कर जाते और सत्ता कांग्रेस के ही हाथ में सौंपकर जाते।" रक्तपात के विषय में उनका मत थाः "भारत विभाजन से पूर्व और पश्चात् के नरमेध में जितनी बलि चढ़ी है उतनी दोनों पिछले महायुद्धों में भी नहीं चढ़ी, फिर लूट, अपहरण और हत्याकांड में मानव का जो जघन्यतम पशुभाव प्रकट हुआ, वह तो युद्ध में कहीं नहीं हुआ" (शर्मा, 2015)। वे आगे लिखते हैं, "अखंड भारत देश की भौगोलिक एकता का ही परिचायक नहीं, अपितु जीवन के भारतीय दृष्टिकोण का द्योतक है जो अनेकता में एकता का दर्शन करता है। अतः हमारे लिए अखंड भारत कोई राजनीतिक नारा नहीं है। ...बल्कि यह तो हमारे सम्पूर्ण जीवनदर्शन का मूलाधार है" (शर्मा, 2015)।

जनसंघ द्वारा संचालित कश्मीर आन्दोलन, गोवा मुक्ति आन्दोलन, बेरूबाडी हस्तांतरण के खिलाफ अभियान, कच्छ-कछार विरोधी आन्दोलन, ताशकंद घोषणा का विरोध आदि से पता चलता है कि राष्ट्रीय अखंडता को लेकर दीनदयाल जी और उनकी पार्टी कितने सजग थे। राष्ट्रीय सुरक्षा को मजबूत करने के लिए ही उन्होंने 'राष्ट्र के सैनिकीकरण तथा सेना के आधुनिकीकरण' का नारा दिया। वे प्रत्येक नौजवान को अनिवार्य सैनिक शिक्षा प्रदान करने के भी पक्षधर थे।

अंतिम व्यक्ति के हक में जन-चेतना की मशाल

महामहिम राष्ट्रपति श्री रामनाथ कोविद ने 11 फरवरी, 2018 को ग्वालियर में डॉक्टर लोहिया स्मृति व्याख्यान प्रस्तुत करते हुए गांधी, अंबेडकर, लोहिया और दीनदयाल उपाध्याय के विचारों में साम्यता को बहुत ही सुंदर शब्दों में रेखांकित किया। श्री कोविद ने कहा: "ऐसा लगता है कि संसद से सड़क तक समाज के अंतिम व्यक्ति के हक में जन-चेतना की मशाल जलाने वाले डॉक्टर लोहिया सामाजिक विषमताओं और शोषण की राजनीति को चुनौती देने के लिए ही संभवतः पैदा हुए थे....। अपनी विचारधाराओं के आधारभूत तत्व को ग्रहण करते हुए समाज के अंतिम व्यक्ति के हित में काम करने की भावना के विभिन्न रूप महात्मा गांधी, डॉ. अंबेडकर, डॉ. लोहिया और दीनदयाल उपाध्याय के चिंतन और संघर्ष में देखने को मिलते हैं। इन सभी विभूतियों ने देश की समस्याओं के एकांगी और विदेशी समाधानों की जगह समग्र और जमीनी सुधारों पर जोर दिया। उनके रास्ते भले ही अलग-अलग थे लेकिन उन सभी का एक ही उद्देश्य था- "भारत के लोगों को विशेषकर पिछड़े लोगों को बराबरी और सम्मान का हक दिलाना" (यूट्यूब, 2018)। आज जब गरीब-अमीर की खाई लगातार बढ़ रही है, समाज में अभावग्रस्त समाज का एक बड़ा वर्ग अवसर की समानता न मिलने से अपनी योग्यता नहीं दिखा पा रहा है तब नीति-निर्धारण में इन सभी विचारकों की दृष्टि से सामंजस्य बैठाना ही सही रास्ता होगा। इन विचारकों के मूल-विचारों में साम्यता बहुत गहरी है। लोहिया के नारे थे- 'राज पूत निर्धन संतान, सबकी शिक्षा एक समान' या 'जो जमीन को जोते बोवे, वही जमीन का मालिक होवे।' दीनदयालजी ने अप्रैल 1965 में दिये अपने चार बीज भाषणों में से अंतिम भाषण में कहा था: "भगवान की सर्वश्रेष्ठ कृति मानव अपने को खोता जा रहा है ...हमारी अर्थव्यवस्था का उद्देश्य होना चाहिए-प्रत्येक व्यक्ति को न्यूनतम जीवन स्तर की आश्वस्ति ...प्रत्येक वयस्क और स्वस्थ व्यक्ति को साभिप्राय जीविका का अवसर देना। गांधीजी का ट्रस्टीशिप का सिद्धांत और अंबेडकर के समतामूलक समाज की अवधारणा सभी एक ही दिशा में इंगित करते हैं। एकात्म मानववाद संबंधी अपने दूसरे भाषण में दीनदयालजी ने

कहा था, "विविधता में एकता अथवा एकता का विविध रूपों में व्यक्तिकरण ही भारतीय संस्कृति का केन्द्रस्थ विचार है। यदि इस तथ्य को हमने हृदयंगम कर लिया तो फिर विभिन्न सत्ताओं के बीच संघर्ष नहीं रहेगा। यदि संघर्ष है तो वह प्रकृति का अथवा संस्कृति का द्योतक नहीं, विकृति का द्योतक है। ...देखने को तो जीवन में भाई-भाई के बीच प्रेम और वैर दोनों मिलते हैं, किन्तु हम प्रेम को अच्छा मानते हैं। बंधु-भाव का विस्तार हमारा लक्ष्य रहता है।"

स्पष्ट है कि भिन्न राजनीतिक विचारों के बावजूद गांधी, अंबेडकर, लोहिया और दीनदयाल में मौलिक समानताएं हैं। अपनी संस्कृति की सुरक्षा और एक दूसरे से कुछ ग्रहण करने की आवश्यकता पर चारों ही एकमत हैं। गांधीजी ने कहा था कि "हमें अपने घर के दरवाजे व खिड़कियां खुली रखनी चाहिए ताकि दूसरे देशों की सांस्कृतिक बयार से हम वंचित न रहें, किन्तु ध्यान रहे उसके साथ हम उड़ न जाएं। दीनदयालजी ने भी गांधीजी की भांति आधुनिक युग की अच्छाइयों को ग्रहण करने का विरोध नहीं किया है। इसके लिए उन्होंने 'देशानुकूल' शब्द का प्रयोग किया यानि बाहर से प्राप्त किसी भी वस्तु अथवा तकनीक में अपनी आवश्यकताओं के अनुसार बदलाव करके ही उसे प्रयोग करें। गांधीजी ने समाज के कथित अस्पृश्य वर्ग को 'हरिजन' नाम दिया, कुष्ठ पीड़ितों की सेवा की तथा दलितों को गले लगाया। बाबा साहब अंबेडकर ने तो सिर्फ इसी बात के लिए अपना पूरा जीवन समर्पित कर दिया कि हिन्दू समाज का एक अहम वर्ग स्वाभिमानपूर्वक जीवन कैसे जिए। डॉ. लोहिया ने भी समाज के उपेक्षित वर्ग के लिए संघर्ष किया। दीनदयालजी ने तो यहां तक कहा कि "इन मैले-कुचैले गरीब लोगों के पैरों की बिवाइयां जब तक हम भर नहीं देते हमें चैन से नहीं बैठना चाहिए।" आर्थिक विकास के लिए गांधीजी ने चरखे को आधार बनाया और खादी और स्वदेशी के लिए आन्दोलन चलाया। डॉ. लोहिया ने विकेन्द्रीकरण तथा सामूहिक उत्पादन पर बल दिया और दीनदयालजी ने छोटे और कुटीर उद्योगों, ग्रामोद्योगों तथा आत्मनिर्भरता की वकालत की। जातिगत भेद पर भी गांधी, अंबेडकर, लोहिया और दीनदयाल की स्पष्ट राय थी कि जातिगत भेदभाव उस समाज और देश की हत्या कर देता है। आज जरूरत इस बात की है कि हम देश के सभी बड़े चिंतकों के विचारों में एकता के सूत्र खोजकर सकारात्मक भाव से समाज की समस्याओं का समाधान करने के प्रयास में जुट जाएं।

संदर्भ

1. एचटीन्यूज. (2017). पंडित दीनदयाल और लोहिया। 2 अप्रैल, 2020 को रात्रि 8.21 बजे https://htnews.co.in/?p=161 से प्राप्त
2. गांधी, लोहिया और दीनदयाल. 1 अप्रैल, 2020 को सायंकाल 4.45 बजे http://deendayalupadhyay.org/home.html से प्राप्त
3. चतुर्वेदी, उमेश. (अक्टूबर 2018). वैचारिकता के सूत्र पर गांधी, लोहिया और दीनदयाल. नई दिल्लीः युगवार्ता
4. झा, प्रभात. (2018). अंत्योदयः समाज के अंतिम व्यक्ति के उत्थान का संकल्प. नई दिल्लीः प्रभात प्रकाशन. पृ. 6
5. झा, प्रभात. (2019). विचारकों की दृष्टि में एकात्म मानववाद. नई दिल्लीः प्रभात प्रकाशन. पृष्ठ 178
6. त्रिपाठी, कन्हैया. (2014). डॉ. राममनोहर लोहिया और सतत समाजवाद. नई दिल्लीः प्रभात प्रकाशन. पृ. 81-82.
7. यूट्यूब. (2018). President Kovind delivers 4th Dr. Ram Manohar Lohia Memorial Lecture @ ITM University Gwalior. Retrieved on March 30, 2020 at 7.43 pm from https://www.youtube.com/watch?v=zZzvzvQnHqA
8. स्वरूप, देवेन्द्र. (2016). गांधीजीः हिन्द स्वराज से नेहरु तक. नई दिल्लीः प्रभात प्रकाशन, पृ. 46.
9. शर्मा, महेश. चन्द्र. (2015). आधुनिक भारत के निर्माताः दीनदयाल उपाध्याय. नई दिल्लीः प्रकाशन विभाग. सूचना एवं प्रसारण मंत्रालय, भारत सरकार. पृ. 22.
10. शर्मा, महेश. चन्द्र. (2018). दीनदयाल उपाध्यायः कर्तृत्व एवं विचार. नई दिल्लीः प्रभात प्रकाशन. पृ. 109

(डॉ. प्रमोद कुमार आईआईएमसी नई दिल्ली में प्रोफेसर हैं।)

गांधी और अंबेडकर-पूरक बनाम विरोधी

- कृष्ण कुमार तिवारी

माना यह जाता है कि हमेशा ही गांधी जी और अंबेडकर जी में मतभेद ही रहे हैं। दोनों का कार्य करने का तरीका भले ही अलग रहा हो लेकिन मकसद एक ही था। जब गांधी जी की हत्या हुयी थी तो घटनास्थल पर पहुंचने वालों में सबसे पहले व्यक्ति भीमराव अंबेडकर ही थे और वे बहुत देर तक वहां रुके भी थे।

कहा यह भी जाता है कि महात्मा गांधी को यह मालूम नहीं था कि अंबेडकर जी दलित हैं। वह उन्हें अपनी ही तरह का एक समाज-सुधारक सवर्ण नेता समझते थे। अंबेडकर जिस विद्वता, बेबाकी और आत्मविश्वास से अपनी बात रखते थे, उसे देखते हुए तत्कालीन समाज में यह गलतफहमी कोई बहुत बड़ी नहीं थी।

गांधी जी को संभवतः यही बताया गया था कि अंबेडकर ने विदेश में पढ़ाई कर ऊंची डिग्रियां हासिल की हैं और वे पीएचडी हैं. दलितों की स्थिति में सुधार को लेकर उतावले हैं और हमेशा गांधी की आलोचना करते रहते हैं।

गांधी एक युग निर्माता थे या नहीं, यह एक खुला सवाल है और इसका सही जवाब पाना और उसे सभी के लिए स्वीकार करना मुश्किल है।

अंबेडकर ने कहा कि वो गांधी से हमेशा एक प्रतिद्वंद्वी की हैसियत से मिलते थे. इसलिए वो गांधी को अन्य लोगों की तुलना में बेहतर जानते थे।

अंबेडकर के नज़रिए से ये दावे शायद सही हों, पर उनके बयान से यह स्पष्ट है कि उन्होंने गांधी को केवल एक दृष्टिकोण और एक तरह के नज़रिए से ही देखा था और इसी की बदौलत उन्होंने गांधी के बारे में अपनी राय बनाई थी।

राजनीतिक जरूरतों के लिए उन्होंने गांधी के लिए शालीनता और कोमलता का भी प्रदर्शन कई बार किया। जैसे, 6 सितंबर, 1954 को डॉक्टर अंबेडकर ने नमक पर टैक्स

लगाने की सलाह दी और इसका नाम 'गांधी निधि' रखने का सुझाव दिया। वो चाहते थे कि इसमें जमा राशि का खर्च दलितों के उत्थान के लिए किया जाए।

गांधी की 'दोहरी भूमिका'

अंबेडकर का कहना रहा है कि गांधी हमेशा दोहरी भूमिका में रहे हैं। उन्होंने युवा भारत के सामने दो अख़बार निकाले। पहला 'हरिजन' अंग्रेज़ी में, और गुजरात में उन्होंने एक और अख़बार निकाला जिसे आप 'दीनबंधु' या इसी प्रकार का कुछ कहते हैं। अंग्रेज़ी समाचार पत्र में उन्होंने खुद को जाति व्यवस्था और अस्पृश्यता का विरोधी और खुद को लोकतांत्रिक बताया। लेकिन अगर आप गुजराती पत्रिका को पढ़ते हैं तो आप उन्हें अधिक रूढ़िवादी व्यक्ति के रूप में देखेंगे। वो जाति व्यवस्था, वर्णाश्रम धर्म या सभी रूढ़िवादी सिद्धांतों के समर्थक थे। दरअसल किसी को गांधी के 'हरिजन' में दिए गए बयान और गुजराती अख़बार में दिए उनके बयानों का तुलनात्मक अध्ययन करके उनकी जीवनी लिखनी चाहिए।"

गांधी को खारिज नहीं किया जा सकता

डॉक्टर अंबेडकर ने छूआछूत के उन्मूलन के साथ समान अवसर और गरिमा पर जोर दिया था और दावा किया कि गांधी इसके विरोधी थे।

उनके मुताबिक गांधी छूआछूत की बात सिर्फ इसलिए करते थे ताकि अस्पृश्यों को कांग्रेस के साथ जोड़ सकें। वो चाहते थे कि अस्पृश्य स्वराज की उनकी अवधारणा का विरोध न करें।

गांधी और भीमराव अंबेडकर समकालीन थे। दोनों भारतीय समाज को सामाजिक न्याय और बंधुत्व आधारित चाहते थे लेकिन ये कैसे किया जाए, उसे लेकर उनमें मतभेद था। दोनों विदेश से पढाई पूरी करके स्वदेश आए थे। दोनों ने लगभग एक ही काम किया लेकिन अपने तरीकों से। दोनों एक दूसरे के विरोधी थे। जब भी दोनों सामने आए, कभी उनमें बहुत सहजता नहीं रही।

गांधी और अंबेडकर दोनों दो अलग वर्गों से ताल्लुक रखते थे। गांधी राजकोट में एक दीवान के घर पैदा हुए, जहां उनके परिवार का खासा मान सम्मान था। उनका परिवार राजकोट के कुलीन परिवारों में था। वहीं अंबेडकर मध्य प्रदेश एक ऐसे परिवार में जन्मे, जिसे अछूत माना जाता था। उन्हें पढ़ाई के दौरान और बाद में कटु अनुभवों से गुजरना पड़ा, जिससे एक विचारधारा उनमें मजबूत होती गई।

अंबेडकर शुरू से ही पढ़ाई में बेहद मेघावी और प्रखर थे। गांधी जी औसत श्रेणी के विद्यार्थी थे। जीवन के आरंभिक बरसों में गांधी जी को कभी उन हालात और चुनौतियों का सामना नहीं करना पड़ा, जो बाबा साहेब अंबेडकर के सामने आईं।

गांधी और अंबेडकर कभी एक पार्टी में नहीं रहे। दोनों जिंदगी भर एक दूसरे के राजनीतिक विरोधी बने रहे। 1917 में अपनी पढ़ाई खत्म करके लौटने के बाद अंबेडकर ने वर्ण और जाति व्यवस्था खत्म करने के लिए मुहिम चलानी शुरू की।

कहा जा सकता है कि ये दोनों महान शख्सियतें दरअसल दो अलग स्कूल थे, दो अलग विचारधाराएं थीं। दोनों की मंजिलें एक जैसी थीं लेकिन रास्ते जुदा थे। अंबेडकर जोर-शोर से अपनी आवाज उठाते थे तो गांधी सांकेतिक तरीकों से उच्च जातियों पर बदलाव का दबाव बनाने के पैरोकार थे।

1930 और 1940 के दशक में अंबेडकर ने गांधी जी की तीखी आलोचना की। उनका विचार था कि सफाईकर्मियों और पिछड़ों के उत्थान का गांधी जी का तरीका कृपावादी और नीचा दिखाने वाला है। ये वही समय था जब गांधी जी देशभर में घूम-घूमकर अस्पृश्यों के लिए मंदिर खुलवा रहे थे। साझा भोज और इसी तरह के दूसरे अभियान चलाए हुए थे।

दूसरी ओर अंबेडकर ने हिंदुत्व को ही खारिज कर दिया था। उनका विचार था कि यदि दलितों को समान नागरिक की हैसियत पानी है तो उन्हें दूसरी आस्था अपनानी होगी।

1930 और 1940 के दशक में अंबेडकर ने गांधी जी की तीखी आलोचना की। उनका विचार था कि सफाईकर्मियों और पिछड़ों के उत्थान का गांधी जी का तरीका कृपावादी और नीचा दिखाने वाला है।

विवादास्पद भाषा का इस्तेमाल करते थे

गांधीजी पहले शख्स थे, जिन्होंने अपने आश्रम में दलित और सवर्ण के विवाह की अनुमति दी, जो उस समय के लिहाज से क्रांतिकारी काम था। उन्होंने शंकराचार्य और धार्मिक अभिलेखों को अस्पृश्यता के लिए चुनौती दी। उनके इस कदम पर उन्हें हिंदू धर्म से निकालने की भी बात की गई।

गांधीजी ने अपने जीवन में शायद ही कभी अंबेडकर के खिलाफ सार्वजनिक तौर पर कुछ कहा हो लेकिन ये हमेशा कहा कि अंबेडकर के काम करने के तरीके एकदम अलग हैं, जिससे वह सहमत नहीं हैं।

गांधीजी पहले शख्स थे, जिन्होंने अपने आश्रम में दलित और सवर्ण के विवाह की अनुमति दी, जो उस समय के लिहाज से क्रांतिकारी काम था।

अंबेडकर को मंत्रिमंडल में रखने का दवाब डाला

जब देश आजाद होने वाला था तब नेहरू और पटेल शायद नहीं चाहते थे कि अंबेडकर को मंत्रिमंडल में शामिल किया जाए। गांधीजी ने उन्हें इसके लिए राजी किया। उन्होंने कहा कि स्वतंत्रता कांग्रेस को नहीं देश को मिल रही है, इसलिए पहले मंत्रिमंडल में देश की सबसे अच्छी प्रतिभाओं को शामिल किया जाना चाहिए, चाहे वह किसी भी दल से जुड़ा हो या वर्ग की रहनुमाई करता हो।

देश के पहले कानून मंत्री और संविधान निर्माता समिति के अध्यक्ष के तौर पर अंबेडकर ने जो काम किया, वो वाकई अद्वितीय और अप्रतिम है। अंबेडकर हमेशा से मानते आए थे कि दलितों और पिछड़ों की हालत में सुधार तभी होगा जब इसे संविधान में संहिताबद्ध किया जाए। ये मार्ग कानूनी सुधारों और आरक्षण का था.

दोनों एक-दूसरे के पूरक थे

इंग्लैंड में लेबर पार्टी से हाउस ऑफ कामंस में सांसद रहे भीखू पारेख ने गांधी पर दो किताबें लिखीं। उसमें उन्होंने कहा, "अंबेडकर और गांधी दोनों को एक-दूसरे का पूरक मानना चाहिए। क्योंकि दोनों ने एक जैसे काम अपनी अलग-अलग शैलियों में किए।"

(कृष्ण कुमार तिवारी वरिष्ठ पत्रकार हैं और पत्रकारिता पढ़ाते हैं।)

गांधी और अम्बेडकर को एक करने का वक्त

- राकेश कायस्थ

गांधी और अंबेडकर जैसे इन दोनों विभूतियों को एक करने का वक़्त आ गया है। इतिहास के कुछ कालखंड निर्णायक होते हैं। हम एक ऐसे ही निर्णायक कालखंड में दाखिल हो चुके हैं। यह समय बीसवीं सदी के दो सबसे प्रखर बौद्धिक विचारों के एक होने का है। वो विचार जिन्हे हमेशा दो अलग ध्रुव माना गया और दोनो अलग-अलग रहे भी। ये विचार हैं, गांधीवाद और अंबेडकरवाद। तीस के दशक में गांधी और अंबेडकर के बीच गहरा वैचारिक और राजनीतिक टकराव हुआ। नतीजे में पूना पैक्ट सामने आया। तकनीकी तौर पर गांधी जीते और अंबेडकर हारे। लेकिन असल में कौन हारा, ये सवाल अब भी कायम है। गांधी के जाने के बाद गांधीवाद लाइब्रेरी और म्यूजियम में रखी जानेवाली चीज बन गया। लेकिन कांग्रेसी सरकारों द्वारा लगातार हाशिये पर डाले जाने की कोशिशों के बावजूद अंबेडकर दिलों में जिंदा रहे। उनकी लोकप्रियता बढ़ती चली गई। ये अलग बात है कि अंबेडकर एक प्रेरक व्यक्तित्व ज्यादा रहे, उनके राजनीतिक विचारों को समग्र रूप से समझकर उन्हें अमली जामा पहनाने के लिए बड़ी और संगठित लड़ाई उस तरह नहीं लड़ी गई जिस तरह लड़ी जानी चाहिए थी। अंबेडकरवाद के वारिस गांधी से अपनी राजनीतिक दुश्मनी आज तक निभा रहे हैं। कड़वाहट का आलम ये है कि अंबेडकरवादी गांधी से उस आरएसएस के मुकाबले कहीं ज्यादा नफरत करते हैं, जो आजादी के बाद से ब्राहणवादी विचारों का सबसे बड़ा प्रतिनिधि है।

राष्ट्रीय आंदोलन के दौर में अंबेडकर ने इससे अलग एक महान क्रांति का नेतृत्व किया। नस्लवाद के सबसे घृणित रूप यानी जाति व्यवस्था के खिलाफ उनकी लड़ाई को मानव मुक्ति के इतिहास की कुछेक सबसे कामयाब लड़ाइयों में से एक माना जा सकता है। दुनिया में शायद ही कोई ऐसा नेता होगा जिसकी एक अकेली कोशिश से सदियों से दबे-कुचले करोड़ो लोगो को उनके हक मिले। गांधी की लड़ाई अलग थी और अंबेडकर के मुकाबले कहीं ज्यादा जटिल थी। उन्हे कई-कई अंतर्विरोधों के साथ चलना था। कई

परस्पर विरोधी हित समूहों में तालमेल बिठाकर आगे बढ़ना था। गांधी ने भी अपनी लड़ाई बहुत कामयाबी से लड़ी और वो भी बिना समझौता किये। उन्होने भारत ही नहीं पूरी दुनिया को ये रास्ता दिखाया कि अगर आप सच की राह पर हैं और संकल्प साथ है, तो जीत मिलेगी ही।

गांधी की जरूरत क्यों?

सवाल ये है कि गांधी के बाद वैसी कोई लड़ाई दोबारा क्यों नहीं लड़ी गई। जवाब ये है कि ना तो नेतृत्व था, ना परिस्थितियां और ना इच्छाशक्ति। सारी लड़ाइयां छोटे मकसद की थी। किसी भी राजनीतिक समूह के पास कोई मोरल हाई ग्राउंड नहीं था, इसलिए गांधीवादी संघर्ष का वो मोमेंटम बरकरार नहीं रह पाया, जो आजादी से पहले तक था। लेकिन क्या गांधी अप्रसांगिक हो गये? बिल्कुल नहीं हुए। जिसने भी गांधी को याद किया, गांधी सचमुच मुन्नाभाई एमबीबीएस के बापू की तरह उसके सामने आये। आजाद भारत के इतिहास में इसके दो बड़े उदाहरण मिलते हैं। जयप्रकाश नारायण के नेतृत्व में इमरजेंसी के खिलाफ लड़ी गई लड़ाई मूलत: एक गांधीवादी लड़ाई थी, जो एक हद तक कामयाब रही। उसके बाद क्या हुआ यह बिलकुल सवाल है। दूसरा उदाहरण अन्ना हजारे के आंदोलन का है। भ्रष्टाचार के खिलाफ एक अहिंसक आंदोलन खड़ा हुआ और पूरे देश ने उसका समर्थन किया। बाद में अन्ना अलग हुए और बाकी आंदोलनकारियों ने आम आदमी पार्टी बना ली। ठीक है कि इन दोनों आंदोलनों से राजनीति और समाज ज्यादा नहीं बदले। लेकिन दोनों मौकों पर यह साफ हुआ कि गांधीवाद कोई किताबी चीज नहीं है। यह एक बहुत ताकतवर राजनीतिक हथियार है। लेकिन ये हथियार तभी कारगर होगा जब इसे सचमुच गांधीवादी तरीके से इस्तेमाल किया जाये। यानी आप सत्य के मार्ग पर हों, अहिंसा में आपकी आस्था हो और सबसे बड़ी बात ये है कि साध्य की प्राप्ति के लिए इस्तेमाल होनेवाले आपके साधन भी पवित्र हों।

गांधी का तरीका और अंबेडकर का विजन

अंबेडकरवाद पूरी तरह सत्य का मार्ग है। यह गांधीवाद की तरह बार-बार अहिंसा पर भले ही जोर ना देता हो, लेकिन मूलत: यह एक अहिंसक विचार है। यानी दो मुद्दों पर गांधी और अंबेडकरवाद में कोई फर्क नहीं है। अब रही तीसरी बात जो बहुत महत्त्वपूर्ण है। साध्य की प्राप्ति के लिए साधन की पवित्रता। यहां कहानी थोड़ी सी अलग है। अंबेडकर की आइयोलॉजी को एक सफल राजनीतिक प्रयोग में बदलने वाले कांशीराम कहते थे ना हम वामपंथी हैं, ना धर्मनिरपेक्षतावादी हैं, हम पूरी तरह अवसरवादी हैं। नजरिया बहुत साफ था। सत्ता में आये बिना कुछ भी बदलना संभव नहीं है और सत्ता हासिल करने के लिए अगर

समझौते करने पड़े तो भी कुछ गलत नहीं है। कांशीराम के इस विचार को उनकी राजनीतिक उत्तराधिकारी मायावती ने आगे बढ़ाया। सत्ता मिली भी, कुछ-कुछ बदला भी। लेकिन जो समझौते हुए उसने दलित राजनीति की धार कुंद कर दी। समझौते होने चाहिए थे या नहीं होने चाहिए, यह एक लंबी बहस का मुद्धा है। लेकिन इससे ज्यादा महत्त्वपूर्ण बात ये है कि अंबेडकर का समग्र राजनीतिक दर्शन पीछे छूट गया। भारत को लेकर उनका आइडिया किसी ने देश को ठीक से नहीं समझाया। किसी ने ये नहीं बताया कि अंबेडकर जितने जरूरी दलितों के लिए हैं, उतने ही जरूरी ओबीसी के लिए भी हैं। अंबेडकर के पास तर्कशक्ति से भरा जो वैज्ञानिक नजरिया था, वह गांधी के पास नहीं था। अंबेडकर के आइडियोलॉजी को अपनाकर ही भारत साझा दुख और साझ सुख पर आधारित एक प्रगतिशील देश बन सकता है। इस लड़ाई में गांधीवादी तरीका पूरी तरह कारगर हो सकता है।

महापुरुषों की हाईजैकिंग का खेल

गांधी आजादी के बाद जिस कांग्रेस को भंग किये जाने के पक्ष में थे, उसी कांग्रेस ने गांधी को हाईजैक कर लिया और धीरे-धीरे उन्हे तीन बंदरों के साथ खड़ी एक बूढ़ी प्रतिमा में बदल दिया। अब ऐसी ही तैयारी अंबेडकर को लेकर है लेकिन ये कारस्तानी कांग्रेस की नहीं बल्कि संघ परिवार की है। स्क्रिप्ट लिखी जा चुकी है और अमल शुरू हो चुका है। पहले चरण अंबेडकर को एक महान राष्ट्रवादी नेता बनाने का है। मूर्तियां लगाई जा रही हैं, मेमोरियल बनाये जा रहे हैं। जातिप्रथा से लेकर हिंदू धर्मशास्त्रों को लेकर उनके विचार धीरे-धीरे दबाये जा रहे हैं। ताज्जुब नहीं अगर अगले पांच या दस साल में अंबेडकर के मंदिर भी बन जाये। प्राण प्रतिष्ठा की जाये, ब्राहण पुजारी नियुक्त हों, मंत्रोचार के साथ अभिषेक हो और जय-जय के शोर में दलितों की आवाज पूरी तरह गुम हो जाये।

राजनीति जिस तरह की रास्ते पर चल पड़ी है, उसे देखते हुए भावी तस्वीर की कल्पना कठिन नहीं है। दलितों को कहीं पुचकारा जाएगा, कहीं पिटाई होगी। इनाम देकर ओबीसी एकता तोड़ी जाएगी। बहुजन विरोधी नीतियां जारी रहेंगी और मुसलमानों का निशाने पर होना तय है। राजनीतिक हिंदू गढ़ने की कोशिशों के रास्ते में जो भी आएगा उसे इसकी कीमत चुकानी पड़ेगी, यह बात पूरी तरह स्पष्ट है। ऐसे में हर जिम्मेदार नागरिक को थोड़ी ठहरकर यह सोचना होगा कि हम किस दिशा में जा रहे हैं। मुसलमानों समेत सभी जातीय समूहों को भी ये सोचना होगा कि उनकी राजनीति पर काई की मोटी परत क्यों जमी हुई है। धूल साफ करके निर्णायक लड़ाई के लिए एकजुट होना पड़ेगा। हिंसा की प्रतिध्वनियों के बीच गांधी की सत्य-अहिंसा और अंबेडकर के न्याय का एक साथ होना अपरिहार्य है।

(राकेश कायस्थ इलेक्ट्रॉनिक और प्रिंट मीडिया के वरिष्ठ पत्रकार हैं और इस समय मुंबई में रहकर लेखन करते हैं)

संविधान सभा में डॉ. भीमराव अंबेडकर का ऐतिहासिक भाषण

भारतीय संविधान के निर्माता भीमराव अंबेडकर ने यह भाषण नवंबर 1949 में नई दिल्ली में दिया था। 300 से ज्यादा सदस्यों वाली संविधान सभा की पहली बैठक 9 दिसंबर, 1946 को हुई थी।

भारतीय संविधान की प्रारूप निर्माण समिति के अध्यक्ष डॉ. भीमराव अंबेडकर ने यह भाषण औपचारिक रूप से अपना कार्य समाप्त करने से एक दिन पहले दिया था। उन्होंने जो चेतावनियां दीं- एक प्रजातंत्र में जन आंदोलनों का स्थान, करिश्माई नेताओं का अंधानुकरण और मात्र राजनीतिक प्रजातंत्र की सीमाएं- वे आज भी प्रासंगिक हैं।

महोदय, संविधान सभा के कार्य पर नजर डालते हुए 9 दिसंबर,1946 को हुई उसकी पहली बैठक के बाद अब दो वर्ष, ग्यारह महीने और सत्रह दिन हो जाएंगे। इस अवधि के दौरान संविधान सभा की कुल मिलाकर 11 बैठकें हुई हैं। इन 11 सत्रों में से छह उद्देश्य प्रस्ताव पास करने तथा मूलभूत अधिकारों पर, संघीय संविधान पर, संघ की शक्तियों पर, राज्यों के संविधान पर, अल्पसंख्यकों पर, अनुसूचित जातियों और अनुसूचित जनजातियों पर बनी समितियों की रिपोर्टों पर विचार करने में व्यतीत हुए। सातवें, आठवें, नौवें, दसवें और ग्यारहवें सत्र प्रारूप संविधान पर विचार करने के लिए उपयोग किए गए। संविधान सभा के इन 11 सत्रों में 165 दिन कार्य हुआ। इनमें से 114 दिन प्रारूप संविधान के विचारार्थ लगाए गए।

प्रारूप समिति की बात करें तो वह 29 अगस्त, 1947 को संविधान सभा द्वारा चुनी गई थी। उसकी पहली बैठक 30 अगस्त को हुई थी। 30 अगस्त से 141 दिनों तक वह प्रारूप संविधान तैयार करने में जुटी रही। प्रारूप समिति द्वारा आधार रूप में इस्तेमाल किए जाने के लिए संवैधानिक सलाहकार द्वारा बनाए गए प्रारूप संविधान में 243 अनुच्छेद और 13 अनुसूचियां थीं। प्रारूप समिति द्वारा संविधान सभा को पेश किए गए पहले

प्रारूप संविधान में 315 अनुच्छेद और आठ अनुसूचियां थीं। उस पर विचार किए जाने की अवधि के अंत तक प्रारूप संविधान में अनुच्छेदों की संख्या बढ़कर 386 हो गई थी। अपने अंतिम स्वरूप में प्रारूप संविधान में 395 अनुच्छेद और आठ अनुसूचियां हैं। प्रारूप संविधान में कुल मिलाकर लगभग 7,635 संशोधन प्रस्तावित किए गए थे। इनमें से कुल मिलाकर 2,473 संशोधन वास्तव में सदन के विचारार्थ प्रस्तुत किए गए।

मैं इन तथ्यों का उल्लेख इसलिए कर रहा हूं कि एक समय यह कहा जा रहा था कि अपना काम पूरा करने के लिए सभा ने बहुत लंबा समय लिया है और यह कि वह आराम से कार्य करते हुए सार्वजनिक धन का अपव्यय कर रही है। उसकी तुलना नीरो से की जा रही थी, जो रोम के जलने के समय वंशी बजा रहा था। क्या इस शिकायत का कोई औचित्य है? जरा देखें कि अन्य देशों की संविधान सभाओं ने, जिन्हें उनका संविधान बनाने के लिए नियुक्त किया गया था, कितना समय लिया।

कुछ उदाहरण लें तो अमेरिकन कन्वेंशन ने 25 मई, 1787 को पहली बैठक की और अपना कार्य 17 सितंबर, 1787 अर्थात चार महीनों के भीतर पूरा कर लिया। कनाडा की संविधान सभा की पहली बैठक 10 अक्टूबर, 1864 को हुई और दो वर्ष पांच महीने का समय लेकर मार्च 1867 में संविधान कानून बनकर तैयार हो गया। ऑस्ट्रेलिया की संविधान सभा मार्च 1891 में बैठी और नौ वर्ष लगाने के बाद नौ जुलाई, 1900 को संविधान कानून बन गया। दक्षिण अफ्रीका की सभा की बैठक अक्टूबर 1908 में हुई और एक वर्ष के श्रम के बाद 20 सितंबर, 1909 को संविधान कानून बन गया।

यह सच है कि हमने अमेरिकन या दक्षिण अफ्रीकी सभाओं की तुलना में अधिक समय लिया। परंतु हमने कनाडियन सभा से अधिक समय नहीं लिया और ऑस्ट्रेलियन सभा से तो बहुत ही कम। संविधान-निर्माण में समयावधियों की तुलना करते समय दो बातों का ध्यान रखना आवश्यक है। एक तो यह कि अमेरिका, कनाडा, दक्षिण अफ्रीका और ऑस्ट्रेलिया के संविधान हमारे संविधान के मुकाबले बहुत छोटे आकार के हैं। जैसाकि मैंने बताया, हमारे संविधान में 395 अनुच्छेद हैं, जबकि अमेरिकी संविधान में केवल 7 अनुच्छेद हैं, जिनमें से पहले चार सब मिलकर 21 धाराओं में विभाजित हैं। कनाडा के संविधान में 147, आस्ट्रेलियाई में 128 और दक्षिण अफ्रीकी में 153 धाराएं हैं।

याद रखने लायक दूसरी बात यह है कि अमेरिका, कनाडा, ऑस्ट्रेलिया और दक्षिण अफ्रीका के संविधान निर्माताओं को संशोधनों की समस्या का सामना नहीं करना पड़ा। वे जिस रूप में प्रस्तुत किए गए, वैसे ही पास हो गए। इसकी तुलना में इस संविधान सभा को 2,473 संशोधनों का निपटारा करना पड़ा। इन तथ्यों को ध्यान में रखते हुए विलंब के आरोप मुझे बिलकुल निराधार लगते हैं और इतने दुर्गम कार्य को इतने कम समय में पूरा करने के लिए यह सभा स्वयं को बधाई तक दे सकती है।

प्रारूप समिति द्वारा किए गए कार्य की गुणवत्ता की बात करें तो नजीरुद्दीन अहमद ने उसकी निंदा करने को अपना फर्ज समझा। उनकी राय में प्रारूप समिति द्वारा किया गया कार्य न तो तारीफ के काबिल है, बल्कि निश्चित रूप से औसत से कम दर्जे का है। प्रारूप समिति के कार्य पर सभी को अपनी राय रखने का अधिकार है और अपनी राय व्यक्त करने के लिए नजीरुद्दीन अहमद का ख्याल है कि प्रारूप समिति के किसी भी सदस्य के मुकाबले उनमें ज्यादा प्रतिभा है। प्रारूप समिति उनके इस दावे की चुनौती नहीं देना चाहती।

इस बात का दूसरा पहलू यह है कि यदि सभा ने उन्हें इस समिति में नियुक्त करने के काबिल समझा होता तो समिति अपने बीच उनकी उपस्थिति का स्वागत करती। यदि संविधान-निर्माण में उनकी कोई भूमिका नहीं थी तो निश्चित रूप से इसमें प्रारूप समिति का कोई दोष नहीं है। प्रारूप समिति के प्रति अपनी नफरत जताने के लिए नजीरुद्दीन ने उसे एक नया नाम दिया। वे उसे 'ड्रिलिंग कमेटी' कहते हैं। निस्संदेह नजीरुद्दीन अपने व्यंग्य पर खुश होंगे। परंतु यह साफ है कि वह नहीं जानते कि बिना कुशलता के बहने और कुशलता के साथ बहने में अंतर है।

यदि प्रारूप समिति ड्रिल कर रही थी तो ऐसा कभी नहीं था कि स्थिति पर उसकी पकड़ मजबूत न हो। वह केवल यह सोचकर पानी में कांटा नहीं डाल रही थी कि संयोग से मछली फंस जाए। उसे जाने-पहचाने पानी में लक्षित मछली की तलाश थी। किसी बेहतर चीज की तलाश में रहना प्रवाह में बहना नहीं है।

यद्यपि नजीरुद्दीन ऐसा कहकर प्रारूप समिति की तारीफ करना नहीं चाहते थे, मैं इसे तारीफ के रूप में ही लेता हूं। समिति को जो संशोधन दोषपूर्ण लगे, उन्हें वापस लेने और उनके स्थान पर बेहतर संशोधन प्रस्तावित करने की ईमानदारी और साहस न दिखाया होता तो वह अपना कर्तव्य-पालन न करने और मिथ्याभिमान की दोषी होती। यदि यह एक गलती थी तो मुझे खुशी है कि प्रारूप समिति ने ऐसी गलतियों को स्वीकार करने में संकोच नहीं किया और उन्हें ठीक करने के लिए कदम उठाए।

यह देखकर मुझे प्रसन्नता होती है कि प्रारूप समिति द्वारा किए गए कार्य की प्रशंसा करने में एक अकेले सदस्य को छोड़कर संविधान सभा के सभी सदस्य एकमत थे। मुझे विश्वास है कि अपने श्रम की इतनी सहज और उदार प्रशंसा से प्रारूप समिति को प्रसन्नता होगी। सभा के सदस्यों और प्रारूप समिति के मेरे सहयोगियों द्वारा मुक्त कंठ से मेरी जो प्रशंसा की गई है, उससे मैं इतना अभिभूत हो गया हूं कि अपनी कृतज्ञता व्यक्त करने के लिए मेरे पास पर्याप्त शब्द नहीं हैं। संविधान सभा में आने के पीछे मेरा उद्देश्य अनुसूचित जातियों के हितों की रक्षा करने से अधिक कुछ नहीं था।

मुझे दूर तक यह कल्पना नहीं थी कि मुझे अधिक उत्तरदायित्वपूर्ण कार्य सौंपा जाएगा। इसीलिए, उस समय मुझे घोर आश्चर्य हुआ, जब सभा ने मुझे प्रारूप समिति के लिए चुन लिया। जब प्रारूप समिति ने मुझे उसका अध्यक्ष निर्वाचित किया तो मेरे लिए यह आश्चर्य से भी परे था। प्रारूप समिति में मेरे मित्र सर अल्लादि कृष्णास्वामी अय्यर जैसे मुझसे भी बड़े, श्रेष्ठतर और अधिक कुशल व्यक्ति थे। मुझ पर इतना विश्वास रखने, मुझे अपना माध्यम बनाने एवं देश की सेवा का अवसर देने के लिए मैं संविधान सभा और प्रारूप समिति का अनुगृहीत हूं।

जो श्रेय मुझे दिया गया है, वास्तव में उसका हकदार मैं नहीं हूं। वह श्रेय संविधान सभा के संवैधानिक सलाहकार सर बी.एन. राव को जाता है, जिन्होंने प्रारूप समिति के विचारार्थ संविधान का एक सच्चा प्रारूप तैयार किया। श्रेय का कुछ भाग प्रारूप समिति के सदस्यों को भी जाना चाहिए जिन्होंने, जैसे कि मैंने कहा, 141 बैठकों में भाग लिया और नए फॉर्मूले बनाने में जिनकी दक्षता तथा विभिन्न दृष्टिकोणों को स्वीकार करके उन्हें समाहित करने की सामर्थ्य के बिना संविधान-निर्माण का कार्य सफलता की सीढ़ियां नहीं चढ़ सकता था।

श्रेय का एक बड़ा भाग संविधान के मुख्य ड्राफ्ट्समैन एस.एन. मुखर्जी को जाना चाहिए। वह सभा के लिए एक संपदा रहे हैं। जटिलतम प्रस्तावों को उनकी सहायता के बिना संविधान को अंतिम रूप देने में सभा को कई वर्ष और लग जाते। मुझे मुखर्जी के अधीन कार्यरत कर्मचारियों का उल्लेख करना नहीं भूलना चाहिए, क्योंकि मैं जानता हूं कि उन्होंने कितनी बड़ी मेहनत की है और कितना समय, कभी-कभी तो आधी रात से भी अधिक समय दिया है। मैं उन सभी के प्रयासों और सहयोग के लिए उन्हें धन्यवाद देना चाहता हूं।

यदि यह संविधान सभा भानुमति का कुनबा होती, एक बिना सीमेंट वाला कच्चा फुटपाथ, जिसमें एक काला पत्थर यहां और एक सफेद पत्थर वहां लगा होता और उसमें प्रत्येक सदस्य या गुट अपनी मनमानी करता तो प्रारूप समिति का कार्य बहुत कठिन हो जाता। तब अव्यवस्था के सिवाय कुछ न होता। अव्यवस्था की संभावना सभा के भीतर कांग्रेस पार्टी की उपस्थिति से शून्य हो गई, जिसने उसकी कार्रवाईयों में व्यवस्था और अनुशासन पैदा कर दिया। यह कांग्रेस पार्टी के अनुशासन का ही परिणाम था कि प्रारूप समिति के प्रत्येक अनुच्छेद और संशोधन की नियति के प्रति आश्वस्त होकर उसे सभा में प्रस्तुत कर सकी। इसीलिए सभा में प्रारूप संविधान के सुगमता से पारित हो जाने का सारा श्रेय कांग्रेस पार्टी को जाता है।

यदि इस संविधान सभा के सभी सदस्य पार्टी अनुशासन के आगे घुटने टेक देते तो उसकी कार्रवाइयां बहुत फीकी होतीं। अपनी संपूर्ण कठोरता में पार्टी अनुशासन सभा को

जी-हुजूरियों के जमावड़े में बदल देता। सौभाग्यवश, उसमें विद्रोही भी थे। वे थे कामत, डॉ. पी.एस. देशमुख, सिधवा, प्रो. सक्सेना और पं. ठाकुरदास भार्गव। इनके साथ मुझे प्रो. के.टी. शाह और पं. हृदयनाथ कुंजरू का भी उल्लेख करना चाहिए। उन्होंने जो बिंदु उठाए, उनमें से अधिकांश विचारात्मक थे।

यह बात कि मैं उनके सुझावों को मानने के लिए तैयार नहीं था, उनके सुझावों की महत्ता को कम नहीं करती और न सभा की कार्रवाइयों को जानदार बनाने में उनके योगदान को कम आंकती है। मैं उनका कृतज्ञ हूं। उनके बिना मुझे संविधान के मूल सिद्धांतों की व्याख्या करने का अवसर न मिलता, जो संविधान को यंत्रवत पारित करा लेने से अधिक महत्त्वपूर्ण था।

और अंत में, राष्ट्रपति महोदय, जिस तरह आपने सभा की कार्रवाई का संचालन किया है, उसके लिए मैं आपको धन्यवाद देता हूं। आपने जो सौजन्य और समझ सभा के सदस्यों के प्रति दर्शाई है वे उन लोगों द्वारा कभी भुलाई नहीं जा सकती, जिन्होंने इस सभा की कार्रवाईयों में भाग लिया है। ऐसे अवसर आए थे, जब प्रारूप समिति के संशोधन ऐसे आधारों पर अस्वीकृत किए जाने थे, जो विशुद्ध रूप से तकनीकी प्रकृति के थे। मेरे लिए वे क्षण बहुत आकुलता से भरे थे, इसलिए मैं विशेष रूप से आपका आभारी हूं कि आपने संविधान-निर्माण के कार्य में यांत्रिक विधिवादी रवैया अपनाने की अनुमति नहीं दी।

संविधान का जितना बचाव किया जा सकता था, वह मेरे मित्रों सर अल्लादि कृष्णास्वामी अय्यर और टी.टी. कृष्णमाचारी द्वारा किया जा चुका है, इसलिए मैं संविधान की खूबियों पर बात नहीं करूंगा। क्योंकि मैं समझता हूं कि संविधान चाहे जितना अच्छा हो, वह बुरा साबित हो सकता है, यदि उसका अनुसरण करने वाले लोग बुरे हों।

एक संविधान चाहे जितना बुरा हो, वह अच्छा साबित हो सकता है, यदि उसका पालन करने वाले लोग अच्छे हों। संविधान की प्रभावशीलता पूरी तरह उसकी प्रकृति पर निर्भर नहीं है। संविधान केवल राज्य के अंगों - जैसे विधायिका, कार्यपालिका और न्यायपालिका - का प्रावधान कर सकता है। राज्य के इन अंगों का प्रचालन जिन तत्वों पर निर्भर है, वे हैं जनता और उनकी आकांक्षाओं तथा राजनीति को संतुष्ट करने के उपकरण के रूप में उनके द्वारा गठित राजनीतिक दल।

यह कौन कह सकता है कि भारत की जनता और उनके दल किस तरह का आचरण करेंगे? अपने उद्देश्यों की पूर्ति के लिए क्या वे संवैधानिक तरीके इस्तेमाल करेंगे या उनके लिए क्रांतिकारी तरीके अपनाएंगे? यदि वे क्रांतिकारी तरीके अपनाते हैं तो संविधान चाहे जितना अच्छा हो, यह बात कहने के लिए किसी ज्योतिषी की आवश्यकता नहीं कि वह असफल रहेगा। इसलिए जनता और उनके राजनीतिक दलों की संभावित भूमिका को ध्यान में रखे बिना संविधान पर कोई राय व्यक्त करना उपयोगी नहीं है।

संविधान की निंदा मुख्य रूप से दो दलों द्वारा की जा रही है - कम्युनिस्ट पार्टी और सोशलिस्ट पार्टी। वे संविधान की निंदा क्यों करते हैं? क्या इसलिए कि वह वास्तव में एक बुरा संविधान है? मैं कहूंगा, नहीं। कम्युनिस्ट पार्टी सर्वहारा की तानाशाही के सिद्धांत पर आधारित संविधान चाहती है। वे संविधान की निंदा इसलिए करते हैं कि वह संसदीय लोकतंत्र पर आधारित है। सोशलिस्ट दो बातें चाहते हैं। पहली तो वे चाहते हैं कि संविधान यह व्यवस्था करे कि जब वे सत्ता में आएं तो उन्हें इस बात की आजादी हो कि वे मुआवजे का भुगतान किए बिना समस्त निजी संपत्ति का राष्ट्रीयकरण या सामाजिकरण कर सकें। सोशलिस्ट जो दूसरी चीज चाहते हैं, वह यह है कि संविधान में दिए गए मूलभत अधिकार असीमित होने चाहिए, ताकि यदि उनकी पार्टी सत्ता में आने में असफल रहती है तो उन्हें इस बात की आजादी हो कि वे न केवल राज्य की निंदा कर सकें, बल्कि उसे उखाड़ फेंकें।

मुख्य रूप से ये ही वे आधार हैं, जिन पर संविधान की निंदा की जा रही है। मैं यह नहीं कहता कि संसदीय प्रजातंत्र राजनीतिक प्रजातंत्र का एकमात्र आदर्श स्वरूप है। मैं यह नहीं कहता कि मुआवजे का भुगतान किए बिना निजी संपत्ति अधिगृहीत न करने का सिद्धांत इतना पवित्र है कि उसमें कोई बदलाव नहीं किया जा सकता। मैं यह भी नहीं कहता कि मौलिक अधिकार कभी असीमित नहीं हो सकते और उन पर लगाई गई सीमाएं कभी हटाई नहीं जा सकतीं। मैं जो कहता हूं, वह यह है कि संविधान में अंतर्निहित सिद्धांत वर्तमान पीढ़ी के विचार हैं। यदि आप इसे अत्युक्ति समझें तो मैं कहूंगा कि वे संविधान सभा के सदस्यों के विचार हैं। उन्हें संविधान में शामिल करने के लिए प्रारूप समिति को क्यों दोष दिया जाए? मैं तो कहता हूं कि संविधान सभा के सदस्यों को भी क्यों दोष दिया जाए? इस संबंध में महान अमेरिकी राजनेता जेफरसन ने बहुत सारगर्भित विचार व्यक्त किए हैं, कोई भी संविधान-निर्माता जिनकी अनदेखी नहीं कर सकते।

एक स्थान पर उन्होंने कहा है- हम प्रत्येक पीढ़ी को एक निश्चित राष्ट्र मान सकते हैं, जिसे बहुमत की मंशा के द्वारा स्वयं को प्रतिबंधित करने का अधिकार है; परंतु जिस तरह उसे किसी अन्य देश के नागरिकों को प्रतिबंधित करने का अधिकार नहीं है, ठीक उसी तरह भावी पीढ़ियों को बांधने का अधिकार भी नहीं है।

एक अन्य स्थान पर उन्होंने कहा है- "राष्ट्र के उपयोग के लिए जिन संस्थाओं की स्थापना की गई, उन्हें अपने कृत्यों के लिए उत्तरदायी बनाने के लिए भी उनके संचालन के लिए नियुक्त लोगों के अधिकारों के बारे में भ्रांत धारणाओं के अधीन यह विचार कि उन्हें छेड़ा या बदला नहीं जा सकता, एक निरंकुश राजा द्वारा सत्ता के दुरुपयोग के खिलाफ एक सराहनीय प्रावधान हो सकता है, परंतु राष्ट्र के लिए वह बिल्कुल बेतुका है। फिर भी हमारे अधिवक्ता और धर्मगुरु यह मानकर इस सिद्धांत को लोगों के गले उतारते हैं कि पिछली पीढ़ियों की समझ हमसे कहीं अच्छी थी। उन्हें वे कानून हम पर थोपने का अधिकार था,

जिन्हें हम बदल नहीं सकते थे और उसी प्रकार हम भी ऐसे कानून बनाकर उन्हें भावी पीढ़ियों पर थोप सकते हैं, जिन्हें बदलने का उन्हें भी अधिकार नहीं होगा। सारांश यह कि धरती पर मृत व्यक्तियों का हक है, जीवित व्यक्तियों का नहीं।"

मैं यह स्वीकार करता हूं कि जो कुछ जेफरसन ने कहा, वह केवल सच ही नहीं, परम सत्य है। इस संबंध में कोई संदेह हो ही नहीं सकता। यदि संविधान सभा ने जेफरसन के उस सिद्धांत से भिन्न रुख अपनाया होता तो वह निश्चित रूप से दोष बल्कि निंदा की भागी होती। परंतु मैं पूछता हूं कि क्या उसने सचमुच ऐसा किया है? इससे बिल्कुल विपरीत। कोई केवल संविधान के संशोधन संबंधी प्रावधान की जांच करें। सभा न केवल कनाडा की तरह संविधान संशोधन संबंधी जनता के अधिकार को नकारने के जरिए या ऑस्ट्रेलिया की तरह संविधान संशोधन को असाधारण शर्तों की पूर्ति के अधीन बनाकर उस पर अंतिमता और अमोघता की मुहर लगाने से बची है, बल्कि उसने संविधान संशोधन की प्रक्रिया को सरलतम बनाने के प्रावधान भी किए हैं।

मैं संविधान के किसी भी आलोचक को यह साबित करने की चुनौती देता हूं कि भारत में आज बनी हुई स्थितियों जैसी स्थितियों में दुनिया की किसी संविधान सभा ने संविधान संशोधन की इतनी सुगम प्रक्रिया के प्रावधान किए हैं! जो लोग संविधान से असंतुष्ट हैं, उन्हें केवल दो-तिहाई बहुमत भी प्राप्त करना है और वयस्क मताधिकार के आधार पर यदि वे संसद में दो-तिहाई बहुमत भी प्राप्त नहीं कर सकते तो संविधान के प्रति उनके असंतोष को जन-समर्थन प्राप्त है, ऐसा नहीं माना जा सकता।

संवैधानिक महत्त्व का केवल एक बिंदु ऐसा है, जिस पर मैं बात करना चाहूंगा। इस आधार पर गंभीर शिकायत की गई है कि संविधान में केंद्रीयकरण पर बहुत अधिक बल दिया गया है और राज्यों की भूमिका नगरपालिकाओं से अधिक नहीं रह गई है। यह स्पष्ट है कि यह दृष्टिकोण न केवल अतिशयोक्तिपूर्ण है बल्कि संविधान के अभिप्रायों के प्रति भ्रांत धारणाओं पर आधारित है। जहां तक केंद्र और राज्यों के बीच संबंध का सवाल है, उसके मूल सिद्धांत पर ध्यान देना आवश्यक है। संघवाद का मूल सिद्धांत यह है कि केंद्र और राज्यों के बीच विधायी और कार्यपालक शक्तियों का विभाजन केंद्र द्वारा बनाए गए किसी कानून के द्वारा नहीं बल्कि स्वयं संविधान द्वारा किया जाता है। संविधान की व्यवस्था इस प्रकार है।

हमारे संविधान के अंतर्गत अपनी विधायी या कार्यपालक शक्तियों के लिए राज्य किसी भी तरह से केंद्र पर निर्भर नहीं है। इस विषय में केंद्र और राज्य समानाधिकारी हैं। यह समस्या कठिन है कि ऐसे संविधान को केंद्रवादी कैसे कहा जा सकता है। यह संभव है कि संविधान किसी अन्य संघीय संविधान के मुकाबले विधायी और कार्यपालक प्राधिकार

के उपयोग के विषय में केंद्र के लिए कहीं अधिक विस्तृत क्षेत्र निर्धारित करता हो। यह भी संभव है कि अवशिष्ट शक्तियां केंद्र को दी गई हो, राज्यों को नहीं। परंतु ये व्यवस्थाएं संघवाद का मर्म नहीं है। जैसा मैंने कहा, संघवाद का प्रमुख लक्षण केंद्र और इकाइयों के बीच विधायी और कार्यपालक शक्तियों का संविधान द्वारा किया गया विभाजन है।

यह सिद्धांत हमारे संविधान में सन्निहित है। इस संबंध में कोई भूल नहीं हो सकती। इसलिए, यह कल्पना गलत होगा कि राज्यों को केंद्र के अधीन रखा गया है। केंद्र अपनी ओर से इस विभाजन की सीमा-रेखा को परिवर्तित नहीं कर सकता और न न्यायपालिका ऐसा कर सकती है। क्योंकि, जैसा बहुत सटीक रूप से कहा गया है-

"अदालतें मामूली हेर-फेर कर सकती हैं, प्रतिस्थापित नहीं कर सकतीं। वे पूर्व व्याख्याओं को नए तर्कों का स्वरूप दे सकती हैं, नए दृष्टिकोण प्रस्तुत कर सकती हैं, वे सीमांत मामलों में विभाजक रेखा को थोड़ा खिसका सकती हैं, परंतु ऐसे अवरोध हैं, जिन्हें वे पार नहीं कर सकती, शक्तियों का सुनिश्चित निर्धारण है, जिन्हें वे पुनरावंटित नहीं कर सकतीं। वे वर्तमान शक्तियों का क्षेत्र बढ़ा सकती हैं, परंतु एक प्राधिकारी को स्पष्ट रूप से प्रदान की गई शक्तियों को किसी अन्य प्राधिकारी को हस्तांतरित नहीं कर सकतीं।" इसलिए, संघवाद को कमजोर बनाने का पहला आरोप स्वीकार्य नहीं है।

दूसरा आरोप यह है कि केंद्र को ऐसी शक्तियां प्रदान की गई हैं, जो राज्यों की शक्तियों का अतिक्रमण करती हैं। यह आरोप स्वीकार किया जाना चाहिए। परंतु केंद्र की शक्तियों को राज्य की शक्तियों से ऊपर रखने वाले प्रावधानों के लिए संविधान की निंदा करने से पहले कुछ बातों को ध्यान में रखना चाहिए। पहली यह कि इस तरह की अभिभाविका शक्तियां संविधान के सामान्य स्वरूप का अंग नहीं हैं। उनका उपयोग और प्रचालन स्पष्ट रूप से आपातकालीन स्थितियों तक सीमित किया गया है।

ध्यान में रखने योग्य दूसरी बात है- आपातकालीन स्थितियों से निपटने के लिए क्या हम केंद्र को अभिभाविका शक्तियां देने से बच सकते हैं? जो लोग आपातकालीन स्थितियों में भी केंद्र को ऐसी अभिभाविका शक्तियां दिए जाने के पक्ष में नहीं हैं वे इस विषय के मूल में छिपी समस्या से ठीक से अवगत प्रतीत नहीं होते। इस समस्या का सुविख्यात पत्रिका; 'द राउंड टेबल' के दिसंबर 1935 के अंक में एक लेखक द्वारा इतनी स्पष्टता से बचाव किया गया है कि मैं उसमें से यह उद्धरण देने के लिए क्षमाप्रार्थी नहीं हूं। लेखक कहते हैं- "राजनीतिक प्रणालियां इस प्रश्न पर अवलंबित अधिकारों और कर्तव्यों का एक मिश्रण हैं कि एक नागरिक किस व्यक्ति या किस प्राधिकारी के प्रति निष्ठावान रहे।"

सामान्य क्रियाकलापों में यह प्रश्न नहीं उठता, क्योंकि सुचारु रूप से अपना कार्य करता है और एक व्यक्ति अमुक मामलों में एक प्राधिकारी और अन्य मामलों में किसी अन्य प्राधिकारी के आदेश का पालन करता हुआ अपने काम निपटाता है। परंतु एक

आपातकालीन स्थिति में प्रतिद्वंद्वी दावे पेश किए जा सकते हैं और ऐसी स्थिति में यह स्पष्ट है कि अंतिम प्राधिकारी के प्रति निष्ठा अविभाज्य है। निष्ठा का मुद्दा अंतत: संविधियों की न्यायिक व्याख्याओं से निर्णीत नहीं किया जा सकता। कानून को तथ्यों से समीचीन होना चाहिए, अन्यथा वह प्रभावी नहीं होगा। यदि सारी प्रक्रियात्मक औपचारिकताओं को एक तरफ कर दिया जाए तो मेरा प्रश्न यह होगा कि कौन सा प्राधिकारी एक नागरिक की अवशिष्ट निष्ठा का हकदार है। वह केंद्र है या संविधान या राज्य?''

इस समस्या का समाधान इस सवाल, जो कि समस्या का मर्म है, के उत्तर पर निर्भर है। इसमें कोई संदेह नहीं कि अधिकांश लोगों की राय में एक आपातकालीन स्थिति में नागरिक को अवशिष्ट निष्ठा अंगभूत राज्यों के बजाय केंद्र को निर्देशित होनी चाहिए, क्योंकि वह केंद्र ही है, जो सामूहिक उद्देश्य और संपूर्ण देश के सामान्य हितों के लिए कार्य कर सकता है। एक आपातकालीन स्थिति में केंद्र की अभिभाविका शक्तियां प्रदान करने का यही औचित्य है। वैसे भी, इन आपातकालीन शक्तियों से अंगभूत राज्यों पर कौन सा दायित्व थोपा गया है कि एक आपातकालीन स्थिति में उन्हें अपने स्थानीय हितों के साथ-साथ संपूर्ण राष्ट्र के हितों और मतों का भी ध्यान रखना चाहिए- इससे अधिक कुछ नहीं। केवल वही लोग, जो इस समस्या को समझे नहीं हैं, उसके खिलाफ शिकायत कर सकते हैं।

यहां पर मैं अपनी बात समाप्त कर देता, परंतु हमारे देश के भविष्य के बारे में मेरा मन इतना परिपूर्ण है कि मैं महसूस करता हूं, उस पर अपने कुछ विचारों को आपके सामने रखने के लिए इस अवसर का उपयोग करूं। 26 जनवरी, 1950 को भारत एक स्वतंत्र राष्ट्र होगा। (करतल ध्वनि) उसकी स्वतंत्रता का भविष्य क्या है? क्या वह अपनी स्वतंत्रता बनाए रखेगा या उसे फिर खो देगा? मेरे मन में आने वाला यह पहला विचार है। यह बात नहीं है कि भारत कभी एक स्वतंत्र देश नहीं था। विचार बिंदु यह है कि जो स्वतंत्रता उसे उपलब्ध थी, उसे उसने एक बार खो दिया था। क्या वह उसे दूसरी बार खो देगा? यही विचार है जो मुझे भविष्य को लेकर बहुत चिंतित कर देता है। यह तथ्य मुझे और भी व्यथित करता है कि न केवल भारत ने पहले एक बार स्वतंत्रता खोई है, बल्कि अपने ही कुछ लोगों के विश्वासघात के कारण ऐसा हुआ है।

सिंध पर हुए मोहम्मद-बिन-कासिम के हमले में राजा दाहिर के सैन्य अधिकारियों ने मुहम्मद-बिन-कासिम के दलालों से रिश्वत लेकर अपने राजा के पक्ष में लड़ने से इनकार कर दिया था। वह जयचंद ही था, जिसने भारत पर हमला करने एवं पृथ्वीराज से लड़ने के लिए मुहम्मद गोरी को आमंत्रित किया था और उसे अपनी व सोलंकी राजाओं को मदद का आश्वासन दिया था। जब शिवाजी हिंदुओं की मुक्ति के लिए लड़ रहे थे, तब कोई मराठा सरदार और राजपूत राजा मुगल शहंशाह की ओर से लड़ रहे थे।

जब ब्रिटिश सिख शासकों को समाप्त करने की कोशिश कर रहे थे तो उनका मुख्य सेनापति गुलाब सिंह चुप बैठा रहा और उसने सिख राज्य को बचाने में उनकी सहायता नहीं की। सन् 1857 में जब भारत के एक बड़े भाग में ब्रिटिश शासन के खिलाफ स्वातंत्र्य युद्ध की घोषणा की गई थी तब सिख इन घटनाओं को मूक दर्शकों की तरह खड़े देखते रहे। क्या इतिहास स्वयं को दोहराएगा? यह वह विचार है, जो मुझे चिंता से भर देता है। इस तथ्य का एहसास होने के बाद यह चिंता और भी गहरी हो जाती है कि जाति व धर्म के रूप में हमारे पुराने शत्रुओं के अतिरिक्त हमारे यहां विभिन्न और विरोधी विचारधाराओं वाले राजनीतिक दल होंगे। क्या भारतीय देश को अपने मताग्रहों से ऊपर रखेंगे या उन्हें देश से ऊपर समझेंगे? मैं नहीं जानता। परंतु यह तय है कि यदि पार्टियां अपने मताग्रहों को देश से ऊपर रखेंगे तो हमारी स्वतंत्रता संकट में पड़ जाएगी और संभवत: वह हमेशा के लिए खो जाए।

हम सबको दृढ़ संकल्प के साथ इस संभावना से बचना है। हमें अपने खून की आखिरी बूंद तक अपनी स्वतंत्रता की रक्षा करनी है (करतल ध्वनि)। 26 जनवरी, 1950 को भारत इस अर्थ में एक प्रजातांत्रिक देश बन जाएगा कि उस दिन से भारत में जनता की जनता द्वारा और जनता के लिए बनी एक सरकार होगी। यही विचार मेरे मन में आता है। उसके प्रजातांत्रिक संविधान का क्या होगा? क्या वह उसे बनाए रखेगा या उसे फिर से खो देगा? मेरे मन में आने वाला यह दूसरा विचार है और यह भी पहले विचार जितना ही चिंताजनक है।

यह बात नहीं है कि भारत ने कभी प्रजातंत्र को जाना ही नहीं। एक समय था, जब भारत गणतंत्रों से भरा हुआ था और जहां राजसत्ताएं थीं वहां भी या तो वे निर्वाचित थीं या सीमित। वे कभी भी निरंकुश नहीं थीं। यह बात नहीं है कि भारत संसदों या संसदीय क्रियाविधि से परिचित नहीं था। बौद्ध भिक्षु संघों के अध्ययन से यह पता चलता है कि न केवल संसदें- क्योंकि संघ संसद के सिवाय कुछ नहीं थे- थीं बल्कि संघ संसदीय प्रक्रिया के उन सब नियमों को जानते और उनका पालन करते थे, जो आधुनिक युग में सर्वविदित है।

सदस्यों के बैठने की व्यवस्था, प्रस्ताव रखने, कोरम व्हिप, मतों की गिनती, मतपत्रों द्वारा वोटिंग, निंदा प्रस्ताव, नियमितीकरण आदि संबंधी नियम चलन में थे। यद्यपि संसदीय प्रक्रिया संबंधी ये नियम बुद्ध ने संघों की बैठकों पर लागू किए थे, उन्होंने इन नियमों को उनके समय में चल रही राजनीतिक सभाओं से प्राप्त किया होगा। भारत ने यह प्रजातांत्रिक प्रणाली खो दी। क्या वह दूसरी बार उसे खोएगा? मैं नहीं जानता, परंतु भारत जैसे देश में यह बहुत संभव है- जहां लंबे समय से उसका उपयोग न किए जाने को उसे एक बिलकुल नई चीज समझा जा सकता है- कि तानाशाही प्रजातंत्र का स्थान ले ले। इस नवजात प्रजातंत्र के लिए यह बिलकुल संभव है कि वह आवरण प्रजातंत्र का बनाए रखे, परंतु वास्तव में वह तानाशाही हो।

चुनाव में महाविजय की स्थिति में दूसरी संभावना के यथार्थ बनने का खतरा अधिक है। प्रजातंत्र को केवल बाह्य स्वरूप में ही नहीं बल्कि वास्तव में बनाए रखने के लिए हमें क्या करना चाहिए? मेरी समझ से, हमें पहला काम यह करना चाहिए कि अपने सामाजिक और आर्थिक लक्ष्यों को प्राप्त करने के लिए निष्ठापूर्वक संवैधानिक उपायों का ही सहारा लेना चाहिए। इसका अर्थ है, हमें क्रांति का खूनी रास्ता छोड़ना होगा। इसका अर्थ है कि हमें सविनय अवज्ञा आंदोलन, असहयोग और सत्याग्रह के तरीके छोड़ने होंगे। जब आर्थिक और सामाजिक लक्ष्यों को प्राप्त करने का कोई संवैधानिक उपाय न बचा हो, तब असंवैधानिक उपाय उचित जान पड़ते हैं। परंतु जहां संवैधानिक उपाय खुले हों, वहां इन असंवैधानिक उपायों का कोई औचित्य नहीं है।

ये तरीके अराजकता के व्याकरण के सिवाय कुछ भी नहीं हैं और जितनी जल्दी इन्हें छोड़ दिया जाए, हमारे लिए उतना ही अच्छा है। दूसरी चीज जो हमें करनी चाहिए, वह है जॉन स्टुअर्ट मिल की उस चेतावनी को ध्यान में रखना, जो उन्होंने उन लोगों को दी है, जिन्हें प्रजातंत्र को बनाए रखने में दिलचस्पी है, अर्थात "अपनी स्वतंत्रता को एक महानायक के चरणों में भी समर्पित न करें या उस पर विश्वास करके उसे इतनी शक्तियां प्रदान न कर दें कि वह संस्थाओं को नष्ट करने में समर्थ हो जाए।"

उन महान व्यक्तियों के प्रति कृतज्ञता व्यक्त करने में कुछ गलत नहीं है, जिन्होंने जीवनपर्यंत देश की सेवा की हो। परंतु कृतज्ञता की भी कुछ सीमाएं हैं। जैसा कि आयरिश देशभक्त डेनियल ओ कॉमेल ने खूब कहा है, "कोई पुरूष अपने सम्मान की कीमत पर कृतज्ञ नहीं हो सकता, कोई महिला अपने सतीत्व की कीमत पर कृतज्ञ नहीं हो सकती और कोई राष्ट्र अपनी स्वतंत्रता की कीमत पर कृतज्ञ नहीं हो सकता।" यह सावधानी किसी अन्य देश के मुकाबले भारत के मामले में अधिक आवश्यक है, क्योंकि भारत में भक्ति या नायक-पूजा उसकी राजनीति में जो भूमिका अदा करती है, उस भूमिका के परिणाम के मामले में दुनिया का कोई देश भारत की बराबरी नहीं कर सकता। धर्म के क्षेत्र में भक्ति आत्मा की मुक्ति का मार्ग हो सकता है, परंतु राजनीति में भक्ति या नायक पूजा पतन और अंतत: तानाशाही का सीधा रास्ता है।

तीसरी चीज जो हमें करनी चाहिए, वह है कि मात्र राजनीतिक प्रजातंत्र पर संतोष न करना। हमें हमारे राजनीतिक प्रजातंत्र को एक सामाजिक प्रजातंत्र भी बनाना चाहिए। जब तक उसे सामाजिक प्रजातंत्र का आधार न मिले, राजनीतिक प्रजातंत्र चल नहीं सकता। सामाजिक प्रजातंत्र का अर्थ क्या है? वह एक ऐसी जीवन-पद्धति है जो स्वतंत्रता, समानता और बंधुत्व को जीवन के सिद्धांतों के रूप में स्वीकार करती है।

(गांधी स्मृति एवं दर्शन समिति, राजघाट से प्रकाशित अनासक्ति दर्शन के जनवरी-जून 2019, गांधी-आम्बेडकर अंक से साभार)

जानिए पूना पैक्ट क्या है?

24 सितंबर, साल 1932 के दिन पुणे के यरवदा जेल में दलितों के मसीहा माने जाने वाले भीमराव अंबेडकर जी को गांधी जी के अनशन के सामने झुकना पड़ा था और फिर दोनों के बीच समझौता हुआ था, जो कि पूना पैक्ट के नाम से जाना गया।

इसके माध्यम से देश के निम्न एवं दलित वर्ग को उनके अधिकार दिए गए थे। पूना पैक्ट, वो था, जिसनें दलित और शोषित वर्ग को काफी प्रभावित किया। वहीं पूना पैक्ट के बारे में यह भी कहा जाता है कि भीमराव अंबेडकर जी ने बिना मन से इस पैक्ट पर अपने हस्ताक्षर किए थे।

दरअसल, बाबा साहेब भीमराव अंबेडकर गोलमेज सम्मेलन से जो अधिकार दलित और निम्न वर्ग के लिए लेकर आए थे। गांधी जी ने उन अधिकारों के खिलाफ भूख हड़ताल कर दी और इन अधिकारों को रद्द करने की मांग कर डाली थी। तो आइए जानते पूना पैक्ट और इसकी शर्तों के बारे में-

जानिए पूना पैक्ट क्या है?

आजादी मिलने से कई साल पहले 1908 में दलित और शोषित तबके को अधिकार दिलाने के लिए अंग्रेजों ने अपने शासनकाल में कम हिस्सेदारी वाली जातियों को बढ़ाने की कोशिशें शुरु कर दी थीं, हालांकि अंग्रेजों को ऐसा करने के पीछे यह भी माना जाता है कि, वे ऐसा कर हिन्दू धर्म को बांटने की साजिश रच रहे थे।

इसके बाद ब्रिटिश सरकार के समय भारत सरकार अधिनियम पारित किया गया। जिसके तहत दलित, कमजोर और शोषित वर्ग के लिए आरक्षण देने का प्रावधान किया गया।

वहीं बाबा साहेब भीमराव अंबेडकर के अथक प्रयासों के कारण ब्रिटिश सरकार ने उस दौरान अलग-अलग जाति और धर्मों के लिए कम्यूनल अवॉर्ड देने की पहल की। साल 1924 में आई एक रिपोर्ट के बाद दलित वर्ग के प्रतिनिधित्व देने की बात कही गई।

जिसके बाद साल 1928 में साइमन कमीशन ने देश के दलित और शोषित वर्ग को पर्याप्त प्रतिनिधित्व देने की बात स्वीकार कर ली और फिर इसके तमाम प्रयासों के बाद 17 अगस्त, साल 1932 में ब्रिटिश सरकार ने दलितों को अलग निर्वाचन का स्वतंत्र अधिकार देते हुए 'कम्यूनल अवार्ड' की शुरुआत कर दी।

दलितों को दो वोटों का अधिकार देने की घोषणा:

ब्रिटिश सरकार धारा 'कमिनुअल अवार्ड' की घोषणा करने के बाद दलितों को आरक्षित सीटों पर अलग निर्वाचन द्वारा अपने प्रतिनिधि खुद चुनने का हक मिलने के साथ ही सामान्य जाति के निर्वाचन क्षेत्रों में सवर्णों को चुनने के लिए दो वोट का अधिकार भी दिया गया।

दो वोट के अधिकार के तहत देश का दलित एवं शोषित वर्ग एक वोट से अपना प्रतिनिधि चुन सकते थे, और दूसरा वोट देकर सामान्य वर्ग के किसी काबिल प्रतिनिधि को अपना नेता चुन सकते थे। इसके साथ ही मैकडोनाल्ड अवॉर्ड में दलित वर्ग को न्यायपालिका और शासन-प्रशासन में भी बराबर भागीदारी देने की बात भी कही गई थी।

दलितों को अलग निर्वाचन का अधिकार देने के विरोध में थे गांधी जी:

एक तरफ जहां दलितों को दो वोट का अधिकार दिए जाने से बाबा साहेब अंबेडकर खुश थे, क्योंकि उनना मानना था कि, दो वोट का अधिकार दलित और शोषित समाज की स्थिति सुधारने में काफी मददगार होंगे।

तो वहीं दूसरी तरफ गांधी जी ने दलितों को दो वोट देने के अधिकार का विरोध किया। गांधी जी का मानना था कि, इससे हिन्दू समाज आपस में बंट जाएगा। वहीं इसके विरोध में गांधी जी ने पहले ब्रिटिश सरकार को कई बार पत्र लिखे, लेकिन जब ब्रिटिश सरकार की तरफ से कोई उचित जवाब नहीं मिला तो, महात्मा गांधी ने दलितों को अलग निर्वाचन का अधिकार देने के विरोध में पुणे की यरवदा जेल में 18 अगस्त, 1932 से आमरण अनशन करने की शुरुआत कर दी।

वहीं थोड़े ही दिनों बाद अनशन में बैठने की वजह से जब गांधी जी की तबीयत खराब होने लगी। तब इस दौरान बाबा साहेब अंबेडकर पर दलित और शोषित वर्ग के अधिकारों से समझौता करने को लेकर प्रेशर बनाया जाने लगा, यही नहीं कई जगह अंबेडकर जी के खिलाफ कड़ा विरोध-प्रदर्शन हुआ और यहां तक कि उनके पुतले भी फूंके गए।

इस दौरान कई जगहों पर सामान्य जाति के लोगों ने दलितों की बस्तियां तक जला डालीं, तब यह सब देखकर अंबेडकर जी को महात्मा गांधी जी के सामने झुकना पड़ा और

फिर वे कुछ बड़े दलित नेताओ के साथ 24 सितंबर, साल 1932 में पुणे की यरवदा जेल पहुंचे।

जहां दलित वर्ग के अधिकारों को लेकर भीमराव अंबेडकर और महात्मा गांधी के बीच समझौता हुआ, जिसे पूना पैक्ट कहा गया। इस तरह भीमराव अंबेडकर जी ने न चाहते हुए भी इस एक्ट पर हस्ताक्षर किए थे।

क्या थीं पूना पैक्ट की शर्तें

पूना पैक्ट के बाद दलितों को अलग निर्वाचन और दो वोट का अधिकार खत्म हो गया था। हालांकि, इसकी जगह दलितों के लिए प्रांतीय विधानमंडलों में आरक्षित सीटों की संख्या बढ़ा दी गई, इन सीटों को 71 से बढ़ाकर 147 कर दिया गया और केन्द्रीय विधायिका में 18 फीसदी सीटें आरक्षित कर दी गई।

पूना पैक्ट के तहत केन्द्रीय और प्रांतीय विधानमंडल दोनों में उम्मीदवारों के पैनल के चुनाव की व्यवस्था 10 साल में खत्म होने के बारे में भी कहा गया।

महात्मा गांधी और आम्बेडकर के बारे में पत्र पत्रिकाओं में छपे विचार--

दलितों के मुद्दे पर अपने विचार प्रचारित-प्रकाशित करने वाली वेबसाईट 'परा स्ट्रीट' में सत्येंद्र सिंह कहते है कि- 26 नवम्बर, 1949 को भारतीय संविधान बनकर तैयार हुआ था। भारतीय संविधान के शिल्पकार बाबासाहेब डॉ. अंबेडकर को कहा जाता है क्योंकि इस संविधान के निर्माण में उन्होंने महत्त्वपूर्ण भूमिका निभाई थी। पर हमें यह जानना भी आवश्यक है कि बाबासाहेब को संविधान सभा में प्रवेश करने के पूर्व किन-किन परिस्थितियों का सामना करना पड़ा जो उन्हें ऐसे उच्च शिखर तक ले गई। सन 1945 में जब द्वितीय विश्वयुद्ध समाप्त हुआ, उसके बाद भारत को सत्ता सौंपने का मसला खड़ा हो गया। 24 मार्च, 1946 को ब्रिटिश प्रधानमंत्री लॉर्ड एटली ने ब्रिटिश मंत्रीमंडल के तीन सदस्यों लॉर्ड पेथिक लॉरेंस, सर स्टेफर्ड क्रिप्स और ए.बी. एलेग्जेंडर को भारत में राजनीतिक गतिरोध को रोकने व भारत को सत्ता सौंपने के उद्देश्य से भारत भेजा। इसे कैबिनेट मिशन कहा गया। मिशन ने भारत के उस समय तथाकथित प्रमुख नेताओं से मुलाकात की, उसके बाद 5 अप्रैल, 1946 को उन्होंने अंबेडकर और मास्टर तारासिंह से भी मुलाकात की, जिसमें अंबेडकर ने सदियों से शोषित व वंचित वर्ग के लिए पृथक चुनाव, पृथक आवास और नये संविधान में उनके सुरक्षा से संबंधित मांगें प्रस्तुत की, जिन पर पूर्णत: ध्यान नहीं दिया गया। कैबीनेट मिशन ने जब संविधान सभा व अंतरिम सरकार की रूपरेखा संबंधी योजना की घोषणा कर दी। जिसमें अंबेडकर के द्वारा रखी गई कथित दलितों के लिए मांगों की उपेक्षा की गई। फलत: उन्होंने संगठित होकर आंदोलन कर दिया। जिसके चलते सवर्ण

हिन्दुओं और दलितों में संघर्ष की स्थिति उत्पन्न हो गई और सवर्णों ने अंबेडकर के भारत भूषण प्रेस को आग लगा दी जिसका संचालन अंबेडकर के पुत्र यशवंतराव अंबेडकर करते थे। उसके बाद कैबीनेट मिशन ने हिन्दू-मुस्लिम समान प्रतिनिधित्व के आधार पर अंतरिम सरकार की रूपरेखा संबंधी योजना की घोषणा की, जिसमें 14 सदस्य थे, पांच कांग्रेसी सवर्ण हिन्दू, एक कांग्रेसी दलित, पांच मुस्लिम लीगी और पारसी, सिख तथा ईसाई का एक-एक प्रतिनिधि। लेकिन हिन्दू-मुस्लिम मतभेदों के चलते इस योजना को स्वीकार नहीं किया गया। उधर डॉ. अंबेडकर ने दलित वर्गों की उपेक्षा किए जाने पर अहिंसात्मक संघर्ष करने की घोषणा कर दी। डॉ. अंबेडकर ने पूना से अपना आंदोलन प्रारम्भ कर दिया और बताया कि दलितों के हितों की कैबीनेट मिशन द्वारा पूर्णत: उपेक्षा की गई है। 7 जुलाई, 1946 को विरोध प्रदर्शन बम्बई में किया गया और भारतीय कांग्रेस कमेटी के कार्यालय के समक्ष भी नारेबाजी की गई। उसके बाद प्रदर्शनकारियों का जुलूस पास के एक मैदान में सभा में बदल गया। जहाँ दादा साहेब गायकवाड़, बापू साहेब, राजभोज आदि नेताओं ने अपने भाषणों में मिशन योजना, कांग्रेस नीति तथा सरकार द्वारा दलितों की उपेक्षा की कड़ी आलोचना की। डॉ. अंबेडकर के दलित फेडरेशन के निर्देशानुसार देश के अन्य प्रांतों में भी आंदोलन तथा विरोध प्रदर्शन शुरू हो गए। उस वक्त बम्बई प्रांत में ही अकेले 1150 आंदोलनकारी गिरफ्तार किए गए, जिसमें 128 महिलाएँ भी थीं। उत्तर प्रदेश तथा मध्य प्रदेश में भी हजारों की तादाद में आंदोलनकारी गिरफ्तार किए गए। कांग्रेसी दलित नेता जिन्होंने हमेशा अंबेडकर के श्रम और संघर्ष का लाभ उठाया, वो भी अंबेडकर के खिलाफ जहर उगल रहे थे। बाद में ब्रिटिश भारत के अधीन प्रांतीय विधानसभाओं का चुनाव किया गया, जिनमें 296 सदस्यों को चुना गया। संविधान सभा की शेष सीटों पर देशी रियासतों के प्रतिनिधियों के नामांकन से भरा जाना था। इस चुनाव में कांग्रेस और वामपंथियों ने गठजोड़ कर अंबेडकर और उनकी शेड्यूल्ड कास्ट फेडरेशन को बम्बई में हरा दिया। सरदार पटेल के निर्देशानुसार बी.जी. खेर के नेतृत्व में कांग्रेस ने यह सुनिश्चित किया कि अंबेडकर बम्बई से चुनकर संविधान सभा में किसी भी हाल में न पहुँच पाये। इसके बाद सबसे अहम मोड़ तब आया जब बंगाल से जोगेन्द्र नाथ मंडल ने उन्हें बंगाल से चुनाव लड़ने के लिए आमंत्रित किया। अंबेडकर ने बंगाल विधानसभा से अपना नामजदगी पत्र भरा। अनुसूचित जातियों के लिए अलग से कोई स्थान न होने के कारण हिन्दुओं के साथ जोड़ दिया गया। 27 हिन्दू और 33 मुस्लिम प्रतिनिधियों का यहाँ चुनाव होना था। डॉ. अंबेडकर के लिए यह चुनाव जीवन-मरण का सवाल बन चुका था। बंगाल में उनके साथ बुद्ध सिंह, करपाल सिंह, बच्चू सिंह और जोगेन्द्रनाथ मंडल ने जमकर मेहनत की। यहाँ भी कांग्रेस ने उन्हें हराने के लिए पूरी दमखम लगा दी, पर 20 जुलाई, 1946 को जब

परिणाम घोषित हुआ तो शहर नाच उठा। पंजाब से आए उनके शुभचिंतकों का भांगड़ा शुरू हो गया। ढोल पर ताबड़तोड़ डंडे बरस रहे थे और चारों तरफ उनकी जय-जयकार के नारे गूँज रहे थे क्योंकि अंबेडकर एंग्लो इंडियन सदस्य, निर्दलीय दलित सदस्य और सम्भवत: मुस्लिम लीग के सदस्यों की मदद से चुनाव जीत गए थे।

अंबेडकर ने यह विजय दलित वर्ग की विजय बतलाई और इसके लिए सबको धन्यवाद भी दिया और कहा कि- मैं रक्त की अंतिम बूंद तक अपने लोगों के लिए, उनके हितों के लिए और उनके अस्तित्व के लिए काम करता रहूँगा। संविधान सभा में पहुँच जाने के बाद अंबेडकर ने राष्ट्रीय घोषणा पत्र आदि तैयार करने में कांग्रेसियो के साथ मिलकर काम किया और साथ ही उन्होंने अपने काम से कई सदस्यों को प्रभावित भी किया। लेकिन कांग्रेस ने फिर भी एक चाल चल दी और जैसुर-खुलना जहाँ से अंबेडकर चुनाव जीते थे उसे पूर्वी बंगाल को दे दिया जिसके कारण अंबेडकर पाकिस्तान संविधान सभा के सदस्य बन गए। विभाजन के लिए तय नियमानुसार बंगाल प्रांत के जिस निर्वाचन क्षेत्र की आबादी 50 फीसद से ज्यादा मुसलमान हो, वह पाकिस्तान-पूर्वी बंगाल को दिया जाना चाहिए था, जबकि जैसुर-खुलना में मुस्लिमों की आबादी 48 फीसद ही थी। जिसके कारण अंबेडकर को वहाँ से इस्तीफा देना पड़ा। अंबेडकर ने इस विषय से संबंधित प्रश्नों पर ब्रिटिश प्रधानमंत्री से मुलाकात की और उन्होंने कांग्रेस के द्वारा चली गई चाल से अवगत कराया। ब्रिटिश सरकार ने इसे गम्भीरता से लिया क्योंकि वो भी समझ गए थे कि अंबेडकर को रोकना मुश्किल है, वो पहले से कैबीनेट मिशन की योजना से असंतुष्ट थे और इस बार तो उनके साथ सीधा-सीधा अन्याय किया जा रहा है। जिसके चलते ब्रिटिश सरकार ने नेहरू को सूचित किया कि जैसुर-खुलना को भारत में रहने दिया जाए अथवा डॉ. अंबेडकर को किसी अन्य स्थान से संविधान सभा में भेजने की व्यवस्था की जाए।

इस तरह तमाम दबाबों के चलते कांग्रेस को उन्हें संविधान सभा में बम्बई से चुनकर भेजना पड़ा। इसके अलावा 1946 के कार्यकाल में संविधान सभा के कुछ सदस्य जो उनके ज्ञान से परिचित हो गए थे वो उनके साथ काम करने के इच्छुक थे। अंबेडकर की पुस्तक स्टेट्स एंड मायनारिटीज जिसकी रचना उन्होंने संयुक्त गणराज्य के संविधान के रूप में की थी। इसकी प्रतियां भी संविधान सभा में सभी के पास पहुँच चुकी थी जिसे पढ़कर सभी उनके उत्कृष्ट ज्ञान के कायल हो गए थे। दूसरी तरफ नेहरू किसी संविधान विशेषज्ञ की तलाश में थे ऐसी स्थिति में डॉ. राजेन्द्र प्रसाद ने 30 जून, 1947 को बम्बई के प्रधानमंत्री बी जी खेर को पत्र लिखकर संविधान सभा में अंबेडकर का चुनाव सुनिश्चित करने का निर्देश दिया। इस पत्र में उन्होंने लिखा- अन्य बातों के अलावा हमने यह (भी) अनुभव किया है कि संविधान सभा और विभिन्न समितियों जिनमें उन्हें नियुक्त किया गया, दोनों जगह

डॉ. अंबेडकर के काम का स्तर इतने उच्च कोटि का रहा है कि हम उनकी सेवाओं से स्वयं को वंचित नहीं कर सकते। जैसा कि आपको पता है वह बंगाल से चुने गए थे और उस प्रांत के विभाजन के कारण अब वह संविधान सभा के सदस्य नहीं रहे। मेरी प्रबल इच्छा है कि उन्हें संविधान सभा के लिए निर्वासित कराएं ताकि 14 जुलाई, 1947 से शुरू होने वाले अधिवेशन में निर्वाचित होकर संविधान संरचना में योगदान दे सकें। उसके बाद सरदार पटेल जो कि अंबेडकर को संविधान सभा में घुसने भी नहीं देना चाहते थे, उन्होंने भी अपना रवैया बदला और बी जी खेर को फोन करके अंबेडकर का चुनाव सुनिश्चित करने के लिए शीघ्र कार्यवाही करने को कहा। बाद में 29 अगस्त, 1947 को जब संविधान सभा ने संविधान-प्रारूप समिति का गठन किया जिसमें डॉ. अंबेडकर को प्रारूप समिति का अध्यक्ष बनाया गया। इस प्रारूप समिति में सात सदस्य थे- एन गोपाला स्वामी आयंगर, सर अल्लादि कृष्णस्वामी अय्यर, के एम मुंशी, सर मुहम्मद शादुल्ला, एन माधव मेनन एवं डी पी खेतान। अंबेडकर ने संविधान सभा में प्रारूप समिति के अध्यक्ष होते हुए अथक मेहनत की जबकि उनकी हालत लगातार बिगड़ती जा रही थी, उनका स्वास्थ्य खराब हो रहा था, उनके पैरों में भी दर्द रहता था और वह मधुमेह से पीड़ित भी थे। अंबेडकर को पाकिस्तान में जो दलित थे उनकी भी लगातार चिंता थी और उन्होंने नेहरू से भी अपील की कि उन्हें वापस भारत बुलाने का कोई ठोस कदम उठाया जाए पर नेहरू ने उनकी इस अपील को अनसुना कर दिया और इस पर कोई कदम नहीं उठाया गया।

डॉ. अंबेडकर ने संविधान रचना में कितना परिश्रम किया इस बात का अंदाजा 4 नवम्बर, 1948 को दिए गए टी.टी. कृष्णामाचारी के संविधान सभा में वक्तव्य से लगाया जा सकता है। उन्होंने कहा- मैं उस परिश्रम और उत्साह को जानता हूँ, जिससे उन्होंने संविधान सभा का प्रारूप को तैयार किया। संविधान सभा के सात सदस्य मनोनीत थे। उनमें से एक ने संविधान सभा से त्याग पत्र दे दिया, जिसकी पूर्ति कर दी गई, एक सदस्य का देहांत हो गया। उसका स्थान नहीं भरा गया। एक अमेरिका चला गया और स्थान खाली बना रहा। एक अन्य सदस्य राजकीय कार्यों में व्यस्त रहा और उनका स्थान भी खाली रहा। एक या दो सदस्य दिल्ली से बाहर रहे और शायद स्वास्थ्य के कारण उपस्थित नहीं हो सके। हुआ यह कि संविधान बनाने का सारा भार डॉ. अंबेडकर के कंधों पर आ पड़ा। इसमें मुझे संदेह नहीं कि जिस ढंग से उन्होंने संविधान तैयार किया, हम उसके लिए कृतज्ञ हैं। यह निस्संदेह प्रशंसनीय कार्य है।

इनके अलावा सैयद करीमुद्दीन, प्रो. के टी शाह, पंडित लक्ष्मीकांत मैत्रे, डॉ. पंजाब राव देशमुख, एस नागप्पा, टी. प्रकाशम, जोसेफ एडी सूजा, आर.के. सिधवा, जे.जे. निकोलस राय आदि के भी वक्तव्य ध्यान देने योग्य हैं जिसमें उन्होंने डॉ. अंबेडकर की सराहना की है।

नेहरू ने भी उनकी संविधान संरचना में उनके योगदान की प्रशंसा करते हुए कहा था कि- अक्सर डॉ. अंबेडकर को संविधान निमार्ता कहा जा रहा है। वे अपनी तरफ से कह सकते हैं कि उन्होंने बड़ी सावधानी और कष्ट उठाकर संविधान बनाया है। उनका बहुत महत्त्वपूर्ण और रचनात्मक योगदान है। 26 नवम्बर, 1949 को आखिरकार डॉ. अंबेडकर ने भारतीय संविधान को दो वर्ष, 11 माह और 18 दिन में देश को समर्पित कर दिया। इसलिए इस दिन को संविधान दिवस के रूप में मनाया जाता है। गणतंत्र भारत में संविधान को 26 जनवरी, 1950 को अमल में लाया गया। इस अवसर पर डॉ. राजेन्द्र प्रसाद ने कहा था- सभापति के आसन पर बैठकर, मैं प्रतिदिन की कार्यवाही को ध्यानपूर्वक देखता रहा और इसलिए, प्रारूप समिति के सदस्यों, विशेषकर डॉ. अंबेडकर ने जिस निष्ठा और उत्साह से अपना कार्य पूरा किया, इसकी कल्पना औरों की अपेक्षा मुझे अधिक है। डॉ. अंबेडकर को प्रारूप समिति में शामिल करने और उसका अध्यक्ष नियुक्त करने से बढ़कर कोई और अच्छा हम दूसरा काम न कर सके। उन्होंने अपने चुनाव को न केवल न्यायोचित ठहराया है, बल्कि उस काम में कांति का योगदान दिया है जिसे उन्होंने सम्पन्न किया है।

निश्चित तौर पर बाबा साहेब डॉ. अंबेडकर ने संविधान बनाने में बहुत परिश्रम किया था। हालांकि वो इससे भी बहुत अधिक चाहते थे। तब जाकर उन्होंने हमें एक ऐसा संविधान दिया जो जाति, लिंग, नस्ल, धर्म और जन्मस्थान के आधार पर भेदभाव को निषेध करता है बल्कि सदियों से शोषित-वंचित वर्गों को सामाजिक, आर्थिक, शैक्षणिक और राजनीतिक रूप से मुख्यधारा में लाने का अवसर प्रदान करता है।

गांधी और अम्बेडकर पर साल 2019 में बिहार के मधेपुरा जिले में आयोजित संगोष्ठी और कार्यशाला की कुछ झलकियाँ

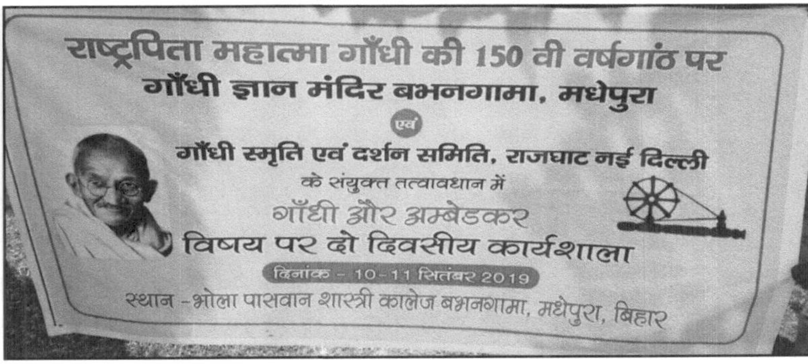

गांधी और अम्बेडकर पर आयोजित कार्यशाला में भाग लेते छात्र-छात्राएं

गांधी अम्बेडकर पर कार्यक्रम में भाग लेते गांधी शांति प्रतिष्ठान के सचिव रहे श्री सुरेन्द्र कुमार और अन्य वक्ता

गांधी अम्बेडकर पर कार्यक्रम में भाग लेते पूर्व केंदीय मंत्री डॉ. संजय पासवान, बिहार की पूर्व मंत्री डॉ. रेणु कुशवाहा, जेपी आन्दोलन के नेता रहे डॉ. विजय कुशवाहा व अन्य वक्ता

गांधी अम्बेडकर पर कार्यक्रम में भाग लेते वक्तागन

कार्यक्रम में भाग लेते केके सिंह, प्रो. मदन मोहन और पुस्तक के संपादक अमलेश राजू